아르케
북스
005

황미연黃美衍

전주대 사회교육과 학사. 한양대 국악과 학사.
한양대 대학원 석사
전북대 대학원 고고인류학과 박사
현재 한별교 교사, 전북문화재전문위원

논문으로는 「남원지방 민속악의 전통과 의의」(2001), 「조선후기 회화를 통해 본 음악문화」(2002), 「조선시대 회화에 나타난 삼현육각」(2003), 「추산 전용선명인의 삶과 예술」(2005), 「정읍국악의 위치와 특징」(2005), 「조선후기 전라도 교방 현황과 특징」(2008), 「전라북도 권번의 운영과 기생의 활동을 통한 식민지 근대성 연구」(2010) 등의 박사학위논문이 있다.

단행본으로는 『신관용 가야금산조 연구』(1994), 『전북국악사』(1998), 『우리의 소리, 세계의 소리 판소리』(2002), 『정읍국악사』(2004) 등이 있다.

권번과 기생으로 본
식민지 근대성

초판1쇄 발행 | 2013년 1월 31일

지은이 황미연   펴낸이 홍기원

주간 박호원
총괄 홍종화
디자인 정춘경 · 김정하
편집 오경희 · 조정화 · 오성현 · 신나래 · 정고은 · 김민영
관리 박정대 · 최기엽

펴낸곳 민속원   출판등록 제18-1호
주소 서울 마포구 대흥동 337-25   전화 02) 804-3320, 805-3320, 806-3320(代)   팩스 02) 802-3346
이메일 minsok1@chollian.net   홈페이지 www.minsokwon.com

ISBN 978-89-285-0407-7
SET 978-89-285-0359-9   94380

minsokwon archebooks 005 민속원 아르케북스

권번과 기생으로 본 식민지 근대성

일제강점기 전라북도를 중심으로

| 황미연 |

민 속 원

책머리에

내가 국악을 시작한 것은 조부祖父이셨던 서예가 석전石田 황욱黃旭의 영향이 컸다. 어린 시절부터 할아버지는 지방의 율객律客들을 집으로 초대해 항상 향제줄풍류를 연주하시곤 했다. 어린 시절에 보고, 들었던 전통음악이 중학교 시절부터 왠지 모르게 좋은 음악으로 마음속에 자리하면서 이 분야에 관심을 갖게 됐다. 그 후 전라북도 국악협회장을 지내신 아버님과 교편을 잡으셨던 어머님이 가야금을 배워보라는 권유로 국악을 접하게 되었고, 이러한 숙명적인 전통음악과의 만남은 지금까지 내 업이 되었다. 이후 한국사학을 전공한 나는 본격적으로 대학에서 국악이론과 가야금을 병행하기 위해 석사과정까지 마쳤다. 그리고 인류학과 국악과의 학제 간 연구를 배우겠다는 생각으로 박사과정에 입문하게 되었다.

이 책은 박사과정에 다니면서 지역문화에 눈을 돌리기 위한 작업에서 시작하였다. 특히 전통음악 연구에서 일제강점기에 대한 연구 성과가 다른 시대보다 적었던 점에 착안해 출발한 작업은 원전 자료의 부족과 내 능력의 한계로 인해 처음부터 망망대해를 걷는 것처럼 답답하고 어려움의 연속이었다. 그러나 일제강점기의 각종 신문매체와 사료들을 수집하는 과정에서 지금까지 바라본 권번과 기생의 연구가 매우 다른 시각에서 정리되고 있다는 사실을 발견하고 이 분야에 대한 연구를 박사과정에서 좀 더 심도 있게 해보겠다는 다짐을 하면서 비롯된 것이다.

더욱이 일제강점기 전라북도 권번과 기생에 대한 연구는 중앙과 달리 미진했을 뿐 아니라 연구자들의 편의便宜에 따라 부분적으로 차용되면서 적지 않은 오류도 발생하는 사례도 발견하였다. 그래서 일제강점기의 전라북도 권번과 기생에 대해 체계적이면서 해제성격의 글을 통한 이 시기의 문화를 이해하기 위하여 자료수집에 나서게 되었다. 일제강점기의 권번과 기생을 살펴보기 위해서는 이전시대의 교방과의 관계를 연구하는 것이 선행되어야 했기 때문에 2008년「조선후기 전라도 교방의 현황과 특징」을 정리해서 발표하였다.

조선시대 교방과 일제강점기 권번과의 관계에 대한 물음이 이 연구의 시작이었다. 일제강점이 시작되었던 20세기 전통문화의 전개양상과 그 사회문화적 배경을 밝히고 권번과 기생의 다양한 활동을 통해 전통문화가 오늘날까지 이어져온 맥을 찾아보는 것이 이 연구의 출발점이자 또한 목적이었다.

이 연구를 통해 일제강점기 동안에도 권번과 기생은 식민시대에 일본과 서양문화의 유입으로 인해 약체화된 측면이 있었지만 전통음악계 스스로 근대화하려는 욕망이 강하게 내면화되고 있는 사실을 발견하고 본격적인 집필 작업에 들어갔다. 그러나 이 시기의 권번과 기생에 대한 자료정리 수준에 끝날 작업이 현재까지 양분되고 있는 식민지 수탈론과 식민지 근대화론에 처하게 되면서 권번과 기생에 대한 올바른 시각을 위해서 식민지 근대성을 주제로 본격적인 논문작업을 시작하였다.

그러나 활발한 예술 활동을 통해 조선시대까지 신분적 제약을 가지고 국가 소속 기관의 일원으로 활동하였던 것과 달리 이 시기의 기생들은 스스로의 선택과 자유의지의 발현으로 공연활동을 펼치면서 사멸위기에 처한 전통음악을 전승하고 오늘날까지 이어주는 가교역할을 한 것을 발견할 수 있었다. 이는 동시대 대부분의 공교육기관이 서양문화와 일본문화를 교육한 것과 달리 사교육기관이었던 권번은 전통문화에 대한 교과목과 체계적이고 철저한 교육과정이 있었기 때문에 가능하였다. 또한 기생들은 다양한 사회활동을 통해 사회일원으로 자기 선언을 하기도 하였다.

따라서 이 시기의 기생들은 전통예술의 전승자傳承者로서 또는 새로운 예술의 흡수자吸收者이자 창조자로서 근대 공연예술을 적극적으로 구현하였다. 또한 당당한 사회인의 일원임을 확인하여 자신들의 기·예능을 통해 타인을 도울 수 있다는 긍정적 사고를 하기도 하였다.

이제까지 권번과 기생에 대한 시각은 방탕함과 문란함을 조장하였다는 편협한 인식이 주를 이뤘다. 그러나 이 책을 통해 이들이 역사적, 사회적 변동의 기류를 통과하면서 예술가로 사회인으로 주체적인 활동을 보여주었다는 새로운 시각을 견지해 보고자 하였다. 일제강점기 전라북도 권번과 기생들은 식민지적 근대가 요구한 일방적인 문명사회의 강요에서 벗어나, 탐욕의 생존전략이 아닌 스스로 자아를 찾기 위한 노력과 활동을 하고 있었으며, 전통예술이 오늘날까지 살아있는 문화로 거듭나는데 일조를 하였다. 이 책은 필자의 박사학위 논문인 「일제강점기 전라북도 권번의 운영과 기생의 활동을 통한 식민지 근대성 연구」를 재정리 한 것이다.

전북대학교 고고인류학과는 학제의 연구를 통해 인류학적인 측면에서 본고가 탈고 되도록 바탕을 준 학교였다. 그리고 이 학과에서 지도교수였던 함한희 교수님의 지도 역시 이 책이 나올 수 있는데 큰 밑거름이 되었다. 다시 한 번 이 자리를 빌려 함한희 교수님과 심사위원들에게 감사드린다. 그리고 한국음악 이론을 지도해주신 권오성 박사님과 가야금의 길을 열어주신 한양대학교 양연섭 교수님께 지면을 빌려 감사의 고마운 마음을 전한다.

이 책을 출간해주신 도서출판 민속원 홍기원 사장님과 민속원 편집부의 여러분께 감사의 말씀 또한 잊지 않겠다.

2012년
황미연

차례

서론

01 ——————

서론

1. 문제제기 및 연구목적

일제강점日帝强占이 시작되었던 20세기 초는 한국 문화예술 전반에 걸쳐 근대적인 변화가 일어난 시기였다. 서구문물의 유입으로 말미암아 중앙에서는 물론 지역 문화계에도 다양한 모습의 근대적인 변화양상이 심대深大하게 나타났다. 식민지植民地라는 특수한 상황에서 일어난 변전變轉은 정치·경제·사회·문화 등 전 분야를 망라했지만, 특히 전통문화계에서 일어난 변화는 어느 분야보다 다각적으로 진행되었고, 그 반향反響 또한 적지 않았다. 일제의 강점이 시작되면서 조선 후기까지 관官주도로 이루어졌던 여악제도女樂制度가 무너지고, 신분제도身分制度의 변화로 기생妓生은 면천免賤되었다. 조선시대까지 운영되어 오던 교방제도敎坊制度의 틀이 무너지면서 여악 전승의 주체였던 기생의 사회문화적 위상에 커다란 변화가 일어난 것이다.

전근대前近代 신분제도에서 벗어났던 기생은 일제강점에 따른 기생정책의 변화와 근대 자본주의에 의해 이전以前과는 다른 여건에서 활동을 시작하게 되었다. 이들은 권번券番이란 새로운 교육기관을 통해 기·예능技藝能을 연마하게 되었고, 궁중宮中과 관아官衙 및 교방敎坊이 아닌 신식극장新式劇場·요리점料理店·기관의 강당講堂·협률사協律社·천막극장天幕劇場·권번 등과 같은 서구식 연행공간에서 전통예술을 펼쳤다. 뿐만 아니라, 서양과 일본문화의 유입에 따른 근대적인 문화예술이 들어오면서 기생들은 당시 문화계의 중심부에 서서 활발한 활동을 하였다. 이 시기에 설립된 각종 공교육기관公敎育機關은 서양과 일본 중심의 예술교육에 치중하는 한편, 재래在來의 전통예술 전승과 교육에는 무관심하였다. 이러한 시대 상황 하에서 전통예술을 담당하고 전승했던 지방의 교육기관은 권번이었고, 권번을 중심으로 활동한 인물들은 기생이었다.

본고에서는 이같이 권번과 기생을 둘러싸고 일어난 일제강점기의 변화를 고찰하고자 한다. 조선시대 관기제도官妓制度의 폐지와 여악제도의 변화 속에서 기생과 권번이 전근대 시대의 통치를 대체한 식민지권력과 자본주의 체제 아래서 근대적인 전이과정轉移科程을 밟게 된다는 점을 밝히는 것이 본 연구의 목적이다.

권번의 설립은 일제강점기의 정치, 사회적 변화에 적응하기 위한 것이며, 기생들의 예술 활동 역시 전이되어 갔던 것은 주지의 사실이었다. 그러나 일제강점기 이전부터 기생 사회에 변화가 시작되고 있음을 알 수 있다. 왜냐하면, 경술국치庚戌國恥 이전부터 일본의 권번 제도가 국내에서도 영향을 미치고 있었기 때문이다. "1890년을 전후하여 일본인들이 조선에 들어와 살기 시작하면서 그들의 기생, 게이샤藝者들도 들어와 활동 했고, 조선에서 권번이란 명칭도 사용하게 되었다."[1] 이처럼 식민지시대에서 기생들의 전통예술교육을 담당하였던 기관은 새로운 형태의 일본식 이름이었던 권번으로 통칭되었다. 기생과 권번을 중심으로 이러한 내·외의 변화는 식민지 아래에 일어난 새로운 미래였고 그 변화의 성격은 근대로의 지향이었다.

일제강점기에 기생은 식민지 공창公娼정책의 대상이었던 창기娼妓와 유사한 형태로 통제되고 취급받았으며 또한, 기생의 기·예능을 상품화하는 자본주의적 산업 구도 속에 놓임으로써 기생을 운영하는 제도적 장치에 있어 식민화와 근대화를 동시에 표방標榜하였다. 이와 같은 일본의 강제적 통제 하에서도 기생들은 조선후기 교방의 전통을 계승한 연행자演行者임에도 지금까지 저급한 사회계급社會階級 이라는 고정관념으로 인하여 근대 문화를 주도한 예인으로서 정확한 연구와 평가가 이루어지지 못하였

1_ 고재현, 「근대 제도개편에 따른 교방 및 기방무용의 변화양상과 특징 고찰 – 갑오경장 이후 해방까지(1894~1945)」, (경기 : 용인대대학원 석사학위논문, 2006), 40쪽.

다. "한국음악사韓國音樂史 가운데 식민지시대의 연구가 가장 취약한 부분으로 지적되고 있는 점은 이 시기의 권번과 기생에 대한 연구가 얼마나 미흡未洽한지를 알려주는 단적인 예"[2] 라고 할 수 있다. 더욱이 자료가 남아 있는 중앙에 비하여 전라북도全羅北道와 같은 지역사회에서 권번과 기생에 관한 연구는 현재까지 매우 미진微塵하였다고 해도 과언이 아니다.

그동안 권번은 일제강점기 전통예술사를 고찰함에 있어 중요한 연구대상임에도 불구하고 동시대 다른 분야의 연구와 비교하여 보면 그 성과가 부족하다고 할 수 있다. 더욱이 중앙과 같이 공립기관公立機關이 부재하였던 지방에서는 유일하게 음악과 춤을 담당하였던 곳이 권번이었기 때문에 이에 대한 연구는 필수적이라 할 수 있다. 다시 말해서 일제강점기 권번의 존재를 확인하고 이것이 어떻게 설립設立, 변화變化, 쇠퇴衰退하여 갔는지를 조명하는 것은 식민지시대 지방문화의 한 단면을 이해하기 위한 수단으로서 매우 중요하다. 이렇게 이 시기의 문화예술계에서 일어난 변화에 주목하는 것은 식민시기의 지배를 겪으면서 근대적인 변화를 경험하게 되었다는 점을 부각할 수 있기 때문이다.

현재까지 일제강점기 전 분야의 전개양상展開樣相을 어떻게 평가하는가에 대해서 학문마다 진지한 논의가 있었고, 무엇보다도 사회경제학社會經濟學 분야에서의 논의가 유력한 영향을 주어왔다. 그리고 일제강점기의 전반적 문화경향을 바라보는 시각은 현재 식민지植民地 수탈론收奪論과 식민지植民地 근대화론近代化論으로 구분되어 논쟁 되어 왔다.[3] 식민지 수탈론은 "조선사회가 정체된 사회가 아니라 자본주의 맹아萌芽가 발생하는 역동적 사회였음을 주목한다. 그리하여 외래 자본주의의 영향이 없었다 해도 자주적 근대화를 달성할 수 있었던 것으로 간주看做하였다. 그러나 이 주장은 자주적 근대화의 가능성은 일제의 지배로 말미암아 말살되었고 조선후기에 성장하였던 자본주

2_ 송방송, 「일제 전기의 음악사 연구를 위한 시론」, 『한국음반학』 10주년 특집호(서울 : 한국고음반연구회, 2000), 34~61쪽.
3_ 조석곤, 「식민지 근대화론과 내재적 발전론 재검토」, 『동향과 전망』 여름호(1998); 정연태, 「식민지 근대화론 논쟁의 비판과 신근대사론의 모색」, 『창작과 비평』 봄호(1999); 정태헌, 「최근 식민지시대 사회구성체제론에 대한 연구사적 검토」, 『역사와 비평』 가을호(1987).

의의 맹아가 타율적인 개항開港과 일제의 침략에 의해 왜곡되었으며, 한국사회의 보다 진보進步적인 발전은 억압되었다."[4]-고 본다.

식민지 근대화론은 "조선사회의 자생적인 자본주의화의 가능성을 부정하며 한국의 근대화는 서구의 근대를 이식移植, 수용함으로써 발전의 계기를 맞이하였다고 보았으며, 특히 토지조사사업, 산미증식계획産米增殖計劃 등 수탈의 대명사로 표현되는 일제의 정책들은 합리적이었으며, 그 과정에서 수탈성은 없었다."[5]-고 강조한다. 이 견해는 소농사회小農社會를 강조, 식민지 상태에서도 주체적인 한국인의 자기개발이 가능했음을 주장한 것이다.

그러나 최근에는 이러한 대립된 시각을 극복하기 위해서 '식민지植民地 근대성近代性'(colonial modernity)이란 개념을 내세워서 식민지시대에 일어난 근대화와 관련된 문제를 새로운 시각으로 탐구하기 시작하였다. 식민지 근대성은 "근대적인 모습이 지향해야 할 보편적 가치로 상정하고 있는 식민지 근대화론과는 분명히 다른 시각으로, 근대성을 비판적으로 검토하고 분석하고 있다"[6]-는 또 다른 개념이다. 이처럼 식민지 아래서 발생한 근대적 변화를 바라보는 새로운 관점의 출현은 일제강점기 문화예술계를 분석하는 데도 매우 유용하다고 생각한다. 그러므로 본 논문에서도 전라북도 권번의 운영과 기생의 활동을 분석해 식민지 근대성의 특성을 밝히는데 주력하고자 한다.

일제강점기는 "전근대적인 사회가 근대적인 사회로 전환되는 시기였고, 음악에서도 본격적으로 근대적 음악사회가 형성되기 시작"[7]-한 시기였다. 따라서 이 시기의 연구는 근대사와 일제강점기의 전통음악사를 밝힐 수 있는 선결 과제이자 필수가 된다고 할 수 있다.

그러므로 본고의 첫 번째 목적은 일제강점기 전라북도 권번의 운영과정과 기생들의 예술 활동을 비롯하여 사회운동에 이르기까지 상론詳論하여 일제강점기란 특수 상황

4_ 김상훈, 「토지조사사업에 관한 두 가지 인식」(서울 : 서강대 교육대학원 석사학위논문, 2005), 5쪽.
5_ 이영훈, 「한국사에 있어서 근대로의 이행과 특질」, 『경제사학』 제21호(서울 : 경제사학회, 1996).
6_ 곽은희, 「일제 말 친일문학에 나타난 식민지 근대성 연구」(경북 : 영남대 대학원 박사학위논문, 2007), 16쪽.
7_ 이보형, 「급변하는 사회에서의 한국음악의 전통 – 음악분야」, 『문화인류학』 제7집(서울 : 한국문화인류학회, 1975), 126~31쪽.

에서 식민지 근대성의 발현發現 즉, 권번과 기생이라는 주체들이 이끌어가는 변화의 작동 방식과 식민지 국가권력의 지배와 통제 방식 사이에서 나타나는 역동성을 고찰해 보고자 한다. 근대적 형태의 권번과 기생제도가 강제적으로 도입, 이식되었을 때 식민지적 상황 아래에서 국가권력이 권번 제도의 변화와 기생의 지위를 어떻게 전변轉變시켰고 이것을 식민지 주체들은 어떻게 받아들이게 되었는가 하는 점을 밝히는 것이다. 두 번째 목적은 권번과 기생의 활동을 통해 기생이 어떻게 식민지 주체로서 전통예악을 전수하고 지켜냈으며, 반면에 어떻게 새로운 근대적인 문화를 받아들였는지에 대해 조명할 것이다.

이러한 큰 틀에서 본 연구의 논지를 세분화하면 다음과 같다. 첫째, 일제강점기가 근대화 시기란 점을 고려해 기생의 기원起源을 시작으로 권번 이전에 전개되었던 교방과의 관계를 먼저 다루려고 한다. 이는 권번과 기생의 활동상이 조선시대 교방, 기생들과 밀접한 관계가 있기 때문이다. 그러기 위해서 먼저 조선 후기까지 조선 8도朝鮮八道에 있었던 교방의 실태를 살펴보면서 전라북도 교방의 규모와 기생에 대한 통계도 찾아볼 것이다. 그리고 제도변화에 따른 정체성正體性 변화에 주목해 관기官妓들이 자신들의 기반을 잃은 상황에서 어떻게 재구성되며, 여악폐지로 인해 교방이 사라지면서 권번이 교방을 어떻게 전승하였는지를 분석한다. 이는 기생이 관기였던 과거의 정체성에서 시대의 변화에 따라 유동적으로 재구성되는 과정에서 근대적 정체성을 살피는 것이다.

둘째, 전라북도의 권번이 언제 어떻게 조직화組織化되었고, 권번의 전승이 어떠한 모습으로 진행되었는지를 권번별로 밝혀보고자 한다. 권번은 일제강점기 전통문화를 전승한 교육기관이었다. 그러나 지금까지 권번에 대한 연구는 개괄적인 자료소개에 그치고 있을 뿐이며, 더욱이 전라북도의 경우 이에 대한 연구가 거의 전무全無한 상황이다. 중앙과 지방이라는 수직적 관계로 설정된 기존 연구물들에 의하면 전라북도의 권번은 설립연도設立年度나 명칭마저도 존재하지 않았으며 설령, 그 일부가 존재하더라도 기록에서 누락漏落되어 왔다. 따라서 일제강점기 시대적 배경을 살펴봄과 동시에 전라북도 권번이 엄연히 존재하였다는 사실을 밝혀주는 제반 요소들을 확인하는 과정을 통하여 권번의 설립과 변천의 궤적軌跡을 쫓아, 조직과 관련된 근대성을 살피겠다. 다시 말해, 권번의 외형적인 구조 변화의 틀 속에서 주체의 내재된 모습이 변화하게 되는 현상에 주목하고자 한다. 그리고 조선후기 교방의 전통을 전승한 권번이 광복과 함께 해체되었지만, 오늘날까지 어떻게 전승되었는지 지역별로 찾아보고자 한다.

셋째, 전라북도의 권번에서 이루어진 교육 내용과 방식, 그리고 그에 대해 기생들이 임했던 자세에 대해 살펴볼 것이다. 권번을 통해서 기생들은 안전한 수입을 확보해 생계보장과 함께 예인의 길을 걸을 수 있었는데, 그 근저根底에는 철저한 교육과정이 있었다. 권번의 교육과정은 지역별로 대동소이大同小異하지만 나름대로 지역적 특색에 의해 운영되었다는 점에서 연구가 필수적이다. 또한, 권번에서 활동하였던 학습 선생과 기생들을 통해 전라북도 권번의 예술적 특징을 알아보고자 한다. 이는 일제강점기에 전통문화를 지켜왔던 기생과 그 활동공간의 주가 되었던 권번의 연구를 통해서만 접근이 가능하다. 이와 더불어 전라북도의 권번과 기생의 활동 영역에 초점을 맞추어서 이들이 전개해 온 예술 및 사회의 활동을 다루어보면서 이러한 활동에서 드러난 식민지 근대성의 특성을 살펴보고자 한다.

넷째, 전라북도 기생의 활동상을 공연 종목별로 열거하고 고찰해 보고자 한다. 전라북도는 과거의 전통을 바탕으로 현재에도 전통문화가 활발하게 전개되고 있는 곳이다. 이 지역에서 최근까지 활동했던 명창名唱·명인名人·명무名舞의 계보를 추적하면 전라북도의 권번 및 기생과 직, 간접적으로 관계가 있음을 알 수 있다. 그리고 식민지시대 활동했던 전라북도 기생들의 공연활동 중에서 국내, 해외공연 출연, 경연대회 참가, 라디오방송 출연, 서화와 예절교육 전개 그리고 예인으로의 중앙 진출 등을 바탕으로 식민지 주체들의 변화된 예술 활동과 숨겨진 식민지 정책 사이에서 식민지 근대성의 특징을 조명해 볼 수 있다.

다섯째, 여전히 저급인식低級認識에 따라 신분상 최하위층으로 평가되었던 기생들이 통념의 벽을 허물고 사회활동을 활발하게 전개하고자 했던 의식意識의 근대성을 살펴보겠다. 기생들이 권번을 중심으로 한 사회활동은 자주의식과 행동의 발로發露였으며, 여성예술인으로서 자긍심과 사회일원으로서의 정착을 확인하는 과정이 있다. 관습적으로 남아있는 신분적 하대下待를 극복하기 위한 기생들의 고민, 노력 등도 이들의 활동 속에서 찾아진다. 따라서 그들이 기·예능으로 타인을 도울 수 있었던 사례事例들을 살펴보고, 기생들이 단순히 미천微賤한 존재가 아니라 사회 일원으로서 어떠한 행동을 펼쳤는지 구체적으로 제시할 예정이다. 이와 같은 사회활동은 기생들에 대한 기존의 잘못된 인식을 상당 부분 바로잡을 수 있고 동시에 기생에 대한 자리 매김도 새롭게 할 수 있다.

본 논문은 식민지시기를 둘러싸고 진행되고 있는 식민지 수탈론과 식민지 근대화론 논쟁의 맥락과 한계에서 출발한다고 할 수 있다. 즉, 식민지 시기가 우리에게 무엇을 의미하며, 어떤 유산遺産을 남겼는가를 일제강점기의 지방 교육기관과 예술담당 주체 인물인 권번과 기생을 통해 살펴보고자 한다. 또한, 이를 통해 기존 관점의 한계를 지적하고 새로운 해석의 방향을 모색하고자 하는 것이 본 논문의 문제의식이자 목표라고 할 수 있다. 결국 본 논문은 권번과 기생이 사회적 조건에 대응하면서 자신의 경험을 구성해가는 행위자行爲者로서의 주체성과 근대성의 성격에 초점을 맞추고자 한다.

본고에서는 이와 같은 연구를 통하여 일제강점기에 전통예술의 두 축이었던 권번과 기생의 실체를 객관적인 자료에 의거하여 파악하면서 식민지 근대성에 대한 논의를 할 수 있을 것으로 사려思慮된다. 이를 통하여 일제강점기에 전라북도에서 형성되었던 권번과 기생에 대한 올바른 이해와 평가를 부여할 수 있으며, 나아가 전라북도의 전통문화와 문화 사회사적 이해의 폭을 넓혀 보는 것이 본고의 최종 목적이다.

2. 연구사 검토

일제강점기 권번과 기생의 연구방법은 크게 통시적通時的 연구와 공시적公示的 연구로 나누어지며, 이론적 입장으로는 식민지 수탈론과 식민지 근대화론으로 구분해 볼 수 있다. 지금까지의 식민지 수탈론과 식민지 근대화론은 상반相反된 주장을 펼침으로써 입장의 차이가 분명하게 있다는 점을 드러내고 있다. 본 논문에서는 연구사를 검토할 때 각각의 이론적 입장 안에서 드러나는 연구방법의 차이를 구별해서 살펴보고 자 한다. 즉 같은 이론적 입장을 가진 경우에도 연구방법을 통시적·공시적 접근으로 나누어 볼 수 있다.

그동안 권번과 기생에 대한 연구는 사학계史學界를 비롯해 국문학國文學·여성학女性學· 음악학音樂學·무용학舞踊學 등의 인문과학과 예술학 분야에서 상당히 많은 접근이 시 도되었다. 이와 관련한 연구가 양산量産되기는 했지만, 권번과 기생의 활동을 역사 적·사회문화적인 접근을 통해서 종합적·총체적으로 이해하고자 한 경우는 비교적 드물었다. 당대 권번과 기생의 다양한 활동을 통해서 그 시대적 특성과 역사적인 연 결성을 조망하지 못한 채 일정한 시대에만 천착穿鑿해 본 권번사券番史와 기생사妓生史가 되고만 경우가 많았다. 또 교육과정이나 변화과정만을 고찰했기 때문에 권번의 역할 이 무엇이고 기생들은 어떠한 활동을 통해 예악을 전승하였으며, 후대에 이를 어떻게 전하였는지에 대한 내용은 제대로 규명하지 못하였다.

따라서 권번과 기생의 사적 연속성連屬性과 전모全貌를 살필 수 있는 총체적 접근, 그 리고 권번에서 기생들이 펼쳤던 각종 예술과 사회활동은 일제강점기 권번과 기생을 제대로 이해하기 위한 필수적인 요소라 할 수 있다. 기생들의 각종 예술과 사회활동 및 그들이 당시 가지고 있었던 의식의 전반까지도 포함해야만 당대의 권번과 기생을 제대로 이해할 수 있다고 보기 때문이다. 원래 권번과 기생은 일제강점기 우리 전통 예술의 맥을 잇는 가교 역할을 하였음에도 지금까지 이들에 대한 자료는 단편적이며 특정분야만을 부각시킨 것이 대부분이었다. 이처럼 이 시기 전통예술의 한 주체이자 축이었던 권번과 기생에 관한 언급이 적었고 연구가 미비하였던 것은 문헌기록이나 사료들을 발굴, 그리고 집대성한 성과물이 부족하였기 때문이며, 문화예술계에서는 일제강점기를 인식하는 방법에 있어서도 문제가 있었던 것이 원인이었다.

앞에서 지적하였지만 지금까지 식민지의 시대적 특징을 인식하는 가장 대표적인 방 식은 식민지 수탈론과 식민지 근대화론이라는 두 입장이다. 이들 두 태도가 보여준 식민지의 모습은 극단적으로 다를 뿐만 아니라 서로 융해融解될 수 없을 정도로 모순 적이기도 하다. 그런데 일제강점기를 살았던 실제 사람들을 주목해서 그들이 당대를 어떻게 인식하고 있었을까, 또 어떤 행동을 취했을까를 생각해보면 이 두 입장의 차이를 극복할 수 있을 것으로 보인다. 일제강점기를 특정한 이데올로기의 잣대를 가지고 판단하는 것은 그 시대로 돌아가서 당시 시대인의 관점을 가지고 이해하려는 태도라기보다 현재의 관점에서 과거를 이해하려는 잘못된 접근이라고 생각된다. "일제강점기의 시대적 상황을 정확하게 파악하려면 그 시대 사람들의 다양한 활동을 통해서 다채로운 모습이 지녔던 가능성을 연구할 가치가 있다. 그런 후, 그 가운데에서 어떤 이미지가 더 사실에 가까운 것인가를 다차원적多次元的으로 검토"[8]할 필요가 있다.

식민지 수탈론과 식민지 근대화론을 검토하기에 앞서서 이 두 이론에 연루連累되어 있는 몇 가지 개념을 정리하고 넘어갈 필요가 있다고 본다. 그러면 식민지시대와 밀접한 관련이 있는 근대성, 근대화의 개념을 기존 연구에서 어떻게 사용해 왔는지를 검토해 보고자 한다.

1) 근대, 근대성, 근대화 그리고 식민지 근대성

식민지 근대성 논의가 나오기 전에는 근대성·근대화에 대한 논의가 한국 근대사 연구에서 핵심적인 쟁점爭點이었다. 근대성과 근대화를 이해하는 데 기초가 되는 개념은 바로 근대, 즉 모던modern이다. 근대는 시기를 나타내는 용어로, 학자에 따라서 차이가 크지만, 서구에서는 18·19세기로부터 근대시기의 도래到來를 이야기하는 경향이 있다. 서구사회가 세계화를 시도하는 과정에서 새로운 세계에 대한 발견으로 제국주의帝國主義 시대를 여는 계기가 되었던 근대는 과학과 기술의 발전, 합리성과 이성의 세기, 개인주의와 자본주의의 발달, 도시화 등의 특성을 가지는 것으로 알려져 있다. 한국의 근대는 서양 근대의 충격으로부터 시작되었으며, 따라서 문화 영역에서의 근대의 시작은 서양문화에 대한 수용으로부터 비롯되었다고 보는 것이 학계의 일반적인

8_ 김동노, 「식민지시기 일상생활의 근대성과 식민지성」, 『일제의 식민지배와 일상생활』(서울 : 연세대 국학연구원 편, 2004), 15쪽.

시각이었다. "근대 서양문화의 수용이란, 여러 가지 양상을 가지는데, 가령 서양 근대의 물산, 상품의 도입, 서양식 복식, 주거 공간, 나아가 서양 근대적 가치의 수용을 들 수 있다."[9]- 이처럼 근대는 시대적 구분으로 근세와 현대의 중간 지점으로 다양한 변화양상을 띤 시기로 명할 수 있다.

또한, 근대성이라고 해석되는 모더니티modernity는 '근대다운 특성'을 나타내는 추상명사로, 자기 자신을 자발적으로 갱신更新하는 시대정신時代精神이라는 의미도 함축含蓄하고 있다. 기든스Anthony Giddens는 "근대성의 개념 근저에는 새로운 것에 대한 성찰적 특징들이 존재하며, 성찰적 관점에서 접근할 수 있는 것은 바로 주체의 성찰성 때문"[10]-이라고 강조한 바 있다. 미셸 푸코Michel Paul Foucault는 근대성이란 "역사상의 한 시대를 고려하는 동시대의 현실과 관련된 어떤 존재 양식, 사람들의 자발적인 선택, 또는 사유하고 느끼는 방식"[11]-이라고 정의하였다. 결국, 서구의 중세 이후를 가늠하는 시대구분의 개념과 새로운 것을 지향하는 시대의식을 동시에 함축한 서구 근·현대의 철학적 담론談論이라 할 수 있는 근대성은 근대시기의 특징을 일컫는다.

근대화(modernization)는 정치·경제·사회·문화·가치관 등 모든 면에서 전반적으로 구조적 변화가 진행되는 후진적인 상태에서 보다 향상된 생활 조건을 조성해 가는 과정을 지칭한다. 한국의 근대화는 계몽과 연관된다. 전통사회에서 근대사회로의 이행기移行期, 이른바 개화의 정점이 되었던 계몽啓蒙의 발원지는 바로 유럽이었는데, 18세기 유럽의 계몽주의 중심무대는 프랑스였다. 임마누엘 칸트Immanuel Kant는 계몽주의란 "자신이 책임져야 할 미성숙으로부터 인간을 벗어나가게 하는 것으로 정신의 해방이자, 진보의 정신으로 고양된 이상의 자유로운 검증에 모든 것을 맡기고자 하는 용기"[12]-라고 주장하였다. 다시 말해, 인간 이성의 자유롭고 독자적인 사용에서의 계몽주의의 본질을 찾고 있으며, 이러한 계몽주의는 인간의 보편적 이성의 실현을 위한

9_ 권희영, 「한국의 식민지적 근대화 모순과 그 실체」, 『한국의 근대와 근대성 비판』(서울 : 역사비평사, 1996), 244쪽.

10_ 기든슨, 이윤희·이현희 역, 『포스트모더니티』(서울 : 민영사, 1991), 197쪽.

11_ 미셸 푸코 지음, 김성기 편, 「계몽이란 무엇인가」, 『모더니티란 무엇인가』(서울 : 민음사, 1994), 349 ~352쪽.

12_ 이동렬·이선영 엮음, 「계몽주의」, 『문예사조사』(서울 : 민음사, 2001), 58~98쪽.

것이다.

따라서 인간의 이성에 입각한 계몽정신은 근대화라고 말할 수 있으며, 이는 전통의 낡은 관습과 가치관으로부터 절연絶緣을 뜻하는 것이다. 서구에서 근대가 시작되면서 근대성과 근대화를 둘러싸고 많은 논의가 일어났지만, 한국의 경우에는 일본을 통한 서구문물의 수입이 시작되었다는 점에서 외국에서의 근대를 둘러싼 논의와는 큰 차이를 보이고 있다. 즉 식민지시대와 근대가 맞물리면서 한국에서는 식민지 근대의 모습을 여러 가지 측면에서 다양한 입장을 가진 학자들이 그 시대를 규정하면서 시기적 특징을 논의해 왔다.[13]

그간 한국의 식민지 근대성에 대한 연구는 "식민성에 대한 서구학계의 관점을 수정주의적修正主義的 시각에서 그 문제의식을 적극적으로 수용하여 한국사에 적용[14]함으로써 국내, 외에서 적지 않은 관심을 끌었다. 식민지 근대성은 "식민시기 근대화과정에서 겪게 되는 문화적 주체의 경험을 드러냄으로써 그 성격을 규정할 수 있다. 이 과정에서 식민지 주체의 주체성을 인식하는 것도 중요하지만, 다른 한편으로는 식민주체의 보이지 않는 지배, 정책적 강제, 강요, 통제 등을 동시에 규명해야 한다."[15] 이러한 특수한 식민지 상황에서 호미 바바Homi K. Bhabha는 "식민지 주체들의 행위와 인식을 분석하는 것이 중요하며 이들의 양가적兩家的이고 모호한 정체성 구성의 측면을 바라보는 것 또한 식민지 근대성을 이해하는 지름길"[16]이라고 지적하였다. 호미 바바가 지적한 바와 같이 식민지인들의 문화적 변화가 양가적(ambivalent)인 점, 즉 양쪽의 가치를 모두 수용하면서 새로운 문화적 창조를 꿈꾸는 문화적 주체성이 발현될 수 있다는 점을 간과할 수 없다. 결국, 식민지 근대성은 식민지기 위계질서 상 외래문화 접촉을 통해 식민지인들이 타자화他者化 되는 과정이면서도 문화적 주체로서 창조성이 만

13_ 김영근, 「일제하 식민지적 근대성의 한 특징-경성에서의 도시 경험을 중심으로」, 『사회와 역사』 제57집(서울 : 한국사회사학회, 2000); 정근식, 「시간체제와 식민지적 근대성」, 『문화과학』 제41호(서울 : 문화과학사, 2005); 조형근, 「근대성의 내재하는 외부로서 식민지성/식민지적 차이와 변이의 문제」, 『사회와 역사』 제73집(서울 : 한국사학회, 2007).

14_ 신기욱, 『한국의 식민지 근대성-내재적 발전론과 식민지 근대화를 넘어서』(서울 : 삼인, 2006), 37~64쪽.

15_ 윤해동, 「식민지 인식의 회색지대」, 『근대를 다시 읽는다』(서울 : 역사비평사, 2006), 37~59쪽.

16_ 호미 바바, 나병철 옮김, 『문화의 위치』(서울 : 소명출판, 2002), 186쪽.

들어지는 특성을 지니게 되는 것으로 볼 수 있다.

그동안 한국음악학계의 근대 논의는 근대성 논의까지 이어지지 못하고 서양음악을
전통음악과 대비되는 근대의 상징으로 파악하였다. 특히 "서양음악의 유입을 근대의
출발로 보는 시각을 극복하고 이 시기의 농민항쟁農民抗爭과 악공樂工들의 신분해방身分
解放, 산조散調 발생發生과 같은 음악인의 자주적 근대화과정을 근대의 시점"[17]-으로 설
정하였다. 따라서 전통음악에 있어 기생의 근대성은 그동안의 봉건체제 속에 있어 구
속이 강했던 관기의 신분에서 벗어나 비교적 자유로운 신분 속에서 전통음악인으로서
의 정체성을 생성하고 전개한 것에서 찾을 수 있다. 이러한 모습은 기생들이 이전시
대와 달리 자유로운 신분체제를 유지하면서 대중매체였던 신문新聞과 방송放送에 적극
적으로 출연해 대중적인 요소를 견지하며 서양식 극장무대에 올라 여성예술가女性藝術
家로 확고한 위치를 점하게 되는 하나의 요인이 되었다. 또한 레퍼토리에 있어서도
조선 후기까지 이어왔던 전통음악을 지키면서 서양음악의 갈래인 다양한 분야까지
습득하고 전개함으로써 대중예술인으로 확고한 위치를 점하게 되었다.

2) 식민지 수탈론 관점의 연구

일제강점기의 문화적 근대성을 비판하는 대부분의 논의에서는 일본 근대의 해독성
害毒性에 힘을 실어주고 있다. 역사학계에서 이른바 식민지 수탈론이라고 불리는 이와
같은 시각에서는 "한국 역사를 실학시대實學時代 이래 내재적으로 자본주의화의 길을
걷고 있던 한국을 일제가 강점하여 그 자생적인 자본주의 맹아를 잘라버리고 수탈을
목적으로 한 식민지적 자본주의를 이식하였다고 보고, 이를 강조하기 위해 일제의 수
탈성과 한국인의 투쟁성을 강조하였다"[18]-고 주장한다.

이와 같은 식민지 수탈론은 전통음악계에서도 크게 주목받고 받아들여지며 연구 성

17_ 노동은, 『한국근대음악사』 1(서울 : 한길사, 1995), 69~72쪽.
18_ 이영훈, 「왜 다시 해방 전후사인가」, 『해방 전후사의 재인식』(서울 : 책세상, 2006), 57~59쪽.

과물로 이어졌는데, 그동안 음악학계에서 근대에 대한 대부분의 연구는 "식민지지배의 경험이 부각되면서 당대의 역사를 식민지와 피식민지, 그리고 근대와 전통의 흑백논리黑白論理로만 가두었기 때문에 모든 원인을 식민지 경험의 산물"[19]로만 비판하였다. 그러나 이러한 시각은 음악계 안으로의 갈등과 대립을 자세하게 관찰하지 못한 결과이고, 또 수탈 속에서도 전개된 전통음악의 변화 측면에 관심을 기울이지 않았으며, 학술적으로 진지하게 거론하지도 않았다.

식민지 지배의 경험으로 보는 식민지 수탈론과 내부의 변화인 식민지 근대화론으로 규정짓는 상반된 주장은 오히려 일제강점기에 활동했던 권번과 기생에 대한 정확한 평가를 하는 데 한계를 야기惹起 시켰다. 왜냐하면, 식민지 수탈론의 입장에서는 식민시대에 전통문화가 왜곡되고 훼손되었다는 것이며, 식민지 근대화론의 시각은 그나마 일제의 정책으로 전통문화가 보존될 수 있다고 보기 때문이다. 이렇게 양분된 연구는 권번과 기생의 변천과 다양한 활동을 구체적으로 검토하지 않은 데서 기인起因한 것으로 파악된다. 예컨대 "일제강점기 식민지권력이 이왕직아악부李王職雅樂府를 묵인한 것은 총독부總督府의 이왕가李王家 정책政策, 특히 궁중의례宮中儀禮의 온존溫存 및 회유懷柔라는 입장"[20]이라는 주장은 식민지시대 일본이 한국문화를 바라보는 견해를 단적으로 말해주고 있다. 일제강점기 왕실의 음악을 담당하였던 이왕직아악부는 일본에서 황실 관련의 행사 때 아악을 연주하던 궁내성宮內省 식부직악부式部織樂府의 개정된 시스템[21]을 그대로 적용시켜 개편한 것이다.

일제강점기 권번의 운영과 기생의 활동은 식민지 문화사에서 주목해야 할 부분이지만, 지금까지 이러한 관점을 가지고 접근한 연구는 활발히 이루어지지 않았으며, 학문적 성과로도 끌어 올리지 못하였다. 그 이유는 1차 자료인 원전 부재와 동시대에 활동하고 관여하였던 인물들이 대부분 작고하였기 때문이다. 생존한 당사자라 할지라도,

---

19_ 김은영, 『한국 '전통음악'의 형성과 근대성 연구』(경북 : 동아대대학원 박사학위논문, 2008), 4쪽.

20_ 우에무라 유키오, 「식민지기 조선에서의 궁정음악의 조사에 관해 — 타나베 히사오 '조선아악조사'의 정치적 문맥」, 『조선사연구회논문집』 35집(조선사연구회, 1997).

21_ 이지선·야마모토 하나코, 「'직원록'을 통해서 본 이왕직의 직제연구」, 『사료를 통해 본 이왕직아악부』(서울 : 서울대 동양음악연구소학술대회자료집, 2004), 16~17쪽.

지난날의 일을 회고하는 것 자체를 꺼리고 공론화公論化시키는 작업에 부정적인 태도를 취했기 때문이다. 따라서 권번과 기생에 대한 심각한 문제는 사회적으로 잘못된 인식으로 인해 부정적인 시각의 고정이라고 할 수 있다.

　권번과 기생이 전통과 단절된 채 일본의 영향에서 비롯하였다고 보는 입장은 노동은魯棟銀[22]과 전지영全志暎[23]의 논의가 대표적이다. 노동은은 "일제강점기에 양악洋樂을 자주적으로 수용하면서 조선 음악의 자생적 근대화가 중단되고 외세에 의한 폭력적이고 피동被動적인 근대화의 길을 들어선 시기"라고 규정하였다. 전지영은 일제강점기의 문화는 "일본제국주의의 침략으로 말미암아 자주적 근대화가 중단되고 외세에 의한 폭력적이고 피동적인 근대화의 길로 들어서면서 문화적 예속성隸屬性에 집중되었다."고 하였다. 그러나 이들 연구는 근대기란 시점에서 민족 내부의 고민과 모순을 전체적으로 보지 못하고 또 일제의 수탈 속에서도 전개된 변화의 측면만을 살펴보고 있다. 또한, 근대를 식민지배의 산물로만 규정함에 따라 이 기간 동안 음악계 내부에서 일어났던 다양한 변화를 바로 보지 못한 채 '문화적 수탈'의 구도로만 직시直視하는 결과를 낳았다.

　이와 함께 기생사의 통시적 연구에서 식민지 수탈론의 고찰은 권도희權度希[24]에 의해 진행되었다. "19세기 말엽까지 관기와 기생이 궁중宮中과 풍류방風流房의 음악을 담당하였고, 창기 혹은 패거리 계집들이 민간에서 유행했던 잡가雜歌, 산타령계山打令系음악 등을 불렀으며, 1910년대에 이르러 여악이 붕괴되면서 기생들은 장악원掌樂院이 아닌 경시청警視廳의 관리를 받게 됨에 따라 삼패류가 조직화되어 급성장하게 되면서 관기와 창기 사이의 구분이 모호해지게 되었다"고 피력披瀝하였다. 이어 "1920년대 중반까지 권번이 강화되고 확산하는 한편 극장에서 전통음악 공연이 황금기를 맞았다"고 규명하였다. 또한 식민지 수탈론의 입장에서 기생들이 일본의 강제적인 단속령團束令

22_ 노동은, 앞의 책(1995), 319~375쪽.

23_ 전지영, 『근대성의 침략과 20세기 한국의 음악』(서울 : 북코리아, 2005), 7~20쪽.

24_ 권도희, 「전기 녹음 이전 기생과 음반산업」, 『한국음반학』 제10호(서울 : 한국고음반연구회, 2000); 「20세기 기생의 음악 사회사적 연구」, 『한국음악연구』 제29호(서울 : 한국국악학회, 2001).

으로 인해 창기와 구분이 모호해지며 기생의 악·가·무樂歌舞는 부분적으로 제한을 받았다고 밝혔다.

특히 이 논문은 음악사회학적音樂史會學的으로 논고함으로써 당시 사회 전반에 걸친 변화상과 기생을 다른 예인집단과 교차 비교해 기생의 위상을 확인할 수 있는 발판을 구축해 놓았다. 더욱이 시대적으로 1920년 중반까지 권번이 최고의 정점이었으며, 이후 극장에서 전통음악공연이 이루어져 기생들이 대중 연예인으로 주목받을 수 있었다고 정의함에 따라서 식민지 수탈론이 논문의 중심을 이루지만 권번의 내부적 변화인 식민지 근대화론적인 입장도 동시에 보여준다. 그러나 기생이 조선시대의 교방에서 관기로서 활동하고 이후 일제강점기에 권번기생으로 변화 과정은 상론하지 못하였다.

이와 더불어 권번의 교육과정과 지역의 현황에 초점을 맞춘 공시적 연구는 권번 안의 풍경風景을 좀 더 심도 있게 논의한 성과로 검토할 필요가 있다. 기생의 지위변화地位變化를 통한 식민지 수탈론의 연구경향은 손정목孫禎睦[25]·송연옥宋蓮玉[26]·노동은[27] 등에 의해서 탐구되었다. 손정목은 기생의 기능적인 측면에 주목해서 기생을 일탈적인 직업으로만 분류해 탐색하였는데, "1920년 이후 만성적인 불경기不景氣 등으로 말미암아 매춘賣春을 택하는 여성들이 늘고, 여성들이 공창에 대한 규제와 부담을 회피하면서 조선 사회에 사창私娼이 만연하게 되는 상황 속에서 일제가 법령法令상에서 기생과 창기를 엄격히 구분하였지만, 현실에서는 원래 술자리에 앉아 노래나 춤 등 기예를 파는 것이 주업이었던 기생, 그리고 술자리에서 술을 따르고 대화의 상대가 되던 이른바 작부酌婦들이 손님의 요구가 있으면 돈을 받고 성을 제공하게 되었고 이것이 일반화되었다."고 규명하였다.

송연옥 역시 앞선 식민지 수탈론의 주장과 일맥상통一脈相通하고 있다. 송연옥은 일제의 강제정책에 따라 기생보다 창기가 급속하게 늘어난 점을 다루었는데, "1900년대

25_ 손정목, 「일제하의 매춘업-공창과 사창」, 『도시행정연구』 제3호(서울 : 서울시립대학원, 1988).

26_ 송연옥, 「일제 식민지화와 공창제 도입」(서울 : 서울대대학원 석사학위논문, 1998).

27_ 노동은, 「노동은은 알고 싶다-기생 성녀(聖女)인가? 성녀(性女)인가?」, 『음악과 민족』 제10호(부산 : 동아대 민족음악연구소, 1995).

에 들어서 종래 가무歌舞 등 예술을 본업으로 삼는 기생보다 기생을 지칭하는 창녀가 증가하였으며, 기생 단속령을 비롯한 각종 법령과 정책으로 말미암아 기생들은 더 이상 가무를 지키는 예능인이 아니라 창기와 마찬가지의 인가認可・관리管理・단속團束 대상자로 전락하게 되었다."고 주장하였다. 노동은 또한 "일제강점기 국악에 대한 시선이 저급인식으로 전개되었던 과정의 핵심에는 기생이 있다"고 보았으며, "기생이 저급화低級化 된 원인을 일제의 기생 통폐합 및 공창화 정책에서 기인하였다."고 지적하였다. 이러한 연구는 개괄적으로 기생과 창기의 관계를 배치하면서 위상을 조명하는 데 주안점을 두었지만, 기생 통폐합과 공창화 정책에도 당대 기생들의 전통예술 전승과 활동, 그리고 대사회적 인식관을 통해 대중예술인으로 바로 서는 과정을 연구하지 못하였다. 따라서 본고는 당대 기생의 제도에 따라 변화하는 양상을 근대성의 입장에서 연구할 계획이다.

이와 같은 식민지 수탈론적인 연구들은 기생이 당시 일제의 강제적 통제로 말미암아 기반을 잃은 상황에서 저급화低級化된 원인을 시대적 상황으로 보고 있지만, 여전히 사회, 그리고 문화 중심부에서 활동한 점을 직시하지 못하는 한계를 노출하였다. 또한, 기생과 창기의 모호한 구분이 일제의 의도에 의해 진행되었고 당시 사회상에서 여성들이 공공위생 정책에 따라 저급화로 전락하였다는 지적에도 불구하고 공창제도와 기생의 관계가 다소 불분명하게 나타난다. 따라서 기생들의 의식과 활동을 고찰하였다는 의의에도 당대 여성들에 대한 시각을 넓히지는 못하였다.

이처럼 식민지 수탈론 관점의 연구는 일방적으로 일제에 의해 한국이 수탈의 대상이 되었고 이러한 상황 아래에서 자생적인 문화를 구축하지 못하는 한계를 드러냈다고 역설하고 있다.

3) 식민지 근대화론 관점의 연구

식민지 근대화론 입장은 식민주의 식민화에 대항하는 차원에서 이루어진 것으로 음악계에서는 김은영 연구에 의해 시도되었다.[28] 김은영은 "서구와 일본의 근대가 보여준 일방적인 문명사회文明社會의 강요로부터 벗어나 탐욕貪慾의 생존전략生存戰略이 아닌 생태적 환경을 찾아나서는 노력"으로 일제강점기 음악계를 보고 있다. 이러한 수행을 바탕으로 전통음악이 오늘의 살아있는 음악으로 거듭날 수 있었다고 결론짓고 있는데, 식민지 근대화론의 주장이 나름대로 설득력을 갖추고 있다. 그러나 이 같은 주장이 지금까지 널리 받아들여지지 못하는 가장 큰 이유 중의 하나는 면밀한 원전 자료를 동반해 각종 활동을 제시하고 분석하지 못했기 때문이라고 할 수 있다.

이어 무용계에서 식민지 근대화론은 성기숙成基淑[29]-에 의해 논의되었다. 성기숙은 1930년대 이후 전통예술계의 변화과정을 추적하였는데, "중일전쟁中日戰爭과 태평양 전쟁 등의 발발로 인해 경기가 침체되자 큰 요릿집을 중심으로 존속되어 오던 권번도 점차 폐쇄되었고, 기녀들의 춤 활동도 차츰 시들해졌으며, 8·15해방 이후 권번이라는 명칭은 완전히 사라지고 대신 국악원이라는 이름 아래 권번 명맥이 유지되었던 점을 들어 권번도 시대의 조류潮流에 편승便乘하였다."고 결론지었다. 권번을 통해 식민지 근대화론을 주장한 성기숙의 통시적 연구는 식민지 국가에서의 전승구조와 위상, 역할을 비교 대상으로 삼아 논의를 진행하고 있다. 이를 통해 일제강점기의 권번이 조선시대 교방에 비해 교과목敎科目과 교육방법이 체계적이었으며 사회에 부응하는 다양한 활동을 축적함에 따라 근대적인 문화풍토文化風土로 나아가고 있음을 연구하였다.

공시적 연구에서 안성희安晟希[30]-는 식민지 근대화론에 동조하고 있다. 안성희는 기생들의 음악사적 활동과 노기老妓들의 증언을 참고로 하면서 권번의 교과과정을 비롯한 교육내용을 무용舞踊·성악聲樂·기악器樂으로 나누었으며, 교양과목을 기준으로 서화書畵·일어日語·수신修身·시문時文 등으로 구분하였다. 특히 "기생들이 예인으로 거듭나는 과정에서 모든 교양과목을 배웠으며, 이 중 예절교육을 가장 중요하게 여겼던 점을 지적해 동시대에 권번에서 전인교육全人敎育이 중요한 과목 이었다"고 논증하였

28_ 김은영, 앞의 논문(2008), 17쪽.
29_ 성기숙, 『한국 춤의 역사와 문화재』(서울 : 민속원, 2005); 「근대 전통춤의 산실, 권번 그리고 기생의 참모습」, 『한국 전통춤의 연구』(서울 : 현대미학사, 1999).
30_ 안성희, 「권번의 여기교육 연구」(서울 : 숙명여대대학원 석사학위논문, 2004).

다. 그렇지만 권번이 음악예술 교육기관으로서 일제강점기에 주춤했을 전통음악을 현대까지 이어주는 교량적 역할을 하였다는 이 연구는 문헌과의 교차 연구가 이루어지지 않아 기존의 교방과 차별화되는 기능상의 변화와 특성을 드러내지 못하였으며, 일본의 통제방식은 무시되거나 부차적인 것으로 간주看做되어 권번의 설립 배경과 위상이 다루어지지 않았다.

이와 더불어 기생의 통시적 연구에서 식민지 근대화론 연구는 송방송宋芳松[31]에 의해 시도되었다. 송방송은 최초의 기생조합과 이 조합에 참석한 기생의 예술 활동을 역사적으로 분석하여 기생들의 활동을 이해하는데 도움을 주었다. "대한제국大韓帝國 말기에 만들어져 1910년대 초까지 활동한 것으로 추정되는 한성기생조합소漢城妓生組合 所는 관기 출신 기생들이 참여하여 자선 연주회, 지방공연, 도일공연渡日公演 등을 통해 전통공연 예술의 전승과 보급에 일익을 담당함에 따라 교방관기教坊官妓와 조합기생組 合妓生의 상관성이 있다"고 분석하였다. 이 연구는 구체적으로 한성기생조합소를 중심으로 권번과 기생의 관계, 각종 활동을 설정하여 문헌 중심으로 고찰해서 당시 기생들의 활동양상을 잘 보여주고 있어 이 분야 연구의 준범遵範으로 손꼽힌다. 그러나 한 지역 한 곳의 기생조합소를 분석함으로써 당대 기생들의 의식을 전반적으로 아우르지 못하는 아쉬움을 남겼다.

식민지 근대화론을 표방하며 기생의 지위가 어떻게 변화하였는지를 다룬 것으로 장유정張攸汀[32]의 연구가 있다. 기생이 연예인으로 변신하는 과정을 탐색하였는데, "창기 중에서 기예를 선보였던 삼패三牌내지 예기가 20세기 전반기 내내 활발한 공연활동을 통해서 이른바 연예인으로서의 자리 매김을 하였다는 이 연구는 기생 활동에 대한 객관적인 인식과 평가를 위해서라도 20세기 기생제도에 대한 정확한 고찰이 중요하다."고 논증하였다.

이밖에 지방 권번에 관한 연구도 일부 있었는데, 이들 연구는 한 지역의 권번을 집

31_ 송방송, 「한성기생조합소의 예술사회사적 연구」, 『한국학보』 제29권 4호(서울 : 일지사, 2003), 2~55쪽.
32_ 장유정, 「기생의 자기서사」, 『민족문학사연구』 제25호(서울 : 민족문학사학회, 2004); 「20세기 초 기생제도 연구」, 『한국고전여성문학연구』 제8호(서울 : 한국고전여성문학회, 2004).

중적으로 조명함으로써 동시대 지역 권번의 위상만을 점검하고 있다. 부산지역 최초의 권번인 동래권번東萊券番 연구[33]와 광주권번光州券番[34] 연구가 그것인데, 동래권번을 논고한 추정금은 "일제강점기에 들어서 전통예능이 쇠퇴 길에 접어들었지만, 권번이라는 특수한 곳에서 어렵게나마 전통예능의 맥을 이어올 수 있었다."고 보았다. 동래권번처럼 지역 권번의 연구는 전라북도 권번 연구에도 많은 점을 시사해 주었는데, 동시대에 중앙이 아닌 지역에서 펼쳐졌던 권번의 모습을 상세하게 다뤘기 때문이다. 김미숙金美淑·문현상은 "광주권번이 호남지역의 대표적 권번으로, 설립 초기에 소수 기녀로 출발했지만, 예술적 토양과 예술성이 풍부한 호남 예인들에 의해 크게 발전하였으며, '예향 광주'로 발전시켜주는 바탕이 되어 주었다."고 정리하였다. 광주라는 특정지역의 권번 연구란 점에서 본 논문에 있어 지역 권번의 연구에 큰 도움을 주었다. 그러나 동래권번과 광주권번에 대한 연구는 식민지 수탈론과 식민지 근대화론의 입장을 살펴보지 못하고 권번의 선생이 누구였으며, 권번의 기생 중에는 누가 활동하였는지, 그리고 교육과정의 전개와 특징을 밝히지 못하여 결국 지역 권번의 설립 배경과 각종 활동을 제시하지 못했다. 따라서 이들 논문은 지역 권번에 대한 연구의 시금석試金石이라는 의의에도 권번과 기생의 전모를 식민지 근대성을 통해 파악하는데 한계가 있었다.

4) 식민지 근대성 관점의 연구방향

권번에 관한 통시적 연구는 권번의 역사적 의미를 찾는데 주력하였다고 한다면, 공시적 연구에서는 교육과정과 지역권번의 현황 등을 상술하는데, 더 관심을 보였다고 할 수 있다. 이 같은 권번의 연구결과는 식민지 수탈론과 식민지 근대화론이라는 시각으로 분석되고 있었지만, 대부분의 개론적인 성격의 연구에 그치고 있었다. 따라서 권번을 학문적 연구대상으로 끌어올리는 데는 이바지하였지만, 권번의 다양한 활동과

33_ 추정금, 「동래권번에 관한 연구 – 학습내용과 공연활동을 중심으로」(서울 : 중앙대대학원 석사학위논문, 2005).
34_ 김미숙·문현상, 「권번이 무용에 미친 영향」, 『무용학논문집』 제20집(서울 : 대한무용학회, 1997), 40~47쪽.

의미를 고찰하는 데는 한계가 있었다. 따라서 본 연구에서는 통시적이고 공시적인 접근을 동시에 하며 식민지 수탈론과 식민지 근대화론의 기존연구 한계를 넘어서고자 한다.

다시 한 번 권번의 통시적 연구사를 정리해보면, 대부분이 한 시대를 지정하고 권번의 역사와 전개과정에 주목해 일제강점기 권번의 존재 여부를 확인하는 성과를 가져왔다. 이와 같은 통시적 연구는 권번의 역사를 일목요연하게 정리하였음에도 불구하고 권번을 지나치게 나열羅列한 관계로, 역사적 전승구조가 어떻게 무슨 이유로 전개되었으며, 구체적 활동과 그 활동과정이 근대문화예술사에 끼친 영향은 제대로 제시되지 못하였다고 할 수 있다.

이와 함께 권번 교육과정에 대한 연구는 권번 교육의 전개에 있어 지역별 권번의 특징을 논증하지 못하였다. 또한, 개인 일생의 여정旅程을 연구의 초점으로 설정하고 사료와의 교차 비교가 이루어지지 않아 객관성이 부족하였으며, 권번이 일제강점기라는 시대적 상황에서 어떠한 모습으로 새로운 음악과 춤, 노래 등을 반영하였는지 규명하지 못하였다. 결국, 이들 연구는 당시 권번이 조선후기 전통예술의 일부를 전승한 기관으로 보고 있을 뿐, 시대적 변화에 따라 권번의 교육과정이 어떻게, 무슨 의미로 변모하였는지를 규명하는데 한계를 지니고 있다. 그리고 기생에 관한 역사적 연구는 본 논문에 큰 도움을 주었으나, 중앙 중심적으로 다룬 것이 대부분이어서 본고에서 다룰 전라북도 지역의 내용이 빠져 있었다. 또한, 다른 지방 권번과의 관계 연구가 이뤄지지 않아 기생조합과 권번에 관한 내용을 전체적으로 파악하기는 어렵다는 점역시 아쉬움으로 남는다. 이처럼 역사적 연구는 새로운 사료 발굴과 1차적 자료 해제로 연구가 마무리되었지만 당대 권번과 기생이 갖는 위치, 의식, 활동의 의미를 분석하지 못하였다.

이 가운데 식민지 근대성에 초점을 맞춘 연구는 서지영徐智瑛[35]에 의해 시도되었다.

___

35_ 서지영, 「식민지시대 기생연구(1) – 기생 집단의 근대적 재편 양상을 중심으로」, 『정신문화연구』(경기 : 한국정신문화연구원, 2005); 「식민지시대 기생연구(2) – 기생조합의 성격을 중심으로」, 『고전여성문학연구』 제10권(서울 : 한국고전여성문학연구회, 2006).

서지영은 기생의 변이과정變移科程을 성性과 관련해 밝혔다. "식민지시대를 거치면서 기생이 근대적으로 재편再編되는 과정에서 권번이 조직화되고 요릿집이라는 근대적 유흥 공간 속에 지배된 기생이 국가권력과 자본주의적 산업 구도 속에서 진열되고 상품화되면서 존재방식의 변화를 겪게 되었다"며 기생의 시대 변화양상을 개괄적이고 분석적으로 제시하였다. 그러나 이 연구는 여성사적 측면에서 규명함에 따라 본고에서 논할 예술사, 좁게는 국악사에 대한 고찰은 부족하였다.

기생조합과 권번에 관한 연구에 이어 기생에 관한 고찰은 식민지 수탈론과 식민지 근대화론으로 양분되었다. 양자兩者 모두 기생에 대한 쟁점을 부각시키는 데 치중했지만 기생의 참모습, 즉 다양한 예술 활동과 사회활동을 부분적으로 제시하고 연구하는 데 그쳤으며, 특히 전라북도 기생에 관한 연구는 미흡하다고 할 수 있다. 다시 말해 식민지 수탈론을 주장한 자는 식민시기 역사전개를 일방적인 '수탈이 곧 피해'라는 구도로 보고 있으며, 식민지 근대화론자는 여러 변화 요인에 의해 구성되는 문화의 흐름을 포착捕捉하려 하였다는 점에서 구분된다. 결국, 전자前者는 민족감정의 과잉으로 역사의 실상實像을 올바르게 보지 못하게 하고 있으며, 일제의 수탈 대 민족저항이라는 틀에 집착하여 수탈의 실상을 상세하게 밝히지 않으면서 수탈만을 지나치게 강조하였다. 또 후자後者를 주장한 연구자는 여러 변화 요인에 의해 구성되는 문화의 흐름을 포착하여야 하는데, 근대로의 개발과 성장만을 강조하고 있다. 그러나 최근에는 이러한 수탈과 개발이라는 이분법二分法이 가지는 위험성을 경계하면서 자신들이 선 기반에 대해 반성하는 움직임이 일고 있다.

따라서 본고는 일제강점기에 이식된 권번과 기생제도에 식민지 수탈론과 식민지 근대화론의 측면이 공존하고 있다는 전제하前提下에 그간의 연구 성과를 비판적으로 수용하면서 두 접근 방식의 한계를 극복하기 위해 식민지 근대성의 관점으로 접근할 것이다. "식민지 근대성은 근대성이 식민지에서 전개되면서 나타난 현상으로, 한국인들이 수동적으로 받아들인 결과가 아니라 한국인들이 직, 간접적으로 참여함으로써 구성된 것이라는 것이라고 한다. 그리하여 식민지 근대성은 몇몇 집단에는 기득권既得權의 상실을 의미했지만 다른 집단에는 직업職業, 지위地位, 명예名譽 등을 획득하는 기회를 제공한 것"[36]으로 파악된다.

이밖에 구술口述을 토대로 한 연구도 있었는데, 장명수張明洙는 일제강점기 전주全州지역과 전라북도지역에 전개되었던 상황을 원로元老들의 구술 자료를 통해 당시의 문화상을 복원하였으며, 특히 장금도張今道의 구술 자료를 토대로 권번에서 배운 소리와 춤을 기록하였다.[37] 그러나 당시 권번과 기생의 실상을 알려주는 자료이지만 문헌과 교차 비교가 이뤄지지 못한 결과가 한계점이었다.

한편, 최근 들어 일제강점기를 사진과 엽서 등을 통해 권번과 기생을 재조명하는 연구도 이어지고 있다. 이미지로서의 기생을 바라보는 이들 연구는 기생을 이해하는데 폭을 넓혀줄 뿐 아니라 1차적인 자료란 점에서 가치가 크다. 이와 관련한 연구는 김영희[38] · 이경민李庚珉[39] · 가와무라 미나토川村湊[40] · 신현규申鉉奎[41] · 국립민속박물관國立民俗博物館[42]들에 의해 진행되었다. 이 연구들은 우편엽서 · 사진첩 · 홍보 포스터 등에 그려진 기생의 이미지들이 성 담론, 민속학 등을 통해서 창출되어 일제 식민주의 담론으로서 만들어진 것으로 바라보았다. 이 자료들 역시 기생에 대한 외형을 넓혀주는 자료들이며, 기생을 큰 시선에서 조명하고 있지만, 당대 실제로 펼쳐졌던 모습에 대해서는 깊이 있는 결과를 내놓지 못하고 있다.

이상으로 본 논고의 연구와 관련된 주요 연구업적을 연구사적인 측면에서 간단히 정리해 보았다. 이들 연구는 권번과 기생의 실체를 밝혀주는 데에 이바지를 하였다는 데에 큰 가치가 있다. 그러나 대부분이 개괄적인 접근에 머무르거나 중앙 중심적이고 특정 지역의 상황을 치밀하게 논의하는 데에는 한계를 나타냈다. 본 연구에서는 이러한 이데올로기적 구속에서 벗어나서 구체적인 대상인 전라북도의 권번이란 기관과 인

36_ 도면회, 「탈민족주의 관점에서 바라본 식민지 시기 역사」, 『한국의 식민지 근대성』(서울 : 삼인, 2006), 10쪽.
37_ 장명수, 『일제의 전주 침탈과 식민시대 구술실록』(전주 : 전주문화재단, 2007).
38_ 김영희, 『개화기 대중예술의 꽃, 기생』(서울 : 민속원, 2006).
39_ 이경민, 『기생은 어떻게 만들어졌는가 - 근대 기생의 탄생과 표상공간』(서울 : 사진아카이브연구소, 2005).
40_ 가와무라미나토, 유재순 역, 『말하는 꽃, 기생』(서울 : 소담, 2005).
41_ 신현규, 『기생이야기 - 일제시대의 대중스타』(서울 : 살림, 2007).
42_ 신현규, 『기생 100년 - 엽서 속의 기생 읽기』(서울 : 국립민속박물관, 2008).

물인 기생들의 실제 활동을 통해서 일제강점기 전통문화예술의 특성을 파악하고 권번과 기생이 갖는 식민지 근대성을 검토할 것이다.

따라서 본고는 이러한 선행 연구先行硏究 성과와 학문적 방법론을 토대로 일제강점기에 설립되고 활동하였던 기관과 인물을 식민지 수탈론과 식민지 근대화론의 입장을 전반적으로 아우르면서 전라북도지역의 권번의 조직과 기생의 활동을 통해 사적 연속성과 총체적 접근을 통한 의미, 그리고 의식성에 바탕을 둔 다양한 의식과 활동에 대해 식민지 근대성을 조명해 보고자 한다.

3. 연구방법 및 범위

본 연구는 먼저 선행 연구사先行硏究史를 검토하고, 새롭게 발굴한 문헌자료를 검토하여 1차적 연구를 진행한 다음, 원로들의 구술 자료를 토대로 이에 대한 보충연구를 진행하는 실증적 연구방법에 의거할 것이다. 전술前述한 바와 같이 지금까지 권번과 기생에 관한 문헌적 자료의 빈곤은 이에 대한 연구 부진 요인의 첫 번째라고 지적한 바 있다. 그러나 동시대에 살았던 예인들의 구술 자료는 당시 상황을 파악함에 있어 간과할 수 없는 중요한 자료이다. 일부 구술 자료는 자신들을 확대하여 해석하고 왜곡하는 사례도 있지만, 본고에서는 구술과 문헌의 자료비판을 전제로 한 연구방법론을 그 토대로 삼고자 한다.

따라서 본 논문이 본래의 연구목적에 도달하기 위해서는 기존 연구경향에서 드러나는 다양한 학문 영역이 접목된 연구를 비교, 분석함으로써 지금까지 권번과 기생에 대한 연구를 정리하는 한편 전라북도 소재의 권번과 기생의 실체를 파악하는 것이다. 그리고 개략적으로 윤곽을 드러낸 기존의 연구형태에서 벗어나 전라북도의 권번과 기생에 대해 객관적인 자료에 의거, 식민지 근대성의 구체적인 고찰을 시도하고자 한다.

본고에서는 일제강점기 전라북도 권번의 존재와 기생의 다양한 영역을 다룰 예정이다. 그 연구방법에서는 사료적 접근과 현장적 접근을 병행한 문헌적 자료와 구술 자료를 바탕으로 한다. 문헌적 자료는 1910년부터 1945년까지, 즉 일제강점기에 발행되었던 『대한매일신보大韓每日申報』, 『매일신보每日新報』 1924년부터 1931년까지의 『중외일보中外日報』, 1910년부터 1945년까지의 『동아일보東亞日報』와 『조선일보朝鮮日報』, 『시대일보時代日報』, 『조선중앙일보朝鮮中央日報』 등으로 이들 신문지상에 나타난 권번과 기생 관련 기사를 중점적으로 찾아보겠다. 당시 신문은 성향에 따라 객관적이지 못하다는 지적도 있지만 도시와 마을의 구술문화에 흡수되었는데, "저잣거리를 지나갈 때면 언제나 젊은이나 백발성성한 노인이 신문을 손에 들고 목청 높여 큰 소리로 읽어주는 모습이나 어느 지방에서는 신문 한 부를 가지고 적어도 여든다섯 명이 읽었다는 얘기"[43]로 볼 때 당시 신문이 대중에게 미친 영향력이 대단하였다고 할 수 있다.

그리고 본고의 주제인 전라북도 권번과 기생에 관한 직접적인 연구는 부분적으로 이루어지고 있었으며, 문화재관리국文化財管理局 문화재연구소文化財研究所[44]와 전북대학교박물관全北大學校博物館[45]·김지영金志榮[46]·황미연黃美衍[47]·김중규金中奎[48]에 의해 시도되었다. 이러한 연구는 중앙에 비교하면 상대적으로 미진하였던 지역 권번의 특징에 대한 관심으로 연구주제가 서서히 이동하고 있음을 알 수 있다.

그 밖의 일제강점기 각종 문헌에 나오는 자료 및 사진자료를 참고할 것임을 여기서 밝혀둔다. 사진 자료는 "신문 매체에 고루 사용되면서 보도, 기록에 효과적인 요소로 작용하였고, 이러한 사진은 연구 분야에서도 인류학자들에 의해 채택되어 충실한 기록물로 인정되어 많은 역사사진을 남기고 있다. 그동안 한국 전통공연예술 사진의 중요성 등은 제시"[49]된 바 있다. 그리고 국가기록원國家記錄院·독립기념관獨立紀念館·국사편찬위원회國史編纂委員會, 또한, 일제강점기에 발행된 『관보官報』 등 의 사료도 찾아보

43_ 김은영, 앞의 논문(2008), 21쪽.
44_ 문화재관리국 문화재연구소, 『전라북도 국악실태조사』(서울 : 문화재관리국, 1982).
45_ 전북대학교박물관, 『정읍지역 민속예능』(『전북대학교박물관 총서』 제11권, 전주 : 전북대학교박물관, 1992).
46_ 김지영, 「남원 춘향제의 연구-의례조직의 변화를 중심으로」(경기 : 한국정신문화연구원 석사학위논문, 1998).
47_ 황미연, 『전북국악사』(전주 : 전북향토문화연구회, 1998); 『정읍국악사』(전북 : 정읍시·우리문화진흥회, 2004).
48_ 김중규, 『군산역사이야기』(서울 : 나인, 2001).
49_ 이진원, 「한국 전통공연예술 사진에 대한 검토-1945년 해방 이전 시기를 중심으로」, 『한국악기학』 제5호(서울 : 한국통소연구회, 2007), 57~83쪽.

겠다. 또한, 후대에 발표된 전라북도 각 지역의 시·군지市郡誌와 향토 자료집 등을 비교, 분석하겠다.

이와 함께 기생조합과 권번에 관한 1차 자료인 야오야나기 고타로靑柳綱太郞의 『조선미인보감朝鮮美人寶鑑』을 참고하겠다.[50] 일본의 철저한 통치의도에 의해 편찬돼 권번의 역사와 기생관련 자료이기도 한 이 책은 최근 해제解題를 통해서 동시대의 권번과 기생을 상론하고 있는데, 실록實錄에서부터 일반문학一般文學에 이르기까지 방대한 양의 사료를 모아 기생의 역사를 다루고 있다. 더욱이 이 책은 최초의 기생역사 서술로, 특히 풍속사風俗史의 측면에서 풍부한 사료를 제공한다는 의의를 지니고 있다.

구술 자료들은 먼저 권번에서 활동했던 기생과 그리고 동시대에 살았으며 권번과 기생에 대한 실체를 아는 인물과 각 지역에서 이에 대한 연구 자료를 수집한 향토사학자들을 면담, 조사하여 확보하고자 한다. 그리고 현재 생존해 있는 권번 출신의 기생이었던 장금도·조갑녀趙甲女와 동시대에 살았던 홍정택洪正澤(본명 洪雄杓)·김유앵金柳鶯·최승범崔勝範·장명수張明洙·최선(본명 崔正澈) 등과의 대담자료 등이 이 분야에 속한다. 권번이 존재하였던 곳에서 향토사학자로 활동하는 김용근金容根·이용찬李庸讚 등과도 면담하였다.

문헌자료와 더불어 구술 자료는 이러한 사료로, 기록을 남기지 못한 대다수 평범한 사람들이 역사서술에 참여할 수 있을 뿐 아니라 문헌사료만으로 확인할 수 없는 사실에 대해 대체효과를 지닌다. 특히 근대 예술사 서술에 있어서 문제점으로 지적되고 있는 바와 같이, 문헌자료 등 원전을 찾기가 어려울 때 구술 자료는 사료로서 중요한 가치를 지닌다. 결국, 구술 자료는 비주류의 예술가를 재조명하거나 접근을 가능하게 해줄 수 있어 권번과 기생연구에서 반드시 동반되어야 한다.

본고에서 사용한 일제강점기에 대한 시대구분에 대한 견해 역시 학계에서 여러 가지로 분류되고 있으며, 전통문화계에서도 시대구분은 학자마다 다르지만, 학계에서는 통

50_ 야오야나기 고타로 편, 『조선미인보감』(경성 : 신구서림, 1918); 이진원, 「조선미인보감해제」, 『조선미인보감』 (서울 : 민속원, 2007).

상적으로 1910년 경술국치부터 1945년 해방 전까지로 사용된다. 본고 역시 시대구분에서 일제강점기는 1910년부터 1945년까지 정하며, 이 시기에 전라북도에 존재했던 권번과 기생들의 전개와 활동에 관한 식민지 근대성의 연구로 한계를 지을 계획이다.

4. 책의 구성

식민지 근대성 담론을 매개로 일제강점기 전라북도 권번과 기생에 있어 근대성이 실현되어 가는 과정을 분석하는 본 논문이 지향指向하는 목표는 근대 전라북도 전통예술의 지형地形을 보다 주체적이고 객관적인 시각에서 넓혀보려는 것이다. 따라서 본 논문은 식민지 근대성을 정점으로 근대 전라북도 전통문화계 내부의 다채로운 풍경을 구체적이고 객관적인 자료를 근거로 분석해 낼 수 있는 내용으로 구성될 것이다.

지금까지 본 논문은 서론으로 문제제기와 연구목적을 밝히고 일제강점기 권번과 기생에 대한 선행 연구들을 검토하였고 또한, 연구방법으로 문헌자료와 구술 자료를 동반해 동시대의 담론 분석을 제시하였다. 다음으로, 제2장은 본 논문의 중요한 문제의식이었던 교방기생과 근대적 기생의 의미를 검토하고 그 차이점을 논의하는 장으로 설정되었다. 먼저 조선시대 교방 소속 기생이 어떠한 제도 변화로 말미암아 면천되었는지에 대하여 서술할 것이다. 제2장 1절에서는 기생의 기원과 조선시대 기생의 분류와 기생들이 어떠한 과정을 통해 정착되었는지를 다룬다. 이는 교방의 설치 운영과 여악의 변화에 따라 기생의 변화양상을 고찰할 수 있기 때문이다. 또한, 조선후기 전국 8도의 교방을 파악, 일제강점기 기생들의 활동지역과 비교, 분석하고자 하는데 이는 교방의 관기에서 근대적 기생으로의 변화양상을 살펴볼 수 있기 때문이다.

제2장 2절에서는 조선 후기까지 신분체제에 따라 최하위층이었던 기생이 개화기와 일제강점기를 거치면서 전통문화를 전승한 인물이란 점에서 식민지 근대성이라는 화두話頭 아래 열거된다. 아울러 시대적으로 어두운 조건 속에서도 전통예술을 지키고 새로운 문화 흐름에 동참同參하며, 예술인으로서의 주체적인 자아를 형성해 나간 점을

밝힐 것인데, 이것은 지금까지 부정적인 인식이었던 권번과 기생에 대해 예인으로의 정당한 자리매김을 할 수 있다는 점에서 서술한다.

이와 더불어 문헌과 신문자료에 등장하는 전라북도 권번의 실체를 파악해 조선시대 후기의 교방과의 상론을 통해 권번의 실재를 점검하게 된다. 먼저 일제강점기 교방에서 기생조합과 권번으로 이어지는 전국적인 모습을 서술하고, 실제로 이러한 변화 양상이 전라북도에서도 어떻게 전개되었는지 다룬다. 아울러 그동안 기록물마다 다르고, 기록자마다 다른 전라북도의 권번의 실체와 기생의 존재 여부를 언급하고자 한다. 또 내부적으로 각종 활동과 공연을 통해 근대적인 문화활동을 실천해나간 점을 또한 열거하겠다.

제3장은 조선후기를 거쳐 일제강점기 권번 조직의 실상을 논의하고 당대의 권번과 기생의 시대적 특성이 어떻게 예술사에 이바지하였는지를 다룰 것이다. 여기서 논의할 주요 내용은 근대도시近代都市의 탄생과 문화예술의 지속과 확산을 통해 전라북도 권번의 설립 과정이 상론된다. 먼저 제1절에서는 비옥한 지역적 조건 때문에 일제의 수탈현장이 되어왔던 전라북도가 근대적 도시로 변화되면서 교방과 권번의 관계가 어떻게 변화하는지를 논의된다. 이러한 설립 변화 조건이 식민지 근대성을 어떠한 측면에서 표출하였는가를 구체적으로 열거하고, 더불어 근대적 문화예술의 전승과 확산을 분석할 계획이다.

제2절에서는 권번 조직화의 근대성을 논한다. 또, 권번의 제도 전환이 가져다주는 특성을 밝힐 것인데, 국가기관이었던 교방을 벗어나 사설기관이었던 권번이 주식회사株式會社로 설립된 것은 근대자본주의 사회가 형성되면서 권번 역시 이윤을 추구하는 사업체로 운영이 변화되는 과정을 살펴볼 수 있다는 점에서 중요하다 하겠다. 이는 권번이 전통예술과 대중적인 선호도가 높은 과목을 심도 높게 교육하고 요릿집과 같은 공간에 추천되어 기・예능을 통해 인지도를 높여나간 점을 다루게 된다. 이와 함께 교방의 명맥을 이은 권번이 1940년 전시 체제 하에서 영업제지營業制止를 당하면서 광복光復 후에도 그 뿌리를 각인시키고 후대에 전수하였는지를 짚어보기로 한다.

제4장은 전라북도 권번의 교육과 예술이 갖는 특성을 고찰하면서 역사적 의미를 살

펴볼 예정인데, 당시 각 권번이 자체적으로 어떠한 특색 있는 교육프로그램을 운영하고 있는지를 상론하게 된다. 일제강점기 전라북도에서는 전주全州·군산群山·남원南原·정읍井邑·이리裡里(지금의 익산) 등지에 권번이 설립되었을 것으로 막연히 추론되었다. 제4장 1절에서는 먼저 전라북도 권번의 교육과 예술 활동의 특징을 살펴보겠다. 구체적으로 전주·군산·남원·정읍·이리는 시대적 변화에 따른 권번의 교육과 예술 활동이 어떠한 모습으로 변화되었는지 분석하고자 한다. 조선 후기까지 전라감영全羅監營이 있었던 호남湖南의 수도首都이면서 가장 큰 규모의 교방이 존재하였다. 이러한 교방을 일부 전승한 권번이 어떠한 교육을 통해 예인을 길러내는 양성소養成所였으며 이러한 교육이 기생의 근대성과 어떠한 관계를 맺고 있는지를 논한다. 또한, 남원도 전통적으로 풍류가 강했던 지역인 만큼 권번에서의 교육과정을 통하여 예맥의 전승과정을 살펴보겠다. 또, 군산과 정읍 등 근대도시로 탄생된 권번에서의 교육과정과 특징을 고찰할 예정이다.

그리고 이러한 권번의 교육내용이 한국 근대예술계에서 특성이라는 화두와 어떻게 접맥接脈되었는지를 권번과 기생의 교육과정을 통해서 분석하고자 한다. 또한, 교육과정이 일반학교와 어떻게 다르며 당시 전통예술이 외면 받았을 때 권번이 어떠한 과정을 통해 전통예술을 보존하고 후대에 이었는지를 고찰한다. 또한 정악正樂과 민속악民俗樂이란 갈래에서 전라북도가 왜 민속악의 고장, 국악의 본향本鄕인지를 교육과정과 교과목을 통해 살펴보겠다.

이와 더불어 제2절에서는 예술양상을 통해 전라북도의 소리와 기악, 춤의 미적 다양성을 구체적으로 논의할 것이다. 소리에서는 현재와 같이 판소리의 고장으로 각인되는 이유를 거슬러 추적하며, 기악에서 남성일변도男性一邊倒였던 당시 사회상에서 여성예술인으로 기생이 올라서는 모습을 제시한다. 또한, 춤 갈래를 통해 전라북도 전통무용의 뿌리 또한 서술한다. 이러한 교육과정과 예술양상을 통해 권번이 근대 예술 교육기관이며, 기생이 권번에 소속되어 전통예술인으로 정착되는 과정을 고찰한다.

제5장에서는 기생의 활동에 나타난 식민지 근대성을 논한다. 제1절에서는 근대적 연예산업演藝産業의 형성과 구축과정을 통해 기생들이 공연예술로 입지를 확보한 과정

을 당시 공연 관행慣行을 중심으로 분석하고, 전문예술인으로의 발전 과정 또한 근대 매체의 등장을 통해 논증한다. 아울러 천민이었던 기생들이 신분적 제약을 뛰어넘어 대중적인 스타로 성장하는 과정을 구체적으로 제시하며, 또한, 기생 역시 중앙 및 타 권번으로 진출하는 모습을 고찰한다. 이는 기생들도 자신의 기·예능에 따라 얼마든지 대우를 받고 예술인으로 올라서는 모습을 살필 수 있으며 동시에 중앙과 지방의 교섭 양상도 살필 수 있기 때문이다. 제2절에서는 정체성 확립에 따른 기생들의 갈등葛藤과 저항抵抗, 그리고 도전挑戰을 서술한다. 기생들의 당시 사회적 차별대우에 대한 반발은 기생이 더는 최하위 계층이 아님을 역설한다는 점에서 반드시 연구해야 할 대목이다. 또 토산장려土産奬勵와 단연운동斷煙運動의 사회활동과 외국동포를 위한 구제활동을 통해서 기생이 사회인의 일원임을 확인할 계획이다.

특히 지금까지 알려지지 않은 전라북도 기생들의 3·1 만세운동과 정치, 사회활동을 통해서 이미지를 개선하는 모습도 짚어본다. 이는 기생들이 주체적이며 자발적으로 전통예술을 보존하면서 새로운 예술창작에 기여하였고, 적극적인 현실 참여로 사회적 입지를 향상시켰던 점을 밝힐 수 있기 때문이다. 이 같은 기생들의 사회활동은 당대 기생들의 진보적인 의식과 근대성을 살펴볼 수 있는 자료들이다. 그런가 하면 시대적 우울을 담고 있는 기생의 자살, 사회적 차별들을 다룬다. 따라서 이 시기의 전라북도 권번과 이에 소속된 기생들의 다양한 활동은 식민지시대의 관제官制와 그 체계에서 비롯한 근대성의 출현이라는 차원에서 접근이 필요하다. 그러므로 본 논문은 일제강점기 전라북도 권번의 운영과 기생들의 활동을 통해 당대 권번의 위치와 기생의 다채로운 활동을 고찰하는 것으로 구성된다.

관기에서
근대적 기생으로
변화

02 ————————

한국의 근대 예술에 내포된 근대성을 분석하는 데 있어 기생의 제도변화와 이에 귀속歸屬된 기생의 활동은 매우 중요하게 다루어져야 할 내용이다. 근대 기생단속령妓生團束令에서 비롯된 기생조합과 경술국치庚戌國恥 이후 전통예능 교육의 산실로서 권번이 제도화되어 가는 과정에서 전통음악 전승주체로서의 기생의 존재는 아무리 강조해도 지나치지 않다. 본 장에서는 일제강점기에 문화예술 교육 기관과 예술가의 두 축을 형성하였던 권번과 기생에 대한 존재를 살펴보면서, 권번과 관기들의 변화에 대한 역사적 배경을 고찰하고자 한다. 일제강점기 기생과 권번의 고찰에 앞서 권번의 전신前身격인 조선시대 교방과 관기에 관해 전반적인 모습을 다루겠는데, 이는 일제강점기에 있었던 권번과 기생의 활동상이 조선시대 교방, 관기들과 밀접한 관계가 있기 때문이다.

먼저 관기와 교방의 관계에서는 기생의 기원과 교방의 설치와 운영을 나열하고 조선후기 관기와 여악제도의 변화를 검토하겠다. 조선 후기까지 기생은 국가와 관아에 소속돼 기예技藝를 펼쳤으며, 낮은 신분임에도 궁중에까지 나가 예술을 열어 나갔다. 조선시대까지 관기들은 동시대 예술가의 주축으로 활동하였다는 점에서 매우 중요한 인물이다. 먼저 조선 후기까지 존재하였던 기생의 분류와 조선후기 전국 8도의 읍지에 나타난 교방의 설치를 통해서 전라북도가 동시대에 접하였던 모습을 알아보고자 한다. 이러한 나열의 틀은 전국 8도八道 가운데 전라북도에 설치된 권번과 기생 수가 어떠한 규모였는지를 규명할 수 있기 때문이다.

다음으로, 과도기적過渡期的 기생의 특징에서는 제도변화에 따른 정체성 변화에 주목하겠다. 전통사회에서 관기의 기반을 잃은 기생들은 어떻게 재구성되었으며, 여악폐지로 인해 교방이 사라지면서 권번이 교방을 어떻게 전승하였는지를 규명하겠다. 그리고 일제의 강제적인 기생의 관리와 정책 수립을 통해서 예인이었던 기생이 창기와 동일시되는 과정도 상론하겠다. "일제는 기생의 신분을 예기와 작부의 두 종류로 나누고 서로의 직업에 대해 침해侵害를 법으로 금지하고 있었는데 점차 예기와 작부에 대한 법령이 거의 똑같아지면서 예기와 창기의 구분은 모호해졌다."[1] 이러한 예기와 창기의 모호한 구분은 기생의 저급화란 인식을 낳는 결정적인 계기가 되었다. 그렇지만, 본 장에서는 창기와 예기라는 극단적 두 이미지로 자리하는 기생 가운데 예기의 측면을 부각, 근대 기생의 존재양식이 지니는 역사적 의미를 고찰하겠다. 그리고 본 장은 그동안 일부 출판물에 빠졌던 전라북도 기생조합의 실재實在 여부도 찾아볼 것이며, 교방이 존재하였던 지역 및 기생조합과 권번들이 설치되었던 지역의 특성이 변모양상을 거치면서 어떻게 변화하였는지를 알아보겠다.

결국, 본 장에서는 이와 같은 문제의식을 전제로 전통사회에서 근대로의 이행기에서 전통문화가 변화하는 과정을 기생의 제도변화와 연관하여 분석함으로써 이 시기에 대한 이해의 폭을 넓히는데 목적이 있다. 이 범주範疇에서는 조선시대의 교방과 관기, 일제강점기의 권번과 기생이 어떠한 상관성이 있는지를 고찰해보며, 이러한 조건들의 중첩重疊은 어떠한 형태로 권번의 탄생과 기생의 변화를 조건 지었는지를 다뤄볼 것이다.

기생이란 명칭의 출현은 다음 절에서 상론하겠지만 『조선왕조실록朝鮮王朝實錄』에는 조선 중종中宗 이전에 나타나지 않고 있다. 그 이전시대까지는 '기妓'와 '기녀妓女'란 용어를 혼합하여 사용하였다. 그렇지만, 본 장에서는 기녀라는 단어를 통해 기생의 어원을 추론할 예정이며 '예기'라는 용어 역시 일제강점기에 생겨난 것임으로, '기생'이라는 용어로 대신하고자 한다.

1_ 야마시다 영애, 「한국공창제도 실시에 대한 연구」(서울 : 이화여대 대학원 석사학위논문, 1991), 48~65쪽.

1. 관기와 교방의 관계

1) 기생의 기원

현재 기생이란 말은 중국에서 전혀 쓰이지 않았던 우리식 언어다. '기妓'자에 '생生'자가 결합한 단어인데 그 어원語源을 밝히기는 쉽지가 않다. 그러나 "조선시대 유학儒學을 공부하는 사람을 서생書生이라고 했듯이 어떤 전문영역專門營域에 종사하는 여성을 일컬어 기생"[2]이라고 하였다. 따라서 기생은 특정 공간에서 특수 직업을 행하였던 인물로 볼 수 있다.

기생으로 일컬어지는 기녀의 기원은 현재까지 몇 가지 의견이 상론 되어 왔지만 크게는 두 가지 의견으로 구분된다. 첫 번째가 무녀기원설巫女起源說이며, 두 번째가 노비기원설奴婢起源說이다. 먼저 무녀로부터 기녀가 발생하였다는 설은 1930년 일본인 나카야마 타로中山太郎에 의해 주장되었으며 우리나라에서는 김동욱金東旭에 의해 받아들여졌다. 김동욱은 「이조기녀서설李朝妓女序說」에서 기녀의 기원을 무녀로 보아야 한다고 결론짓고 있다. 그는 "무녀가 신격神格과 정치권력의 분화과정에서 점점 퇴행退行하여 신에 봉사하고 신의 신성한 가족으로서의 무녀가 지방의 토호土豪 와 결부되면서 무녀가 매춘부가 되었고, 이들이 권력기구에 여악의 가척歌尺, 무척舞尺으로 봉사하여 기녀가 되었다."[3]고 하였다. 이러한 기원설을 뒷받침하듯이 당시 무가巫家의 딸이 기생으로 진출하는 경우가 상당하였다. 예를 들면, 1932년 1월 광주권번을 조사한 결과, "소속 기생 21명 중 무가 출신이 6명이었으며 남원권번 소속 기생 10명 중 1명이 무가 출신자였다."[4] 이는 무녀와 기생이 가무歌舞를 하는 여성이란 점에서는 유사한 존재로 보인다. 이같이 당시 천민에 속했던 무녀들이 권번의 기생으로 편입되는 양상은 면천에 따른 자유로운 신분에 따른 직업의 이동을 보여주는 사례로, 이를 통해 기생

2_ 문순희, 「18·19세기 경기의 활동연구」(서울 : 연세대대학원 석사학위논문, 1991), 12쪽.
3_ 김동욱, 『이조기녀서설』, 『아세아연구』 5(서울 : 고려대 아세아문제연구소, 1966), 75쪽.
4_ 심우성 역, 『조선무속의 연구』(서울 : 동문선, 1992), 256~257쪽.

들의 활동 범위도 확대된 것을 알 수 있다.

이와 함께 노비기원설은 노비로부터 기녀가 발생하였다는 주장이다. "고대사회에서 국가가 형성될 때 노비의 발생이 공식화되었다고 할 수 있는데, 노비는 전쟁의 결과로써 혹은 죄인의 속죄방법의 하나로써 발생하였다. 우리나라의 노비는 죄인과 매신자賣身者의 주요 구성유형이었고 관비官婢나 사비私婢가 된 여인들 가운데 미美·재才·색色을 겸비한 관기나 성비性婢로 뽑힐 가능성이 많았다."[5] 이처럼 기녀의 노비기원설은 전쟁이 난무하는 과정에서 패배자의 노동력을 이용하려는 것에서 비롯되었으며, 당시 계급사회에서 일방적으로 기녀들을 최하위집단으로 간주하였다. 이와 같은 무녀기원설과 노비기원설과 함께 일각一角에서는 신라新羅의 원화原花를 기원으로 보는 설[6]도 제기되고 있다.

그러나 학계는 이러한 기원설보다 정약용丁若鏞이 주장한 기원설에 힘을 실어주고 있는 상황이다. 정약용은 기녀의 기원을 양수척揚水尺에 두고 각각 이익李瀷의 『성호사설星湖僿說』과 자신의 『아언각비雅言覺非』의 설명을 들어 고려高麗가 후삼국後三國을 통일하는 과정에서 백제百濟의 유민들이 노비 적籍에 편입되었으며, 그 노비들 가운데 색色과 예藝를 갖춘 자들을 뽑아서 관의 기녀로 삼아 가무를 익히게 한 것이 기녀의 시초[7]라고 하였다. 이러한 기록에서 추론해 볼 때, 기녀는 국가의 필요에 의해 특수직에 종사한 사람들로 전문성이 있으며, 주로 가무를 담당했던 여성으로 짐작된다.

기녀가 우리나라에 언제부터 등장했는지에 대한 정확한 시대는 밝혀지지 않았다. 다만 삼국시대 고구려高句麗 고분벽화古墳壁畵에 등장하는 춤을 추는 여인을 기녀로 추측하기도 하며, 이인로李仁老의 『파한집破閑集』과 『신증동국여지승람新增東國輿地勝覽』 등에 전하는 김유신 일화金庾信逸話에 등장하는 천관天官의 직업이 기녀였다는 기록을 통해서 기녀가 삼국시대三國時代에 이미 형성되었을 것으로 보았다.[8] 이 주장 역시 막연하게 시

5_ 김동욱, 「이조기녀서설 – 사대부와 기녀」, 『아세아연구』 5(서울 : 고려대 아세아문제연구소, 1966), 75~76쪽.
6_ 이능화, 이재곤 역, 『조선해어화사』(서울 : 동문선, 1992), 25~26쪽.
7_ 최숙경, 『한국여성사』 1(서울 : 이화여자대학교 출판부, 한국여성사편찬위원회, 1972), 518~519쪽.
8_ 이경복, 『고려시대 기녀연구』(서울 : 민족문고간행회, 1986), 14쪽.

대 소급遡及을 통해 기녀의 어원과 기원을 정의하고 있다.

고려시대高麗時代의 관기는 그 거주지에 따라 경기京妓와 지방관청 소속의 외방기外方妓로 구분되는데, 외방기 중에서도 경기를 선발하였다. 경기는 고려시대 음악기관인 대악서大樂署와 관현방管絃房 등에 소속되어 각종 악무에 관한 전문 교육을 받았고, 이를 바탕으로 궁중의 연희에 참석하여 여악을 담당하였으며, 교방기教坊妓라고 불렸다.[9] 더욱이 외방기는 관원에게 수청守廳드는 것을 주된 역할로 하였으며 또한, 연희에서는 취흥醉興을 돋우는 역할도 하였고, 외방기 중 색과 재예才藝가 뛰어난 자들은 외국 사신이나 상인들을 접대하였다. 이밖에 관기 외에도 가기家妓와 사기私妓가 있었는데, 이들은 관기와 달리 기안妓案에 이름이 올려있지 않았다. 따라서 "가기는 개인에게 속한 가비家婢로서 노래와 춤을 익히면서 주인의 명에 의해 외간 남자들의 수청隨廳을 들었다."[10] 이처럼 고려시대까지 기녀들은 색과 재예를 갖추고 노래와 춤 등을 배워 외간 남자들의 수청을 드는 임무를 갖게 된다.

조선시대의 기녀제도는 고려高麗에서 확립시킨 관기 제도를 계속 받아들여 전수되었고, 기녀는 신분상 공천公賤으로 각 고을의 관노官奴 중에서 용모와 재주가 뛰어난 자로 선발되었다. 따라서 공천은 모두 장악원 소속이었다. 조선시대 기녀는 노비와 마찬가지로 한번 기적妓籍에 오르면 천인賤人이라는 신분적 제약에서 뛰쳐나올 수 없었다. 조선시대에는 각 신분에 따른 직역直譯이 존재하였고, 신분과 마찬가지로 세습되었는데, 이러한 환경에 처한 기녀는 연희 등의 행사에서 흥이 높도록 가무와 풍류를 담당했던 여성이었다.

지금까지 기생과 기녀는 동일시되어 인식되었다. "『조선왕조실록』에 기생이라는 용어가 처음 등장한 것은 중종 13년이며, 그 이전에는 대부분 '기'라는 한 글자로 기생을 총칭하였고, 또 조선 초기에는 창기倡妓라고도 많이 표현하였으며, 후기에 이르러서는 기녀妓女·여기女妓·가기歌妓·무기舞妓·여악女樂·예기藝妓·성비性婢·면기眄妓·해어화解語花·창기倡妓·창부娼婦·창녀娼女 등의 다양한 이름으로 사용되었다."[11] 고려시대에

9_ 『고려사』 권71, 志25, 樂2.

10_ 이규리, 「조선후기 외방관기 연구」(서울 : 동국대대학원 석사학위논문, 2003), 5쪽.

11_ 문순희, 앞의 논문(1991), 12~13쪽.

이어 조선시대 기녀의 유형을 보면 소속에 의한 분류로 관기·가기家妓·사기私妓로 구분되었다. 또 지역에 의한 분류로 경기, 지방기地方妓, 기능에 의한 분류로 예기藝妓, 색기色妓, 그리고 등급에 의한 분류로 일패一牌·이패二牌·삼패三牌로 나눌 수 있다.

이러한 기생들은 시대에 맞게 각각 기관에 소속되어 악·가·무를 전담하며 전통 예술의 전승과 보급에 중요한 몫을 담당하였다. 기생들의 활약은 전라북도에서도 두드러졌는데, "철종哲宗·고종高宗 연간에 전라북도 고창高敞 출신 신재효申在孝(1812~1884)의 문인門人이었던 진채선陳彩仙(1842~?)과 허금파許錦波(1866~1949)는 경성京城에서 판소리를 불러 명창이 되었다."[12] 당시 판소리를 연창할 수 있는 여자의 신분은 기생뿐인 관계로, 조선시대, 전라북도 기생의 뿌리는 깊다고 할 수 있다. 그리고 "전주의 기생이었던 농월弄月은 박효관朴孝寬·안민영安玟英·김윤석金允錫·신응선申應善·신수창申壽昌·임백문任百文·천흥손千興孫·정약대鄭若大·박용근朴用根·윤희성尹喜成 등과 같은 당대 최고의 음악가들"[13]과 함께 민간음악계에서 활동하기도 하였다. 기생들은 비록 천민의 신분이라는 제약에도 불구하고 풍류방에서 최고의 가객이었던 인물들과 교류하며 예술적 역량을 인정받았다.

이능화李能和의 『조선해어화사朝鮮解語花史』는 조선 말기의 매음부賣淫婦를 크게 세 등급인 일패·이패·삼패[14]로 나누어 구분 지었는데, "일패는 왕실이나 관청에 소속된 기생이며, 이패는 기생 출신으로 첩이 되고 나서 밀매음密賣淫을 하는 은근자慇懃者 또는 은둔자隱遁者이고, 삼패는 창녀를 이르는 탑앙모리搭仰謀利를 일컬었다. 이외에도 화랑유녀花郎遊女·여사당패女祠堂牌·색주가色酒家 등 갈보蝎甫라고 불린 매춘부"가 있었다.[15] 이는 기생의 신분에 있어서도 기생과 은근자, 창녀 등으로 구분되며 제일 우위를 점한 인물로 왕실과 관청소속 기생을 지칭하였다.

조선시대 기생은 "궁중연향 및 각종 연희에서 가무를 담당한 여악에서부터 지방 관

12_ 정노식, 『조선창극사』(경성 : 조선일보사, 1940), 234~244쪽.
13_ 권도희, 『20세기 전반기의 민속악계 형성에 관한 음악사회적 연구』(서울 : 서울대학원 박사학위논문, 2003), 20쪽.
14_ 이능화, 앞의 책(1992), 277쪽.
15_ 위의 책, 279~288쪽.

아의 잡일이나 관리의 수청守廳, 변방의 군사를 위한 성적 봉사性的奉事에 이르기까지 다양한 층위의 노동을 직역의 형태로 요구받았다."[16] 그러나 조선 말기의 일패기생은 "가무와 음곡을 본업으로 삼은 기생으로서 관아나 왕실에 소속된 관기였고, 관기에서 첩이 된 자가 이패기생이며, 그리고 매춘이 공인된 사창은 준 기생으로 취급"[17]되었다. 이는 조선 말기부터 기생들의 신분도 변화를 띠게 된 것이며, 소속에 따라 등급이 정해지고 종사업종도 확연해져 있었다. 이처럼 조선 후기까지 기생의 분류는 뚜렷하였고 종사 업종도 확연해져 있었다.

그러나 이능화는 1924년 『개벽開闢』의 "경성의 화류계"에 직시 된 기생 품위 3등급인 일패·이패·삼패의 설을 따르면서 화랑유녀花郎遊女·여사당패·색주가色酒家를 갈보류에 개괄한 것과 1910년대 말까지 은근자 즉, 이패는 삼패와 구분되지 않았고, 관기의 전통을 계승하는 일패 기생이 갈보류에 든다는 주장에 대해, 타당하지 않다는 지적[18]도 있다. 따라서 1910년대 초 화류계는 관기 출신의 기생과 비관기의 무명색, 삼패류 등 둘로 나눌 수 있다.

다시 한 번 기생의 유형을 분류하면 관기는 말 그대로 관에 적을 둔 기녀며, 가기는 사가에 거주하는 기녀다. 또 경기는 경성에 사는 기녀이며, 지방기는 지방관에 적을 둔 기녀를 말한다. 이와 함께 예기는 관에 적을 두고 여악과 궁중연희에 참가하는 기녀며, 색기는 매춘의 역할을 하는 기녀다. 그리고 일패는 노래와 춤을 가르치고 글과 그림 및 예절을 배운 기녀며, 이패는 일패에서 타락한 자, 은밀히 매춘을 한 인물이고, 삼패는 가·무·서·화를 못하고 잡가雜歌 정도만 부르며 매춘을 직업으로 하였다.

따라서 조선시대 기녀들은 "지배계층인 사대부의 은밀한 욕구를 담보물로 가진 조선조 말엽까지도 궁중, 관아와 풍류방을 주 활동 무대로 삼으면서 창기 또는 패거리 계집으로 불리던 여성들과는 뚜렷이 구별되었다."[19] 이처럼 조선시대 말기의 기녀들

16_ 위의 책, 81~117쪽.
17_ 권도희, 「20세기 기생의 음악사회사적 연구」, 『한국음악연구』 29권(서울 : 한국국악학회, 2001), 324쪽.
18_ 권도희, 앞의 논문(2003), 319~344쪽.
19_ 권도희, 「20세기 기생의 음악사회사적 연구」, 『한국음악연구』 29권(서울 : 한국국악학회, 2001), 319~344쪽.

도 창기와 확연한 신분의 구분 속에서 활동하였다.

2) 교방의 설치 운영과 여악의 제도변화

고려시대 이후부터 조선시대 말까지 기생들을 중심으로 가무를 관장하던 기관이었던 교방은 주로 향악鄕樂과 당악唐樂을 주도하였으며, 조선시대 초기 장악원으로 지칭되다가 고종 때에는 교방사敎坊司로 부르기도 하였다. 교방은 "고려시대 이후 조선시대 관제개혁官制改革 때까지 존재했을 뿐 아니라 조선시대에도 대부분의 지방 관아에 부속되어 궁중의 장악원과 같은 역할"을 하였다.[20] 조선 후기 교방에서 노래·춤·악기를 익힌 기생들은 관변官邊의 행사와 시정市政 유흥공간에도 참여해 악·가·무에서 중요한 전승주체가 되었다.

1897년 고종이 대한제국大韓帝國을 선포할 때 "장악원의 명칭이 교방사(1897~1907)로 개칭改稱되면서 궁중의식에 따른 많은 악공樂工과 악생樂生이 필요함에 따라 772명을 교방사에 두었다."[21] 이로써 "조선시대 왕립악무기관王立樂舞機關으로 1466년부터 400여 년이 넘게 악무를 담당했던 장악원의 명칭은 교방사로 개칭되었으며, 그리고 1907년 교방사 역시 사라지고 궁내부宮內府 장례원掌隷院으로 이속移屬되면서 장악과로 개칭된다. 인원은 270명으로 대폭 감원되고, 이전의 장악원에 있었던 전악典樂이나 악사樂士의 직명職名을 국악사國樂師와 국악사장國樂師長으로 바꾸었다."[22] 국악사는 장악원의 원로악사들을 일컫는 용어이며, 국악사장은 국악사 중 최고 높은 위치에 있는 인물을 지칭한다. 따라서 '국악'이란 용어의 유래가 이때 사용하였던 국악사와 국악사장이라는 명칭에서 시작되었다고 할 수 있다.

『경국대전經國大典』에 의하면 조선의 중앙 정치기구는 의정부議政府와 육조六曹를 골간

20_ 『조선왕조실록』에는 교방이란 단어가 관습도감, 장악원과 혼용하는 사례가 있었지만 본고에서는 교방이라 통일시 하는 것은 조선시대 지방 관아에 부속되어 악·가·무를 관장하던 기관이란 의미로 제한했음을 미리 밝혀둔다.

21_ 송방송, 『한국음악통사』(서울 : 일조각, 1984), 525~526쪽.

22_ 이혜구·장사훈·성경린 공저, 『국악사』(서울 : 한국국악학회, 1965), 58쪽.

骨幹으로 구성되었다. 지방은 경기京畿・충청忠清・경상慶尙・전라全羅・황해黃海・강원江原・함경咸鏡・평안平安 등 8도로 나누고 그 아래에 부府・목牧・군郡・현縣을 두었다. 당시 8도로 구성된 지방 체제를 근거로 각 지역의 관청에 나타난 교방의 현황을 살펴보면, 먼저 "함경도에는 함흥부咸興府를 비롯해 경성부鏡城府・단천부端川府・갑산부甲山府・고원부高原府・영흥부永興府 등 총 여섯 지역에 교방"[23]이 있었다. 그러나 함흥부와 갑산부는 각각 백화원百花院과 어화원語花院이란 이름으로 나타나 교방을 부르는 명칭 또한 다른 칭호가 존재한 것으로 보인다.

평안도에는 "운산군雲山郡을 비롯해 성천부成川府・강계부江界府・평양부平壤府・태천현泰川縣・의주부義州府・정주목定州牧・영변부寧邊府・초산부楚山府・창성부昌城府・어천군漁川郡 등 총 11개 지역에 교방이 설치"[24]되었다. 황해도에서 교방이라는 호칭은 사용되지 않았고 교방이 있었을 것으로 추론되는 기생들의 숫자가 옹진부甕津府・황주목黃州牧・해주목海州牧에 기록돼 있다.[25] 이밖에 강원도는 원주목에 교방이 위치하였다.[26]

경기도 관찬읍지官撰邑誌에는 교방이 나타나지 않으며, 충청도 공주감영公州監營에는 "기생방이란 이름으로 진잠현鎭岑縣, 영동현永同縣 등에 교방이 존재"[27]하고 있었다. 전라도에는 "전주부全州府・광주목光州牧・순창군淳昌郡・순천좌수영順天左水營・무주부茂朱府・제주목濟州牧에 각각 교방이 설치"[28]되었고, 여기에서 제주목은 장춘원臧春院이란 관청으로 표기되었다. 그리고 경상도에 교방이 등장하는 관청으로는 "대구감영大邱監營・대구부大邱府・밀양부密陽府・김해부金海府・창원부昌原府・경주부慶州府 등 6곳"이었다.[29]

19세기 당시 전국 8도의 관청에 교방이 등장하게 되는데 이를 알기 쉽게 정리하면 〈표 1〉과 같다.

23_ 『북관읍지』(1872).
24_ 『관서읍지』(1871).
25_ 『관서읍지』(1871).
26_ 『관동지』(1829~1831년경).
27_ 『관서읍지』(1871), 『호서읍지』(1895).
28_ 『호남읍지』(1895).
29_ 『영남읍지』(1895년경), 경상남도읍지』(1832년경).

〈표 1〉 전국 8도 별 교방 설치지역과 사료출처

도별	지역	출처(년도)
함경도	함흥부	북관읍지(1872년)
	경성부	북관읍지(1872년)
	단천부	북관읍지(1872년)
	갑산부	북관읍지(1872년)
	영흥부	북관읍지(1872년)
	고원부	북관읍지(1894년)
평안도	성천부	관서읍지(1871년)
	강계부	관서읍지(1871년)
	평양부	평양속지(1730년)・관서읍지(1871년)
	의주부	평양속지(1730년)
	영변부	평양속지(1730년)・관서읍지(1871년)
	초산부	관서읍지(1871년)
	창성부	관서읍지(1871년)
	정주목	평양속지(1730년)
	운산군	평양속지(1730년)
	태천현	관서읍지(1871년)
황해도(미기록)		관서읍지(1871년)
강원도	성주목	관동지(1829~1831년)
경기도		경기지(1842~1843년)
		경기읍지(1871년)
		기순읍지(1894~1895년)
충청도	공주감영	관서읍지(1871년)
	진잠현	관서읍지(1871년)
	영동현	호서읍지(1895년)
전라도	전주부	호남읍지(1895년경)
	무주부	호남읍지(1895년경)
	광주목	호남읍지(1895년경)
	제주목	호남읍지(1895년경)
	순창군	호남읍지(1895년경)
	순천 좌수영	호남읍지(1895년경)
경상도	대구감영	경남읍지(1871년경)・경상도읍지(1872년경)
	대구부	영남읍지(1871년경)・경상도읍지(1872년경)・영남읍지(1895년경)
	밀양부	경상도읍지(1872년경)
	김해부	경상도읍지(1832년경)
	창원부	영남읍지(1895년경)
	경주부	경상도읍지(1832년경)・영남읍지(1895년경)・영남읍지(1895년경)

전국 8도의 읍지를 분석하여 각 읍의 교방 현황 수를 파악한 결과, 교방이 가장 많이 분포한 지역은 평안도였다. 평안도에 10개 지역, 함경도 6개 지역, 전라도 6개 지역, 그리고 경상도 5개 지역, 충청도 3개 지역, 강원도 1개 지역 등의 순이다. 〈표 1〉에서 알 수 있듯이 교방이 많이 분포된 평안도·함경도·전라도·경상도는 각각 중국 사신使臣과 일본 사신이 오가는 사행로使行路에 포함된다. 즉 "사신을 접대하기 위해 교방이 존재하였고 관기가 동원되었던 것을 알 수 있었으며, 또한, 분포현황을 통하여 본 교방 밀집지역은 사행로와 거의 유사하였다."[30] 실제로 한성漢城부터 의주義州까지의 연행로燕行路 총 18곳[31] 중 평양·정주·의주 등지에서 교방이 각각 나타났다는 점에서 이는 증명된다.

그러면 각 교방에 설치된 관기의 숫자를 통해서 감영의 규모를 살펴볼 차례다. 평안도의 감영이 있던 평양은 예로부터 기생으로 이름난 지역으로 1871년 평양의 교방에는 180명의 기생과 28명의 악공[32]이 있었는데, 이는 감영과 부의 기생 수를 모두 합한 것으로 보인다. 평양 기생 180명은 평안도 내에서 가장 많은 수치로 전국을 통틀어 가장 높은 수치다.

함경도 함흥에서 1872년 『함산통지기咸山誌通記』가 편찬되었다. "천안이 기재된 5권과 6권이 유실되어 전하지 않아 기생 수를 정확히 알 수 없지만, 영흥부에 기생 44명이 존재한 것으로 기록"[33]돼 있다. 이와 더불어 황해도 해주부에는 교방의 설치 여부가 확인되지 않았지만, 감영이 있었던 해주부에는 기생 10명이 존재하였고, 황주목에 기생 15명이 있었다. 이 역시 황주가 연행로에 포함되므로, 감영이 있던 해주보다 많은 기생이 있었음은 충분히 가능한 일이다. 이와 함께 강원도 감영인 원주는 "기생 20명이 존재해 강원도에서 가장 많은 수치"[34]를 나타냈고 충청도의 감영이 있던 공주 또한 "감영 안에 기생 20명이 있었고 별도로 공주부 내에는 기생 8명이 배속"[35]되었다.

30_ 황미연, 「조선후기 전라도 교방의 현황과 특징」, 『한국음악사학보』 제40집(서울 : 한국음악사학회, 2008), 629쪽.
31_ 임기중 편, 「연행로정도」, 『연행록전집』(서울 : 동국대학교 출판부, 2001).
32_ 『관서읍지』(1871).
33_ 이규리, 앞의 논문(2003), 25쪽.
34_ 『관동읍지』(1871).

그리고 전주부에는 교방이 설치되었고, 기생 34명이 소속되었는데, 전라도에서 가장 많은 수치다. 경상도에서는 감영이 위치한 대구감영에 기생 35명, 대구부에 기생 31명 등 총 감영 안에 66명의 기생이 확인되었고 이 수치는 평양감영에 이어 전국 두 번째의 숫자다.[36] 이처럼 전국 8도에서 감영이 위치한 지역에 가장 많은 기생이 존재하였다. 또한, 19세기 관찬읍지를 통하여 관에 소속된 관기의 수는 평안도가 가장 많고 경상도와 전라도, 충청도, 황해도의 순이었다. 이들 관기를 포함해 지방에서 활동하였던 기생들은 1894년 이후 20세기 초에 대거 상경하여 활동하였다. 1910년대 서울에서 활동한 기생들의 출신지는 "서울〉평안도〉경상도〉전라도〉경기도〉황해도〉강원도〉충청도〉함경도 등의 순이었다."[37] 이는 조선 후기 교방에 소속된 관기들의 수와 1910년대 서울에서 활동한 기생들의 출신지역이 비교적 일치하고 있어 상호 관계가 있었음을 알 수 있다.

그런데 조선후기에 지방의 관기는 내연內宴을 여는 시기에 맞춰 여기를 뽑아 올렸다가 연희가 끝나면 지방으로 돌려보냈으며, 이러한 전통은 영조英祖 대에 법률로 명문화明文化되기에 이르렀다. 따라서 "궁중에서 정재呈才를 배워 궁중연향에 참가하였다가 다시 지방으로 돌아온 많은 기생이 지방음악문화에 영향을 끼쳤을 것"[38]이라는 추론은 당연하다고 하겠다.

전국 8도 교방소속 기생 수를 정리하면 〈표 2〉와 같다.

〈표 2〉 조선후기 전국 8도 교방의 소속기생 수 현황

도별	지명	기생
평안도	성천부 삭주부 강계부 평양부	기생 25명 기생 6명 기생 13명 영기 45명, 부기 39명, 기생 180명

35_ 『관서읍지』(1871).
36_ 『영남읍지』(1871년경).
37_ 권도희, 앞의 논문(2003), 68쪽.
38_ 배인교, 『조선후기 지방 관속 음악인 연구』(경기 : 한국학중앙대학원 박사학위논문, 2007), 91쪽.

도별	지명	기생
	삼화부	기생 60명, 기생 5구
	영변부	관기 10명
	중화부	기생 10구
	창성부	기생 히비 8구
	정주목	기비 13구, 기생 20명
	곽산군	기비 6구, 기비 3구
	위원군	기생 6명
	중산현	기비 3명
	강동현	관기 6명
	태천현	수이 1, 행수 2명
	은산현	기생 6구
	용강현	관기 13명
	강계벌등진	기생 3명
	강계만포진	기생 3명
함경도	함흥부	행수기 2구
	함경부	수기 1인, 수침기 1인, 산기 15인
	무산부	기생 3명
	북청부	기생 14명
	단천부	행수기 1명, 도침기 1명
	장진부	기비 7구, 기생 1구
	안변부	수기 1명, 침기 1명
	영흥부	기생 44명
	북청병영	기생 25명
황해도	옹진부	기생 5명
	황주목	기생 15구
	해주목	기 10명
강원도	원주감영	기생 29명
	강릉부	기생 15명
	원주목	영기 19구
	인제현	기생 12명
경기도		기록 없음
충청도	공주감영	기생 20명
	공주부	기생 8명
	충주목	여기 15명
	공주목	기생 15명
전라도	전주부	기생 34명
	남원부	기생 6명
	무주부	기생 26명
	순천부	기생 30명
	진도부	기생 4명
	순창군	기생 미기록
		(주탕비 23명, 급수비 38명, 『호남읍지』 공서),
		(주탕비 27명, 급수비 19명, 『호남읍지』 천안).

도별	지명	기생
	영광군	기생 23명
	옥과현	기생 4명
	순천좌수영	기생 15명
경상도	대구감영	기생 35명
	대구부	기생 31명
	밀양부	기생 22명
	창원부	기생 11명
	상주목	기생 11명
	성주목	기생 12명
	순흥현	기생 5구

그러면 교방의 전국적인 상황과 기생수를 참고하여 조선후기 전라북도에 대한 교방의 현황과 특징을 고찰해보겠다. 당시 전라도의 행정구역을 살펴보면 "관찰사가 근무하였던 감영이 전주에 있고, 담당하는 부가 1고을, 목이 4고을, 도호부가 6고을, 군이 11고을, 현이 34고을"[39]이 각각 설치, 운영되었다. 이 후 1896년 현재와 같이 전라북도와 전라남도로 구분되었다. 조선시대까지 전라도의 관청에 교방이 설치된 곳은 전주부를 비롯하여

〈도판 1〉 연수전하기 서울대규장각, 1885.

광주목·순창군·순천 좌수영·무주부·제주목 등 6곳이었다. 전주부는 교방, 광주목은 교방과 교방청, 순창군은 교방, 순천 좌수영은 기생청, 무주부는 교방청, 제주목은 장춘원으로 명칭을 각각 달리 지칭하였다.

전라감영에서 작성된 『연수전하기宴需錢下記』[40]는 연희에 초빙한 창자唱者들에 대한 명세名世를 기재해 놓았는데, "창부인 이날치李捺致·김세종金世宗·장재백張在伯 등 당대

39_ 오정훈, 「전라좌수영의 배치특성에 관한 연구」(전남 : 순천대대학원 석사학위논문, 2002), 14~15쪽.
40_ 『연수전하기』는 서울대 규장각에 소장되어 있는 문서로 1886년 9월 전라감영에서 치러진 행사를 기록한 것이다. 전라도 감사 윤영신(尹榮信)의 아들이 문과에 합격한 것을 축하하는 잔치의 광경을 담고 있다.

〈도판 2〉 호남읍지　서울대학교 규장각, 1895.

를 대표했던 명창 3명과 이들에게 지급한 금액을 각기 따로 기록하고 있다. 그리고 한양에서 온 경창동京唱童 2명과 향창부鄉倡夫 4명도 함께 기록되어 있으며 마지막으로 한양에서 파견된 악공들도 소개"[41]-되어 있다. 당시 전주감영에서 판소리가 공연되었음을 입증立證해 주는 구체적인 사료라 할 수 있으며, 이는 전라북도에서 판소리가 크게 호응을 받고 있었다는 사실 또한 증명하는 하나의 증표證票이기도 하다.

1871년 간행된 『호남읍지』를 보면, 전라도 감영이 있던 전주부에 교방이 위치하고, 기생 34명이 소속되어 있었는데, 감영에 영노청營奴廳과 전주부에 관노청官奴廳이 각각 따로 설치되었다. 교방이 전주부 내에 관노청 다음 구절句節에 보이는 것으로 미루어 34명의 기생은 전주부 내에 설치되어 있었던 것으로 추측되는데, 34명의 기생은 전라도 기생 수 가운데 가장 높은 수치로 기록된다. 철종哲宗년 간에 전주교방이 중직대부中直大夫 이영민李永敏의 의해 중수된 기록[42]-도 있는데 이 기록에 따르면 당대 남녀노소는 물론 신

41_ 이훈상, 「조선후기 사회 규범들 간의 갈등과 향리사회의 문화적 대응」, 『판소리연구』 제16집(서울 : 판소리학회, 2003), 148~149쪽.

42_ 『완역 완산지』(전주 : 전주문화원, 2010), 119~121쪽. 전라관찰사 겸 전주부윤 심공의 치적을 모두들 제일로 복명하였다. …(중략)… 몇 달 뒤에 나 승민이 부모를 찾아뵙겠다고 말하고 전에 돌아왔는데 돌아 온지 수일에 기녀 몇 사람이 와서 그들이 보고 들은 것을 거듭 다 들었는데, 그것이 교방 중건에 관한 기억이다. 그들이 말하기를 전주부에 교방이 있은 지가 오래다. 이전 정유재란 때 불탄 뒤 버려두고 일으키지 않은 지가 거의 60년쯤 되었다. …(중략)… 이것을 유감스러운 일이라 생각하고, 서로 더불어 건물을 짓기 시작하여, 집 다섯 채를 짓고 짧은 담장으로 둘렀는데, 빈둥거리며 노는 사람들을 고용하고 농민들을 수고롭게 하지 아니하였다. 공사를 완공하고 마침 9월 9일 중양절에 당하여, 전주부윤과 통판 두 분이 각각 그들의 봉급의 일부를 떼어서 낙성식을 베풀게 하니, 고을 사람들이 귀천을 막론하고 소문을 듣고 준비를 도왔다. 관기들 중, 나이가 늙어 관기의 역이 면제된 사람과 병약하여 기적에서 말소된 사람도 모두들 모여와서, 여러 가지 악기를 들고 이틀 동안이나 잔치를 베풀었다. 부윤과 통판은 지방관청에 속한 관기들의 공역을 감면하여 주고, 그들로 하여금 매일 교방에 모여 오로지 음악을 익히도록 하였다. 이로부터 그 후로는 노래하는 사람이 교방에서 노래하고 북을 치는 사람이 교방에서 북을 치며, 관악기와 현악기를 연주하는 이들이 모두 여기서 연주하고, 손으로 춤추며 발로 뛰며

56　권번과 기생으로 본 식민지 근대성

분에 관계없이 교방의 새로운 건립을 대대적으로 환영하는 모습이었다.

또한 〈도판 3-1〉과 〈도판 3-2〉에 나타나듯이 국립전주박물관 소장 전주지도全州地圖에 장악청掌樂廳이 등장한다. 당시 전주의 모습을 채색彩色한 고지도로서 19세기 제작된 것으로 추정되는 이 유물遺物에는 장악청의 위치도 묘사描寫되어 있다.[43] 전주부 장악청은 악공과 기생 등 전문음악인들이 거주하고 활동하고 있었던 곳으로, 이 기록을 보면 교방에 대한 관찰사의 의지를 볼 수 있으며, 교방에서 연행되었던 음악풍경도 찾아볼 수 있다.

장악청이란 명칭은 한양을 제외하고 지방에서는 전라도 교방에서 처음으로 등장하는데, 장악청이 음률音律을 전습하는 곳[44]이라는 점을 참작한다면 전라감영에 있는 장악청 역시 악공과 기생들을 관장한 곳이 분명하다. 그리고 순창군에도 교방이 설치되어 있는데 기생 수는 비교적 많은 편이었다. 전라도 순창군의 읍지인 『옥천군지玉川郡誌』에서 두 가지 사료가 나타나는데, 하나는 공서公署이며, 다른 하나는 천안賤案이다. 공서에서는 "교방에 주탕비酒湯婢 32명・급수비汲水婢 38명・상의원尙衣院 침선비針線婢 4명・악공관비樂工官婢 2명이 있다."[45]라고 하였다. 또한, "천안에는 주탕비 27명・급수비 19명・관노 50명・관비 7명・노제관노老除官奴 14명・노제관비・악공관노 2명・단청관노丹靑官奴 1명・유둔장관노油芚匠官奴・교노비校奴婢 20명"이 각각 있다고 기록돼 있다.[46]

천안의 기록은 공서보다 자세한데, 잡역雜役에 따라 분류하고 그 가운데서 노약자老弱者의 수를 파악한 매우 상세한 기록이다. 공서와 천안에서 비록 기생에 관한 언급은 없지만 교방과 악공이 존재한 것을 보면 순창에 교방이 설립되었고 가무에 관한 교습도 이루어지고 있었음을 추론할 수 있다. 그러나 관아의 여비는 '기'와 '비'로 나누어지고 '기'는 주탕, '비'는 수급이라 하며, 이는 지방에 따라서는 급수비라는 잡역비가

오래도록 그곳에 머무니. (하략)….

43_ 지금까지 장악청은 재인들을 관장하는 공간이라는 주장이 있었다. 이동희, 「고지도로 본 조선시대의 전주」, 『지도로 찾아가는 도시의 역사』(전주 : 전주역사박물관, 2004), 125쪽.

44_ 掌樂廳音律傳習之所也, 赤松智城, 秋葉隆 공저, 심우성 역, 『조선무속의 연구』(서울 : 동문선, 1991), 277쪽.

45_ 『호남읍지』(1871), 『옥천군지』 공서.

46_ 『호남읍지』(1871), 『옥천군지』 천안.

〈도판 3-1〉 전주지도　국립전주박물관 소장

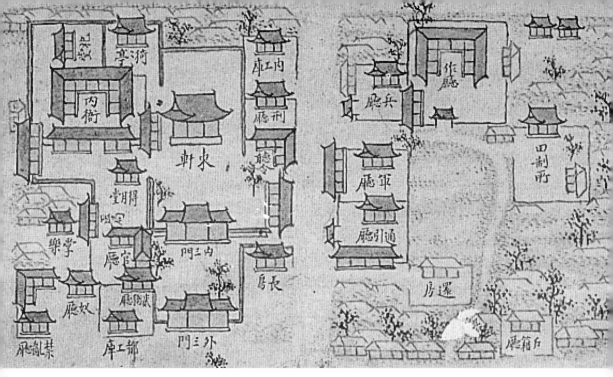

〈도판 3-2〉 전주부의 장악청 전주지도의 세부도(국립전주박물관 소장)

회연會宴 때 기생으로 행세[47]하였다는 기록으로 미루어 볼 때, '기'와 '비' 모두 관비로 통칭할 수 있다. 지방에서는 주탕과 급수 모두 기생으로 행세하였던 것을 보여주는데, 물 긷는 일을 맡은 관비를 급수비라 불렀다. 이들이 연회 때 기생의 역할을 하였던 것으로 볼 수 있다. 따라서 순창 교방의 주탕비와 급수비는 기생을 뜻하며, 순창에서 기생이 존재했음은 더욱 명확해졌다.

이와 함께 무주부茂朱府에도 교방이 설치되어 운영되고 있었다. "무주의 교방청은 6칸 규모로 1837년 화제로 소실되었다가 1846년에 재건하였으나, 33년 후인 1879년 큰 홍수로 말미암아 크게 파손"되었다.[48] 그럼에도 1895년 『호남읍지』에는 26명의 기생과 12명의 수급, 그리고 7명의 악공이 있었고[49] 이 교방청에 존재하였던 악기樂器 및

47_ 정약용, 『목민심서』 律己 6, 제3조 齊家.
48_ 이규리, 앞의 논문(2003), 35쪽.
49_ 『호남읍지』(1895), 『茂朱府邑誌』, 官職, 戶長. …(중략)… 妓生二十名 水汲十二名 侍丁三名 樂工七名.

물목物目의 수량이 상세하게 기록돼 있다.[50] 이를 통해 무주부에는 26명의 기생과 12명의 수급, 그리고 7명의 악공이 존재하였음이 확인되었다. 그리고 기생과 악공이 함께 있었다는 점은 습악을 담당하던 교방이 있었고, 이를 통해 교방청의 운영이 무주부에서 지속된 것을 알 수 있었다. 특히 교방의 악무는 다른 지방에서도 찾아볼 수 있지만, 교방에서 쓰이는 물목과 그 수량을 기록한 예는 현재까지 무주부가 처음이다. 그래서 무주부의 교방청에 관한 자료는 19세기 후반 전통예술사를 연구하는 데 귀중한 사료가 된다.

특히 이 기록의 공고工庫에 소장된 물목으로 미루어 무주부 교방에서는 〈포구락抛毬樂〉·〈고무鼓舞〉·〈선유락船遊樂〉·〈검무劍舞〉·〈승무僧舞〉·〈헌선도獻仙桃〉 등 6종의 춤이 분명하게 연행되었으며, 이에 수반된 반주, 그리고 물목이 존재하는 등 상당히 큰 규모였음을 알 수 있다. 특히 궁중무였던 〈포구락〉·〈선유락〉 등이 지방 교방에서 연희가 되었다는 것을 알 수 있어 중앙의 궁중무용과 지역 간의 교섭양상交涉樣相을 뚜렷하게 살필 수 있었다. 당시 전라북도를 포함한 전라도는 일본사신日本使臣을 접대하는 행로行路에 일부 포함되지만, 평안도·함경도·경상도와 같이 많은 사행로의 양상은 아니었다. 그러나 이처럼, 전라북도에는 전주부·무주부·순창군에 교방이 있었다. 여기에 기생의 존재실태를 보면, 교방이 설치된 곳에는 전주부와 무주부에서 기생의 숫자가 명시되어 있고 『호남읍지』에 의하면 남원부에는 교방 없이 기생만 거처 한 것으로 밝혀졌다.

조선후기 통치 체제인 부·목·군·현으로 구분되었으며, 앞의 통계 기록으로 보면, 전주부와 무주부 등에는 기생이 많았다는 사실을 알 수 있다. 그렇지만, 전주부 34명, 무주부 26명 등이 있었던 것과 달리 남원부에서는 6명의 기생이 기록돼 있다.

50_ 『호남읍지』(1895) 茂朱府邑誌, 禮房, 教坊廳. 鍮錚工十六介具流蘇, 缶一坐, 抛毬樂具流蘇二, 彩船一具紅坐帶板, 鼓機二 , 杭雙羅, 快子一雙, 彩帆一黑參升六尺具紅絲注乙, 紅綴翼一雙具白紬汗衫, 戰笠一雙, 紅紬帶三雙, 木舞釰一雙, 嵇琴一, 笛一, 中鼓一, 小鼓一, 濟容五部具帽帶裳, 黃染明紬蒙道里六領, 白紬汗衫四雙, 大髻六具縣珠簪, 僧衣一雙弁一雙, 梧桐行鼓一, 琴一在工庫, 紅紬童綴翼一雙, 紅紬·籃紬 舞衣四領, 抛毬樂裳一紅紬四尺, 彩船紅紬旗一面, 朱笠一雙具笠飾纓子, 釰舞刀子具纓子二雙, 唐衣一雙, 竹竿子一雙, 磻桃一雙, 大箏盤一雙, 紅染舟絃一, 磻桃裳一具裳紅紗.

이는 당시 읍치邑治의 위상이나 재정 여건 또는 목민관牧民官의 성격이나 기호嗜好 등에 따라 기생의 숫자는 같은 군, 현일지라도 관아마다 다소의 차이가 있었던 것으로 추론된다. 따라서 읍치가 큰 곳일수록 많은 수의 기생이 배정되었고 목민관의 기호에 따라 기생의 존재양상은 달랐던 것으로 보인다. 결국, 조선후기 전라도 교방의 특징은 음악과 무용을 하였다는 기록이나, 당시 전개되었던 가창문화歌唱文化는 알 수 없지만 교방 수와 기생 수 등에서 다른 지역에 비해 보다 많았다.

1859년 9월 13일 호남의 풍류 호사風流豪士와 절대 가인絶對佳人들이 연유계宴遊禊를 조직하고, 이를 결성하게 된 경위經緯, 규약規約, 구성원構成員의 기초적인 인적사항 등을 기록한『연금록宴襟錄』은 전라도 기녀의 활동기록을 담고 있다.[51]『연금록』에는 담양 7명 · 순창 7명 · 남원 1명 · 전주 1명의 기녀가 등장한다. 이 기녀들은 앞서 밝힌 전라도 교방과 기생이 거처한 곳 가운데 순창 · 남원 · 전주 등 3곳과 일치하고 있어 당시 전라도 풍류가 교방을 중심으로 연행되고 있다는 사실을 알 수 있다. 여기에 "조선 후기 8도에서 선상選上된 향기鄕妓를 보면, 전주 4명, 순창 2명이 포함돼 있어 당시 전주와 순창의 기생문화"[52]도 상론할 수 있는데, 선상기選上妓는 과거 지방의 기녀들이 궁중여악이나 서울의 관기로 뽑혀 올라가는 것으로 기녀들의 선망이기도 하였다.

〈도판 4〉 전주부관안 국립전주박물관

이와 함께 국립전주박물관에 소장되어 있는 〈도판 4〉의 전주부관안全州府官案은 조선시대의 기생의 문서에 관한 유물로 가로 37.6센티미터와 세로 21.8센티미터 크기의 고문서古文書이며 원래 국립중앙박물관에 소장되어

51_ 권도희, 「호남지역 근대 음악사연구」, 『한국음악연구』 제38집(서울 : 한국음악학회, 2005), 11~13쪽.
52_ 송방송, 「조선후기 선상기의 사회제도사적 접근」, 『국악원논문집』 7(서울 : 국립국악원, 1995), 133~162쪽.

있었는데, 현재는 국립전주박물관으로 이관되었다, 이 유물은 전주부의 수호장首戶長·기관記官·기생·동기童伎들의 이름과 벼슬을 기록하였는데, 병풍처럼 접을 수 있게 되었으며 책에는 기유년己酉年 2월로 발간연도가 적혀있지만 정확한 시기는 알 수 없다. 이 책에 의하면 당시 전라감영에 소속된 기생과 동기를 체계적으로 기록해 관리함으로써 제도권 속에 있었던 기생들의 당대 위치를 보여준다.

1894년 갑오개혁甲午改革으로 "공사노비제도公私奴婢制度가 폐지되면서 관기는 법적으로 관에 소속되었던 천민 신분을 떨쳐 버릴 수 있었고"[53] 궁중과 풍류방의 여악을 근간으로 존재하기에 이른다. 이때 궁중과 지방관청에 속한 기녀 300여 명이 해산되었으며,[54] 이외에도 천민 신분을 가진 여성들도 또한 면천되었다. 이와 같이 조선 후기까지 전라북도에서 예악을 담당했던 기관으로, 교방에 소속된 기생 역시 궁중연향宮中宴饗과 풍류방 등에서 활약하였다.

이후 대한제국大韓帝國 시기 일제 통감부統監府는 난립하는 의례 의식儀禮儀式을 정비하고 재정의 효율성을 높인다는 취지로 궁내부나 지방행정기관의 축소 개편을 단행하였다. "이 과정에서 궁중악도 점차 축소되면서 1905년에는 의녀醫女와 침선비針線婢 제도도 폐지되어 명맥을 유지하던 직제상의 관기들도 사라지게 되었다."[55] 이 시기에 관기들은 해체되고 기생들의 변화도 시작되었는데, "1900년대 초기 두 차례의 진연進宴과 이후 협률사協律社·관인구락부官人俱樂部·원각사圓覺社·장안사長安社·연흥사演興社·광무대光武臺 등 사설극장 무대에서 궁중정재의 레퍼토리를 기반으로 하는 관기 공연의 전통이 하나의 축을 형성"[56]하고 있었다. 그렇지만 이 시점은 일급 기생인 관기, 즉 일패와 비非관기 출신인 삼패가 동시에 무대에 서면서 위계질서의 개념이 깨지고 있었다.[57]

53_ 신용하, 『한국 근대사회의 구조와 변동』(서울 : 일지사, 1994), 43~44쪽.
54_ 일기자, 「경성의 화류계」, 『개벽』 제48호(서울 : 개벽사, 1924), 97쪽.
55_ 노동은, 「노동은은 알고 싶다−기생, 성녀인가 성녀인가?」, 『음악과 민족』 제10호(부산 : 동아대학교 민족음악연구소, 1995), 180~187쪽.
56_ 송방송, 「대한제국 시절의 진연과 관기들의 정재공연−고종신축년진연의궤의 정재여령을 중심으로」, 『한국무용사학회 논문집』 제1호(서울 : 한국무용사학회, 2003), 102~146쪽.

이와 같이 일급 기생인 관기와 비관기 출신인 삼패가 동시에 무대에 서면서 기생집단에 대한 이름의 변화와 혼란이 시작되었다. 실례로 고종황제高宗皇帝의 어극御極 40주년을 축하하는 칭경 예식稱慶禮式을 위해 궁내부에 만들어진 협률사에서 공연을 할 기생을 조직하는 내용을 다룬『제국신문帝國新聞』1902년 8월 15일자에 따르면 과거 일급관기가 중심이 되었던 궁중진연행사를 위해 삼패를 모집한다는 기록이 나온다.[58] 이는 기생집단에 대한 변화 또는 혼란으로 이어지는 계기가 되었다.

이처럼 19세기 말엽까지 궁중과 풍류방의 음악과 춤을 담당하였던 기생은 일제의 기생통폐합妓生統廢合 및 공창화 정책에 기인해 더는 가무를 지키는 예술인이 아니라 창기와 같은 단속대상자로 전락하게 되는 양상을 맞는다. "장악원에 소속되었던 관기들은 일제강점기에 경시청警視廳 소속으로 옮기면서 위치가 격하格下되고 관리 받게 되었는데, 이는 실질적으로 관기 제도의 폐지를 말하여 기녀들의 통폐합으로 이어졌다. 실제로 1904년 '창기조합조직娼妓組合組織 명령命令 건件'을 정하여 모든 기생을 유곽화遊廓化 시켜나갔다. 이것은 일본이 조선의 행정과 경제구조 등을 식민지 구조로 변화시키는 조직개편의 목적"[59]으로 이해된다. 이처럼 예술의 한 단면을 담당하였던 기생은 시대와 정책의 변화에 따라 변모해 나갔다.

이러한 시대적 상황에서 조선후기 전주교방에 소속된 관기들의 활약상도 나타난다. "전주 예기는 7월 연宴 날 놀이, 통인通人 물놀이, 사정대사회射亭大射會에 참여하였고, 또 동지 대사습놀이, 성황제城隍祭에도 참관하였으며 관찰사의 행차 때에도 동참하였다. 평양기녀·진주기생·전주기생은 국내에서 이름이 나 있었으며, 미색은 평양기생이라면 전주기생은 풍류가 뛰어났고, 가무와 음식 솜씨에 출중하였다."[60] 이처럼 전

57_ 권도희,「20세기 기생의 음악사회사적 연구」,『한국음악연구』제29권(서울 : 한국국악학회, 2001), 324~325쪽.
58_『제국신문』, 1902. 8.15.
　　삼패제가 금번 칭경예식에 기생과 여령을 불가불 준비 할지라 삼패의 도가를 봉상시 근처로 설치하고 어는 참령이 주간하야 각처 삼패를 모집하여 노력하는 기생을 삼고, 노래 못하는 삼패는 여령으로 마련한다더라. * 본 논문을 위해 참고한 신문자료들은 본문에서 이름을 밝힐 것이며, 신문의 본문은 문맥상 현대어로 고쳐 각주에 남겨 놓을 것이다.
59_ 노동은,「노동은은 알고 싶다－기생, 성녀(聖女)인가? 성녀(性女)인가?」,『음악과 민족』제10호(부산 : 동아대 민족음악연구소, 1995), 181~184쪽.

주의 기생은 각종 행사에서 풍류를 선보이며 문화예술의 중추적인 역할을 하게 된다. 비록 『전주부사全州府史』에서 전주기생에 대한 기록이 지역민들의 주관적인 글쓰기라고 할지라도 전주기생이 풍류에 있어서 강세를 나타낸 점을 알 수 있다. 전주 성황제 행사에 참여하여 호화롭게 장식하였던 관기들은 제사 끝에 음복飮福을 하고 삼현육각三絃六角 소리에 맞추어 가무를 하기도 하였다. 또 통인 물놀이 날에는 통인이 행렬하고 나갈 때에 무동舞童 한 쌍, 중 한 사람이 등장하게 되는데, 이때 기녀가 무동의 역할로 쾌자快子를 입고 전립氈笠을 쓰고 남자 어깨 위에 섰다. 또한, 승복僧服을 입고 중의 역할도 맡게 되며 물놀이 장소에 도착하면 천막 밑에 음식을 마련하기도 하고 물놀이에 참여해 '사장沙場놀이'를 하였다. 특히 대사회大射會때 화살이 적중하면 풍악연주의 반주에 '지와 자자'를 불러 기생이 가무에 뛰어난 것을 보여주기도 하였다.

그리고 관기들은 사장도임식射長到任式에 참여하였으며 또 한편으로는 대사회 때에 선호중先呼中이라 하여 미리 활을 쏘기 전에 맞추겠다고 선언하고 사수射手를 자원하였다. 이때 맞추지 못하면 참가한 사원射員은 벌로서 매를 맞게 되는데 예기의 무릎 위에 누워 혹은 엎드리면 기생들이 〈십장가十杖歌〉를 부르며 전통箭筒으로 매를 때렸다고 한다. 이처럼 관기 출신 예기는 관아의 접대를 맡고 민간의 연석宴席에도 출입하였다. 교방 소속 기생들은 성황제에 참여해 삼현육각에 맞추어 가무를 시작으로 대사회에서 풍악에 맞춰 소리를 하였다. 이러한 삼현육각 편성의 연주악기는 "19세기 관찬읍지官撰邑誌에서 연주하는 악기가 해금奚琴 1, 필률觱篥 2, 적笛 1, 장고長鼓 1, 북[鼓] 1의 삼현육각 편성의 악대임"[61]_을 고려할 때 전주 성황제에서 펼쳐졌던 악기 편성도 삼현육각 편성임을 알 수 있다. 또한, 전주교방에서 전통연희가 전개되고 있다는 사실을 뒷받침하고 있다.

60_ 『전주시사』(전주 : 전주시사편찬위원회, 1997), 534쪽.
61_ 배인교, 앞의 논문, 94쪽.

2. 과도기적 기생의 특징

1) 식민지 초기 기생의 관리 정책 변화

신분적으로 관아와 풍류방에서 벗어나 면천이 된 기생에 대해 일제는 경술국치 전이었던 1908년부터 강제적인 정책을 도입하기 시작하였다. 일제는 "1908년 기생들의 관리를 음악기관이었던 장악원에서 경시청 담당으로 이관하고 경시청령 제5호 기생단속령 동령同令 제6호 창기단속령娼妓團束令을 발포해 창기뿐 아니라, 기생까지 전면적으로 관리"[62]-하기에 이른다. 기생단속령은 기생으로 영업하려면 경찰청에 신고해서 허가증을 받아야 하며, 경찰청의 지시에 따라 조합을 설립해야 한다고 규정하고 있다. 창기단속령에서 기생이란 단어와 창기라는 단어만 바꾸면 내용이 동일하다고 볼 수 있다. 이러한 단속령의 발포를 계기로 기생과 창기는 같은 단속령 아래서 통제를 받게 되었다.

기생단속령 제1조에서는 기생이 기생영업을 시작하려면 경시청에 신고하여 인가증을 받아야 하고, 기생을 포기할 때는 인가증을 돌려주게 되어 있다. 이 점은 조선시대 천민이었던 기생신분과는 전혀 다른 환경이라고 할 수 있다. 또 제2조에서 기생은 조합을 설립하고 규약을 정하여 경시청에 인가를 받게 되어 있으며, 또 한편으로는 모든 기생은 조합원으로 가입하여 활동하도록 하였다. 제3조와 4조의 내용도 기생의 활동을 단속 통제하고 경시청의 명령권 안에 넣고자 만든 법령이었고 제5조는 영업기간의 범위를 규정하였다. 이와 함께 경시청은 제6호의 창기단속령[63]-도 함께 반포頒布하

62_ 『기생단속령』(서울 : 경시총감부, 1908).기생단속령 전문은 아래와 같다.
　경시청령 제5호, 〈기생단속령〉 제1조 : 기생의 위업(爲業)을 하려고 하는 자는 부모나 혹은 차(此) 대할 친족의 연서(連書)를 한 서면으로써 관할 경찰서를 경유하고 경시청에 신고하여 인가증을 받을 것. 그 영업을 폐지할 때에는 인가증을 경시청에 환납(還納)할 것.
　제2조 : 기생은 경시청이 지정하는 시기에 조합을 설치하여 규약을 제정해 경시청의 인가를 받을 것. 제3조 : 경시청은 풍속을 해하거나 공안을 문란하게 할 가능성이 있을 때에는 기생의 영업을 금지하거나 정지할 수 있음. 제4조 : 제1조의 인가증을 받지 않고 기생 가업을 하는 자는 10일 이하의 구류(拘留) 또는 10원 이하의 벌금을 처함.
　부칙, 제5조 : 현재 기생 영업을 하는 자는 본령 시행일로부터 30일 이내에 제1조 규정을 준행(遵行)함이 가함.

였다. 경시청령 제5호 기생단속령과 제6호 창기단속령은 원래의 각각 단속령이지만 단속령 자체는 기생과 창기란 두 글자만 바꿔 넣기만 하면 되게 되어 있다. 이처럼 두 단속령의 내용이 유사類似하다고 해서, 일제의 기생과 창기에 대한 관리 정책이 같다거나 기생이 창기와 같은 대우를 받았다고 보기에는 다소 무리가 따른다. 왜냐하면, 당시 기생과 창기는 직급을 달리하기 때문에 제각기 단속령을 발표하였기 때문이다. 두 단속령의 시행에 이어 발표한 『기생, 창기에 대한 유고 조항』에 의하면 "기생은 조래관기 또는 기생이라고 부르는 자를 총칭하는 것으로, 창기는 상화실賞花室・갈보蝎甫・색주가色酒家의 작부를 총칭하는 것"[64]이라고 정의하고 있기 때문이다. 이처럼 일제강점기에 이르러 기생과 창기는 뚜렷하게 분류되었다.

그러나 기생들도 창기와 마찬가지로 건강검진健康檢診에 자유롭지는 못하였다. 『기생조합규약표준妓生組合規約標準』[65]에 따르면 "조합은 매월 한 번 경시청이 지정한 의사로 하여금 건강검진을 실시하게 하였으며 전염병에 걸린 자는 치료소에 수용할 것"이라고 제시하고 있었다. 실제로 1909년 3월에는 창기에게만 의무적이었던 건강검진을 기생에게 의무화 할 것을 검토[66]했고, 이후 예기와 창기에게 건강검진을 시행하기로 규칙을 발표[67]하기에 이른다.

이와 더불어 기생과 창기의 구분은 언론에서도 분명하게 구분을 짓고 있다. 스위스 제네바에서 열린 국제노동회의國際勞動會議에서 한국의 창기 매매가 큰 문제로 제기되

63_ 『창기단속령』(서울 : 경시총감부, 1908). 창기단속령 전문은 다음과 같다.
　　경시청령 제6호, 〈창기단속령〉 제1조 : 창기는 위업(爲業)하는 자는 부모나 혹은 차(此)에 대한 친족의 연서(連署)한 서면으로써 관찰 경찰서를 경유하고 경시청에 신고하여 인가증을 받을 것. 그 영업을 폐지할 때에는 인가증을 경시청에 환납(還納) 할 것.
　　제2조 : 창기는 경시청에서 지정하는 시기에 조합을 설치하여 규약을 정하고 경시청의 인가를 받을 것. 제3조 : 경시청은 풍속을 해하거나 혹은 공안을 문란케 하는 우려가 있다고 인정될 때에는 창기영업을 금지 또는 정지할 수 있음.
　　제4조 : 제1조의 인가증을 받지 않고 창기영업을 한 자는 10일 이하의 구류(拘留) 또는 10원 이하의 벌금에 처함.
　　제5조 : 현재 창기영업을 하는 자는 본령 시행일로부터 30일 이내에 제1조의 규정을 준행(遵行)함이 가함.
64_ 『기생, 창기에 대한 유고 조항』(서울 : 경시총감부, 1908).
65_ 『기생조합규약표준』(서울 : 경시총감부, 1908).
66_ 『대한매일신보』, 1909. 3.13.
67_ 『매일신보』, 1910. 8. 2.

었는데, 창기와 기생이 일본에 약 10만 명 정도로 존재하고 있었다. 따라서 기생과 창기가 명확하게 구분되어 있었고, 창기를 금지하는 문구[68] 또한 당시 사회에 있어 이들의 활동과 신분적 제약이 엄격하게 구분되어 있었던 것으로 보인다.

　기생들과는 달리 일제는 거류민 내 예기와 창기들을 대상으로 일본식 공창제를 조선에 도입하기 시작한다. 일제는 먼저 일본인 거류민居留民 내 예기와 창기를 대상으로 일본식 공창제를 도입하는데 부산영사관釜山領事官 시달 제23호 『예기영업취체규칙藝妓營業取締規則』에 의해 "1902년 인천, 1905년 서울 등에서 유곽遊廓을 설립하였다. 또 개항지의 외국인 거류 지역 내의 문화시설 등이 있었던 유곽은 개항과 청일전쟁淸日戰爭 직후 전국에 걸친 일본인 거류지의 유곽에 있는 매음 전문 업소인 유녀옥遊女屋과 요리점, 청계천을 중심으로 한 청인淸人 거류지에도 있었다."[69] 일본의 개입에 따른 예기와 창기의 정책변화가 시작된 것이다. 그러나 기생단속령과 창기단속령이 분명하게 대상에 대한 차이를 두고 있지만 이 두 단속령 아래에 위치한 기생들의 위치는 상이相異하게 달라진다. 예컨대, 기생들은 기존의 악·가·무를 담당했던 예인에서 창기와 같이 인가, 관리, 단속의 대상자로 전락하게 된 것이다.

　일제는 이들 유곽의 여성들을 대상으로 영업 구역 지정, 경찰 허가제, 정기 건강 검

68_ 『동아일보』, 1921. 8.14. 창기매매(娼妓賣買)가 대문제(大問題), 이번 국제노동회의에서는 기생과 창기의 매매를 금지, 구주대전쟁이 마친 후로 여러 가지 문제가 일어나고 여러 가지 회의가 열려서 이때까지 학대 받은 모든 인류에게 행복을 주도록 한다고 야단인 중 서서(瑞西) 제네바에서 열린 국제노동회의(國際勞動會議)도 역시 그러한 일을 하고자 생겨난 국제회의 중의 하나이다. 그런데 이 회의 때문에 근일 일본에서는 한문떼거리가 생겼다는데 그 내용을 들건대 원래 이때까지 세계 각국에서 어린아이나 부인을 매매하는 일은 인도에 어그러진 일이라 하여 금년 9월에 열리는 그 회의에 이 문제를 제출하여 어떠한 나라이든지 어린아이와 부인을 함부로 매매하지 못하도록 국제조약(國際條約)이 성립될 터이라는데 그 조약의 성립만 되면 어떠한 나라이든지 사람을 함부로 매매하지 못할 뿐 아니라 이때까지 그러한 옳지 못한 수속으로 계약된 사람에게도 영향이 미칠터 임으로 일본에 현재 있는 10여만 명의 기생과 창기가 어찌될까 하는 것이 큰 문제이라. 그리하여 국제노동회의에 일본대표로 가 있는 사람은 만일 그 문제를 정신없이 동의하다가는 본국에서 큰 관계가 있다하여 본국 내무성(內務省)에 문의해야 함으로 내무성에서는 지나간 10일 오후에 경보국(警報局), 위생국(衛生局), 사회국(社會局) 등 각국이 모여서 장래방침을 연구하였는바, 위색국장 대조(大潮)씨의 의견은 예기와 창기의 매매가 곧 부인의 인신매매라고 할는지 어떠할는지는 연구하였는지 모르겠으나, 하여간 사람을 매매하는 것은 인도상에 큰 문제라, 그러나 국민위상상으로 보아 창기를 금지하는 것이 결과 어떠할는지 의문이라 말하였다 한다. 실로 금번 국제노동회의에 토의되는 인신매매의 문제는 현재 일본 10여만 명 예기와 창기에게 큰 관계가 있는데 과연 인신매매가 뜻대로 폐지될는지 아니 될는지 실로 장래를 주목할 만한 가치가 있다더라.

69_ 노동은, 『한국근대음악사』 1(서울 : 한길사, 1996), 544쪽.

진 등을 핵심으로 한 공창제적 조건은 물론 각 지역에서 권번의 설립은 물론 주식회사화株式會社化와 인사人事 등에 직, 간접적으로 개입하였고, 또한 기생과 권번, 요리점 등과 마찰이 있을 때에도 주요 중재자仲裁者와 통제자로 나섰는데 전라북도에서는 군산에서 처음으로 시행되었다. 이사청理事廳은 일본인이 대거 거주하였던 군산에서 일본인 거류민 대상 성매매性賣買 관리법령을 발표하고 1909년 11월 3일 군산이사청령 제2호『숙옥영업취체규칙宿屋營業取締規則』을 개정[70]하기에 이른다. 이처럼 일제는 관기 제도와 여악의 폐지 이후 강제적으로 기생에 대한 통제를 이어 나갔다.

2) 기생조합의 등장

기생조합은 앞선 시대의 장악원과 교방이 하였던 것처럼, 엄격한 훈련을 통해 노래 · 악기 · 춤 등의 영역에서 전통을 계승하는 교육기관 역할을 하였다. "최초의 민간 음악교육기관인 조선정악전습소朝鮮正樂傳習所 내에 설치된 여악분교실女樂分校室을 기원으로 기생조합 내의 기생양성소는 보통 3년 정도의 교육과정을 마치면 졸업을 하고 요릿집이나 일반 사적 연회현장에 나가게 된다."[71] 당대 기생조합은 요릿집과의 계약을 통해 기생의 '놀음'을 중개하고 수수료를 받는 상업적 조직의 성격을 띠게 됨으로써 기예의 대중화와 상품화를 가져온다.

일제강점기를 알리는 메이지明治 41년(1908)부터 일제의 기생에 대한 강제적인 정책이 수립되기 시작되었다. "일제는 1908년 기생들의 관리를 장악원에서 경시청 담당으로 이관移轄하고 경시청령警視廳令 제5호 기생단속령, 동령 제6호 창기단속령을 발포해 창기뿐 아니라, 기생까지 전면적으로 관리하게 되었다."[72] 이는 기생과 창기를 분명하게 구분을 짓는 시점이었다. 결국, 일제의 통제 하에 놓인 전통예술은 일본문화의 한 갈래인 권번이란 공간 안에서 모순이 되었지만, 전승의 역할을 부분적으로 수

70_ 『통감부법령자료집』 상 · 중 · 하(서울 : 대한민국 국회도서관, 1972~1973).
71_ 김천홍, 『심소 김천홍 무악 칠십년』(서울 : 민속원, 1995), 113~120쪽.
72_ 기생단속령(경시총감부, 1908).

행修行하였다.

기생조합은 서울의 다동기생조합茶洞妓生組合과 광교기생조합廣嬌妓生組合이 1913년 2월에 조직된 것을 비롯하여 시곡기생조합詩谷妓生組合, 신창기생조합新彰妓生組合, 평양기생조합平壤妓生組合, 전주예기조합全州藝妓組合, 진주기생조합晉州妓生組合, 평남의주예기조합平南義州藝妓組合, 인천용동기생조합仁川龍洞妓生組合 등이 전국적으로 조직되었다. 그리고 동래東萊 명륜동에 있는 동래기생조합東萊妓生組合이 1910년에 설립되어 1912년 동래예기조합東萊藝妓組合으로 바뀌었으며, 1915년 부산釜山의 영주동에 또 다른 봉래권번蓬萊券番이 설립되었다.

조선총독부는 "경무총감부령 제1호 『숙옥영업취체규칙』, 제2호 『요리옥음식점영업취체규칙料理屋飲食店營業取締規則』과 제3호 『예기작부예기설옥영업취체규칙藝妓酌婦藝妓設屋營業取締規則』 등을 1916년 3월에 각각 선포하고, 그 해 5월부터 시행에 들어갔다. 이때 조선에서도 기생, 창기 등에 대해 전국적으로 통일된 정책"[73]을 확립하였다. 이후 1917년 한남기생조합이 한남예기권번漢南藝妓券番으로, 다동기생조합이 대정권번大正券番으로 명칭 변경과 새로운 영업형태로 운영되었다. 그리고 1918년에 광교기생조합이 한성권번, 신창기생조합이 경화권번京華券番으로 각각 법령에 따라 전환되었다.

이 시기에 일본은 일본인 거류민 내 예기와 창기들을 대상으로 일본식 공창제公娼制를 조선에 도입하기 시작하였다. 1905년 일제가 각 지방에 설치한 통감부의 지방기관인 이사청理事廳이 발포한 일본인 거류민 대상 성매매 관리 법령에 따르면 전라북도에서도 영업구역을 한정하고 경찰허가제와 정기 검진을 받도록 하였다. 이러한 공창제 도입에 따라 1909년 11월 13일 군산이사청령群山理事廳令 제2호로 『숙옥영업취체규칙』을 개정했고, 동시에 전라북도에서도 일제의 통제는 계속되었다. 그리고 1916년 3월에 『예기작부예기치옥영업단속규칙』과 『요리점·음식점 단속규칙』을 각각 선포, 5월부터 시행하였다. 이때 조선에서도 기생, 창기 등에 대해 전국적으로 통일된 정책을 확립[74]해 나갔으며, 전라북도에서 군산이사청령 제5호로 『예기영업취체규칙藝妓營業取締規

73_ 『조선총독부관보』 1095호(서울 : 조선총독부, 1916. 3.31).

則』개정과 1910년 1월 20일 군산이사청령 제1호 『예기영업취체규칙』을 개정[75]-하기에 이른다. 이처럼 일제는 일제강점기 이전부터 전라북도에 있어서도 기생들을 강제적으로 통제하게 된다.

이와 같이 일제강점기 기생단속령에 의해 기생들의 활동은 통제되었고, 기생들은 조합을 통해 조직화하면서 각종 활동을 전개해 나갔다. 그러나 지방과 달리 중앙에서는 1909년부터 삼패 기생들을 중심으로 한 한성창기조합소漢城娼妓組合所가 처음으로 설립되었다. "이 조합소의 설립과정에 대해 일제 경찰은 기생들이 자발적으로 조직한 것이라고 하지만, 정기적인 건강검진과 통제의 편리함을 위해 경찰 당국이 적극적으로 주도한 것으로 보인다. 비록 창기에 의해 공연되었지만, 기생조합에 대한 최초의 기록은 1909년 4월 1일 한성창기조합소가 문천군文川郡의 기근饑饉을 위하여 개최한 자선연주회다. 그러므로 기생조합의 최초 설립은 1909년 4월 1일 이전이었을 것"[76]-으로 추정된다. 이후 "1912년과 1913년에는 경성 기생들이 한성조합과 광교조합 등으로 재조직되면서 기생들의 조직화가 본격화되었고, 1915년경부터 기생조합은 권번이라는 일본식 이름으로 바뀌어 불리게 되며, 이후에도 여러 권번이 설립, 통합, 해산"[77]-하기에 이른다. 즉, 1915년을 기점으로 기생조합의 명칭이 권번으로 개칭되었다.

조선총독부는 각종 통제법령에 따라 기생을 포함한 예기·작부·창기의 구분을 정확하게 분리해 기록하고, 숙박소宿泊所·요리점·음식점飮食店·대좌부貸座敷 역시 명확하게 구분을 짓고 있다. 예기는 요리점에서의 접대를 주요 업무로 하며, 요리점에서 숙박하거나 매음을 할 수 없도록 규정지었다.

앞에서도 지적하였지만 예기들도 경찰서의 명령에 따라 건강진단을 받을 수 있게

74_ 『조선총독부관보』 1095호(서울 : 조선총독부, 1916. 3.31).

75_ 『통감부법령자료집』 상·중·하(서울 : 대한민국 국회도서관, 1972~1973).

76_ 『대한매일신보』, 1909. 4. 1. 기생고의(妓生高義) 한성(漢城)내 기생일동(妓生壹同)이 문천군(文川郡) 기근(饑饉)에 대하여 구휼(救恤)할 목적(目的)으로 원각사(圓覺社)에서 자선연주회를 설(設) 한다는 설(說)은 이보(已報)어니와 기순익금(其純益金) 이백원(二百圓)을 해군(該郡)으로 기송(寄送)한다더라.

77_ 송방송, 「한성기생조합소의 예술사회사적 조명 : 대한제국 말기를 중심으로」, 『한국근대음악사연구』(서울 : 민속원, 2003), 75~110쪽.

되었다. 또 작부는 객석에서 가무음곡을 하지 못하도록 해 기생과 구분을 하였으며, 음식점에서의 숙박이 금지되어 역시 매음을 하지 못하도록 규정하였다. "창기들에겐 가무음곡이 금지되고 매춘 그 자체를 위한 영업만이 인정되어 직업적인 성매매 여성으로 규정지었다."[78] 이처럼 1916년을 기점으로 예기와 작부, 창기가 구분되고 법적 테두리 안에서 구분되었다. 이렇게 예기와 작부, 창기에 대한 명확한 구분을 통해 기생은 가무음곡歌舞音曲을 담당하는 주류층으로 본격적으로 등장하며 활동하게 된다.

이러한 조합이 일제에 의해 일본식 명칭인 권번으로 바뀌게 되는데, "'검번檢番', 또는 '권반券班'이라고도 일컬어졌다. 권번은 기생을 관리하는 업무대행업체로, 등록된 기생을 요청에 따라 요릿집에 보내고 화대花代를 수금하는 일을 맡았다. 권번에서는 매일 '초일기初日記'라는 기생명단을 요릿집에 보내 단골손님이 아닌 사람도 기생을 부를 수"[79] 있게 하였다. 물론 예약도 가능했는데 일류 명기는 일주일 전에 해야만 하였을 정도로 인기가 높았으며, 신입기생 경우 권번에서 인물이나 태도·가무·서화 등을 심사해 채용하였다.

본래 일본의 권번은 "17세기 에도江戶시대부터 요시하라吉原에 만들어진 유곽의 예기(게이샤)들을 감독하는 사무소를 창설할 때 생겨난 이름으로 예기들의 감찰鑑札을 발행하고 출입관리를 하였으며, 또 포주집과 요릿집 그리고 요정 등 삼업조합三業組合 사무소 역할"[80]을 하였다. 일본에서는 "게이샤藝者의 등장을 1600년대로 보고 있으며, 1860년대 메이지 시대를 전성시대全盛時代로 보고 있다. 게이샤의 역사와 신분적 역할, 그리고 각종 활동 등에서 한국의 기생과 매우 유사하지만 부분적으로 매우 다른 양상을 보여준다. 그러나 기생이 권번이라는 곳에서 현대학교처럼 시간대별로 각 과목을 일정하게 배울 수 있었던 것에 반해 게이샤는 각 교과를 위한 스튜디오 및 학교를 돌

78_ 윤혜신, 「일제시대 기생의 저급화 담론에 관한 연구」(서울 : 서울대대학원 석사 학위논문, 2006), 26쪽.
79_ 김영희, 「전통공연 계승의 관점에서 본 권번 기생 고찰」, 『기생 100년 - 엽서 속의 기생읽기』(서울 : 국립민속박물관, 2008), 176쪽.
80_ 최윤영, 「1910년대 기생들의 춤 교육과 공연양상 연구」(경기 : 중앙대국악교육대학원 석사학위논문, 2009), 9쪽.

아다니며 한 주를 보냈는데 즉, 춤은 춤 전문기관에서, 또 다도는 다도학교에서 배웠다."[81] 이 같은 범주의 적용은 1916년 발표된 통감부령 제3호에서 주석酒席에 앉아서 술을 따르고 기예를 업으로 하는 일본 여성을 예기라고 부르고, 조선 여성으로서 같은 일을 하는 자를 기생이라고 호칭하며, 이들에 대한 여러 가지 단속 방안을 규정하고 있다는 점에서 확연해진다.

일본에서는 "기생, 창녀를 유숙시키면서 주문에 응해서 출장, 매음하게 하는 오끼야置屋와 비슷한 기능을 하였고, 화대 계산까지 맡게 된 관청을 겐방原盤이라고 했는데, 한국식 표기가 바로 권번인 것"[82]으로 보인다. 권번은 "일본 게이샤의 소위 포주 업자들의 조합식 조직이었는데, 일제가 우리나라의 기생을 본격적으로 감독하고 관리하기 위해 도입된 것"[83]이다. 따라서 일제강점기의 권번은 일본의 명칭을 그대로 도입한 것으로 이해된다.

경성에 있는 기생조합이 먼저 권번으로 바뀌었고, 1920년대에는 전국적으로 권번이란 명칭이 등장하게 된 것은 주지의 사실이다. 그러나 1920년대 이후에도 권번을 비롯해 예기조합, 기생조합이라는 명칭이 혼합되어 자주 등장한다. 예컨대 전라북도에서 1915년 전주의 예기조합,[84] 1917년 전주퇴기조합全州退妓組合,[85] 1923년 전주권번,[86] 1923년 군산의 예기치옥藝妓置屋[87]과 1928년 군산권번[88] 1926년 남원의 기생조

81_ 이순양, 「한국 기생과 일본 게이샤의 예술 활동 비교연구」(서울 : 한양대학원 석사학위논문, 2009), 32~42쪽.

82_ 임종국, 『밤의 일제 침략사』(서울 : 한빛문화사, 1984), 20쪽.

83_ 가와무라 미나토 지음, 유재순 옮김, 『말하는 꽃, 기생』(서울 : 소담출판사, 2000), 169쪽.

84_ 『매일신보』, 1915. 9. 8. 공진회와 전주기, 공진회에 출연 : 전주예기조합에서는 공진회에 출연하기 위하여 갑반의 명기 향란·능주·우순·월향·하월, 능운·옥선·채선·옥주·초옥·능선의 열두 명을 뽑아 가무 및 구 연극은 한 달 이전부터 연습하는 중이더니, 이번에 준비가 다 되어 말일 경에 서울로 출발한다더라.

85_ 『매일신보』, 1917. 7.15. 전주퇴기의 미학, 교풍회를 위하여 연수회를 열었다 : 전주 교풍회 사점으로 행려병인 구조소를 설립한다 함은 이미 보도한 것과 같거니와 이 행려병인 구조 사업의 비용을 보조하기 위하여 요사이 동 퇴기 ○○○지난 십일일부터 일주일간 여정으로 열고 조선 명창 송만갑을 초빙하여 흥행한다 하니 이는 전주의 헌 기운이라더라.

86_ 『동아일보』, 1923. 2.20. 단연과 토산애용, 전주 기생도 맹약 : 전주권번 오십여 명 기생 중 일부분은 작년 가을부터 단연을 하는 동시에 비단 등을 도무지 사지 아니하고 조선 물산을 쓰기로 실행하여 오던 바, 요사이에 이것을 철저히 실행하자 하여 서약서를 받아 실행단체를 조직 중이라는데 이에 찬성하여 발기인 된 자가 십 이 명이요, 지금 취지서와 규칙서를 기초 중이라더라.

87_ 『동아일보』, 1923. 2.18. 군산기생(群山妓生)도 단결(團結), 토산 장려(土産獎勵)와 단연(斷煙) : 군산 보성 예기치옥(藝妓置屋) 기생 십여 명은 지나간 이월 십이일 오후 한 시 경에 그 지역 세심관(洗心館)에서 토산 장려

합, 권번,[89]- 1939년 남원예기권번,[90]- 1939년 이리예기조합[91]- 등이다. 이러한 명칭이 나타나는 신문자료를 보면 당시에는 명확하게 명칭이 구분되지 않고 혼용되어 사용되었다는 사실을 알 수 있다. 즉 중앙과 달리 전라북도에서는 같은 시기에 예기조합·기생조합·퇴기조합·권번 등이 혼용된 이름으로 사용되었다.

교방 해체 이후에도 권번에서는 "기생들에 의해 궁중정재宮中呈才를 계속해서 연행하였다. 조선시대 교방청이 존재했던 지역은 대부분 권번이 설치되었는데, 즉 권번은 조선시대 교방의 전통을 잇고자 했던 곳으로 그 기능과 역할에서도 유사한 일면을 보여주고 있다."[92]- 이 같은 사실은 전라북도에서 확인된다. 예컨대 조선후기 전주부에 있었던 교방이 고스란히 기생조합·예기권번·권번으로 연결되고 있었기 때문이다.

결국, "이 시기에 권번과 기생조합, 예기조합이 함께 사용된 것은 일본에 의해 강제적으로 설치되었던 권번과의 차별성을 두려는 것"[93]-이란 주장도 있다. 이를테면 권번이지만 전통적인 조선 기생의 명맥을 유지하고 있다는 것과 일본의 기생이 아니라, 조선 예기들의 조합이란 점을 묵시적으로 강조하려는 것이다. 이러한 변별력 아래에서 권번은 전통음악계의 여성예술인을 배출하는 산실이자 교육기관으로 자리를 잡게 된다. 기생들이 자신들의 필요에 의해 조합을 결성하고 선생을 모셔다가 여러 가지

겸 단연회(斷煙會)를 조직하였는데 토산 장려에 대하여는 이후부터 새로 만드는 의복은 반드시 우리 토산품 이외에는 사용하지 않기와 만약 사용자가 있으면 그 물품을 몰수하여 공공사업에 보충하기로 하였고, 단연은 이번 달 십삼일부터 시작하고, 만일 담배를 먹는 자나 또는 가지고 있는 때는 과태금으로 임원은 오원, 회원은 일 원씩 그 회에 냈다가 그 돈은 유익한 곳에 쓰기로 하였다더라.

88_ 『중외일보』, 1928. 2. 6. 재만동포(在滿同胞), 옹호의연답지(擁護義捐遝至), 군산에서는 재만동포 옹호 단체가 조직된 후 동포방 인사에게는 동포를 위한 후원금을 서로 다투어가며 보내었다는데, 이번에도 군산권번에서도 후원금이 와서 경성으로 보내었으며, 성명은 왼편과 같다더라, 김산호주(金珊瑚珠), 최금○(崔錦○).

89_ 『시대일보』, 1926. 4.29. 기생동정(妓生同情), 남원기생조합 남원권번 일동은 이번 구례 화재의 참상을 듣고 지난 이십삼일 밤에 구례 화엄사에서 구례 대화재 이재민 구제 후원 연주회를 열고 대성황의 연주를 한 결고 현금 백사십구원과 기부금 육십삼원을 수합하여 구례 화재 이재민 구제부로 넘기었다고.

90_ 『조선은행회사조합요록』(경성 : 동아경제신보사, 1942).

91_ 『동아일보』, 1939. 6. 9. 이리(裡里) 예기연주회(藝妓演奏會) 대성황리(大盛況裏)에 종료(終了), 이미 보도한 바와 같이 이리에 새로 생겨난 예기조합에서는 자축의 의미로 지난 일일 저녁 이리극장에서 제1회 연주대회를 공연하였다, 인근 각지에서도 응원이 이루었다 하며 초회의 공연임에도 불구하고 예기들의 기술이 숙달하다 하여 호평이 자자하다 한다. 동 조합의 유치에 노력하는 인사를 소개하면 다음과 같다고 한다. ○○○.

92_ 성기숙, 「일제강점기 권번과 기생의 전통춤」, 『한국 춤의 역사와 문화재』(서울 : 민속원, 2005), 95~96쪽.

93_ 고재현, 「근대 제도개편에 따른 교방 및 기방무용의 변화양상과 특징 고찰 - 갑오경장 이후 해방까지 (1894~1945)」(경기 : 용인대대학원 석사학위논문, 2006), 26쪽.

예능을 배우는 곳이며 자신의 예술적 기량을 거래하기에 이른다. 일제강점기에서 전통예술의 교육은 바로 권번을 통해서 활발하게 이루어졌다고 볼 수 있다.

『조선미인보감』에는 당시 권번 소속 기생들의 실상 및 권번의 실태가 소개되어 있다. 그리고 전국의 권번과 기녀조합의 기녀 통계표[94]에서도 경성부에는 대정권번大正券番·한성권번漢城券番·경화권번京和券番·한남권번漢南券番이 있었으며, 지방에는 대구조합大邱組合·동래조합東萊組合·창원조합昌原組合·김천조합金泉組合·광주조합光州組合·평양조합平壤組合·수원조합水原組合·안성조합安城組合·개성조합開城組合·인천조합仁川組合·연기조합嚥岐組合 등 총 15곳이 있어 전국적으로 15곳의 권번과 조합이 있었음을 알 수 있다. 서울이 4곳이며 지방이 11곳으로, 또한 기생은 대정권번 181명·한성권번 175명·경화권번 39명·한남권번은 75명이었다. 지방에서는 대구조합 32명·동래조합 11명·창원조합 2명·김천조합 3명·광주조합 7명·평양조합 7명, 수원조합 33명·안성조합 6명·개성조합 3명·인천조합 7명·연기조합 7명이 소속되어 있어, 전국적으로 기생 수는 약 588명이 존재하였다.

『조선미인보감』에 의하면 경성을 제외한 지방에서 조합이 설립된 곳은 경북·경남·전남·평남·경기·인천·충남으로 기록되어 있는데, 전라북도에는 권번이 설치되어 있지 않은 것으로 나타난다. 이에 대한 이유는 제3장에서 상고詳考할 계획이지만 기록자에 의한 주관적인 의도에서 비롯된 것으로 이해된다. 왜냐하면, 그 당시에도 전라북도 전주에는 퇴기조합, 예기조합이 분명하게 존재하고 활동하였기 때문이다.[95] 예컨대 이 시기에 전주예기조합 기생 12명은 서울에서 열린 공진회共進會에 참가해 가무와 구연극舊演劇을 공연하였다. 이와 더불어 가야금伽倻琴 창시자로 알려진 김창조金昌祖(1856~1919)가 자신의 거주지였던 광주를 떠나 전주예기조합에서 활동하였다[96]는 사

94_ 손태룡, 「대구기생의 음악사적 고찰」, 『향토문화』 제17호(대구 : 향토문화연구소, 2002), 8~9쪽 표 재인용.

95_ 『매일신보』, 1915. 9. 8. 공진회와 전주기, 공진회에 출연 : 전주예기조합에서는 공진회에 출연하기 위하여 갑반의 명기 향란·능주·우순·월향·하월·능운·옥선·채선·옥주·초옥·능선의 열두 명을 뽑아 가무 및 연극은 한 달 이전부터 연습하는 중이더니, 이번에 준비가 다 되어 말일 경에 서울로 출발한다더라.

96_ 양승희, 「김창조에 관한 남북한 자료 및 문헌고찰에 의한 고증」, 『산조연구』(전남 : 가야금산조현양사업추진위원회, 2001), 75·96쪽.

실에서 전주에 예기조합이 설립되어 활동한 것이 확실해진다.

1918년 당시 경성부의 기녀들과 지방의 기녀조합에 소속된 기녀들의 수를 『조선미인보감』을 근거로 비교해보면 경성부가 거의 80%를 차지하고 있었고, 그 중 대정권번이 181명으로 가장 많았다. 이렇게 "경성부에 많은 기녀가 존재했던 이유는 구한말舊韓末 지방에서 선상되어 공연한 외기들이 공연을 마치고 고향으로 내려가지 않고 서울에 남아 있었거나, 지방의 기생이 지방에서 기생교육을 마치고 서울의 권번에 입적해서 들어갔기 때문이다."[97] 이 같은 사례는 남원권번南原券番 소속으로 판소리를 익히고 나서 서울의 조선권번으로 기적을 옮긴 이화중선李花仲仙(1898~1943)과 정읍권번井邑券番에서 판소리를 배우고 한남권번으로 진출한 김여란金如蘭(1907~1983)의 사례에서도 분명해진다. 그리고 경성부는 권번이란 이름으로 되어 있었고, 지방은 조합이라는 이름으로 되어 있었다. 경성을 중심으로 1915년부터 명칭이 권번으로 바뀌게 되지만 지방 대부분은 여전히 조합이란 명칭을 사용하고 있음을 입증한다. 그리고 기생조합과 권번의 역할이 큰 차이가 없었으며, 과도기적인 양상을 띤 것으로 추론된다.

그러면 1918년 전국의 권번과 조합, 그리고 기녀에 대한 통계를 『조선미인보감』에 의해 정리하면 〈표 3〉과 같다. 〈표 3〉은 1918년 당시 전국의 권번과 조합, 기녀에 관한 통계자료다. 이 자료를 보면 전라북도에는 권번과 조합, 그리고 기녀들이 존재하지 않은 것으로 나타남에 따라 이에 대한 보완이 요구된다.

〈표 3〉 『조선미인보감』에 나타난 전국의 권번과 조합, 기녀 수 일람표

지역	명칭	기녀수(명)	지역	명칭	기녀수(명)
경성부	대정권번	181명	전남	광주조합	7명
	한성권번	175명	평남	평양조합	7명
	경화권번	39명		개성조합	3명
	한남권번	75명	경기	수원조합	33명
경북	대구조합	32명		안성조합	6명

97_ 안성희, 「권번 여기교육 연구」(서울 : 숙명여대대학원 석사학위논문, 2005), 14쪽.

지역	명칭	기녀수(명)	지역	명칭	기녀수(명)
	동래조합	11명	인천	인천조합	5명
	김천조합	3명	충남	연기조합	7명
경남	창원조합	2명	합계	15곳	588명

1920년대 들어서는 권번 조직이 전국적으로 퍼져 나가며, 1940년대에는 두 배 가까이 확장, 설립되었다가 다시 통합, 해산되었으며 1940년대 후반 전시체제하戰時體制下에서 영업제지 등을 당하면서 권번은 사실상 해체되었다.

또한, 1920년대와 30년대에 들어서면 조합, 또는 권번이 주식회사株式會社로 조직되는 일이 활발히 이루어졌는데 이는 기생을 한층 더 자본주의적 통제 하에 놓이게 했음을 입증해 준다. 이처럼 주식회사로의 전환은 "주로 경찰 당국의 주선으로 화류계를 포함한 지역 인사들의 자금을 모아 이루어졌는데, 가끔 경영난에 빠진 조합을 구제하는 방안"[98]-이기도 하였다. 이처럼 권번은 일제의 제도화에 깊숙하게 존재하게 된다. 일본 경찰은 기생을 감시하고 통제하며, 명령을 하달했을 뿐만 아니라, 동원하는 창구가 되는 역할도 하였다. 특히 경찰은 각 지역에서 관할 내 권번의 설립을 기획하고, 주식회사로의 전환을 주도하며, 인사人事와 설유說諭 등에 깊숙하게 개입하며, 권번과 기생의 충돌에도 관여하고 박람회를 비롯한 각종 행사에 권번 등을 동원하는 등이중적인 모습을 보여주기도 하였다.

하지만 기생들에 대한 일제의 통제는 부정적 이미지로만 존재하지 않았다. 기생들은 조합의 설립단계부터 자신들의 목소리를 꾸준하게 담기 위하여 적극적인 참여의지가 있었으며, 조합 내에서 자치적인 질서를 통하여 규율을 엄격하게 다져 나갔기 때문이다. 이처럼 경찰과 주류층에 의해 주식회사로의 전환이 이뤄지기도 하였지만 기존 조합의 자치제적 성격을 중요시하고 자본주의적 운영에 부담을 느끼는 기생들의 반발은 전라북도에서도 이어졌다. 전주권번 소속의 기생들은 경영난經營難의 이유를

98_ 윤혜신, 앞의 논문(2006), 30쪽.

들어 주식회사로 고칠 것을 주장하고 나섰다.[99]- 전주권번은 1939년에 사업을 관리 운영해 나가는데 문제가 발생해 주식회사로 전환을 모색하기에 이르는데, 장병선張炳善 등 21명이 발기인이 되어 자본금 5만 원으로 주식회사를 창립해 인수 경영을 결정하고 1939년 9월 20일경부터 주주참여 형태의 회사로 새롭게 출범하게 된다. 기생들은 이전 시대 국가의 재정적 지원으로 활동하였다면 일제강점기에는 기생 스스로 자신의 생계를 책임지고 해결하기 위해 공연활동을 펼쳤다는 점에서 교방기생과의 차이가 크다. 결국, 기생들은 자본주의에 포섭包攝되면서 자신들의 예능을 매개로 상업화를 모색하게 되는 등 이중적 구조를 형성하였다.

이와 같이 일제가 통치수단 일부로 자본주의를 이식하여 주식회사 형태의 권번이 설립되었지만, 기생들은 주식회사를 통해 자신의 권리를 주창主唱하고 정당한 대우를 요구하며 천민이란 하층계급을 벗는 신분으로 가무를 공급하는 예술인 집단이자 사회인으로 살아가기 위한 부단한 노력을 경주해 나갔다. 기생들의 경우를 구체적으로 보더라도 전라북도 기생들은 주체적으로 예술 활동을 펼쳤으며, 사회활동에 있어서도 적극적인 입장을 견지하였다.

그러나 능동적인 예술·사회활동에도 불구하고 개화기와 일제강점기 기생에 대한 부정적 인식은 당시 사회문제까지로 번졌다. 기생은 비록 전통음악의 최대 생산자生産者이자 공급자供給者였지만, 신분적 제약과 저급 인식을 극복하지 못한 채 사회적으로 많은 구속을 당한 것으로 보인다. 개화기의 기생은 낡은 풍습이었던 구습舊習이며 강도强盜보다 더 못한 평가를 받았으며,[100]- 일제강점기에도 사회에서 개화와 계몽啓蒙의 방해요소로 자리 잡고 있었다.[101]- 이러한 부정적 인식은 기생이 비록 천민의 신분에

99_『동아일보』, 1939. 4. 6. 경영난의 전주권번, 주식회사로 개조, 전주권번은 그간 개인 경영으로 다른 지방에 비하여 그 기초가 빈약한데다가 대 한해(大旱害)를 당한 근자에 한층 경영난에 빠져 지방 발전에 영향이 없지 않을 것이라 하여 사계 유지자들이 의논 중이었는데, 이번에 경찰과 충분한 양해가 성립되어서 장병선 외 20명이 발기인이 되어 가지고 즉석에서 5만원의 주식회사를 창립하여 인수 경영하기로 하였다 한다. 그리하여 전광석화로 등기 수속까지 취하는 동시에 오는 20일경부터 개업한다고 한다.

100_『독립신문』, 1897. 3.18. 우리나라 정부에서 백도를 고쳐 정하고 새 법을 마련 하야 서울이나 시골이나 구습은 다 없어지고 모두 문명 진보가 되는데 각도 각 군에 폐지한 기생년들이 도로 생겨나서 유인 자대 하야 패가망신케 하는 중에 평양 기생년들이 더욱 심하다 하니 이것은 강도에서 더 한지라 이런 일은 각해도 관찰부와 지방관이 별노히 엄금 하여 기생 명색은 영위 없애는 것이 올타고들 한다더라.

서 벗어났지만 여전히 사회적으로 냉대 받고 무시당하고 있는 모습을 보여준다.

그렇지만 19세기 말에서 20세기 초까지, 전근대에서 근대로의 전환기라는 특수한 시기를 지나면서 기생들은 새로운 모습에 국면局面하게 된다. 조선 후기까지 관에 소속된 특수한 존재 여건의 기생은 일제강점기 면천에 따라 자유로운 분위기 속에서 자신들의 기·예능을 펼쳐나가면서 변화를 맞게 된다. 일제는 전근대 관기 제도를 폐지하고 조합의 형식으로 기생집단을 재구성하면서 상업적인 구조 속에서 기예를 상품화하는 일본식의 관리 시스템을 도입하였다. 따라서 조선 후기까지 신분체제에 따라 최하위층이었던 기생은 개화기와 일제강점기를 거치면서 면천의 위치에 있었고 전통문화를 전승한 인물임에도 불구하고 여전히 관리와 정책 수립에 따라 사회적 저급신분으로 전락하였다. 그러나 내부적으로 각종 활동과 공연 양식을 통해 근대적인 문화 활동을 실천해나가고 있었다. 이러한 상황에서 일본식 기생기관이었던 조합과 권번 역시 일본의 허가제와 주식회사의 전환 등을 통해서 일본의 입장을 반영한 기관으로 이해할 수 있다. 이를테면 권번은 일제강점기 기생들이 기적妓籍을 둔 조합으로써 기생들의 요릿집 출입을 관리해주고 수고료를 받아주는 중간 역할을 하였으며, 기생은 일본에 허가를 받는 허가제 직업으로 권번을 통하여 국가에 세금을 납부 하였다.

앞서 살펴보았듯이 일제강점기의 기생에 대한 인식은 "호감好感과 배척排斥이라는 이율배반적인 성격을 지니고 있었던 것으로 보인다. 한 면에서 보면 기생들은 적어도 봉건적인 유물 혹은 저급문화의 생산자로서 배척해야 할 대상이었으나, 실제적인 면에서는 근대적인 대중문화의 스타로 부상되어 사회가 바라는 문명 진보된 국가의 모습"[102]을 갖추어 주었기 때문이다. 따라서 이 시기의 기생들은 적어도 식민시대라는 암울한 상황에서도 전통예악을 지키고 새로운 문화 흐름에 동참하며 예술인으로서의 주체적인 자아를 형성해나가고 있었다.

101_ 『신동아』, 1936. 7월호, 160쪽. 종로권번 철거를 청진동 정민이 당국에 진정하였다고 한다. 풍기상으로 보아 뜻 있는 자는 반드시 분기해야만 될 일이어니와 더구나 그 부근에 남녀학교가 9개소나 있다고 하니, 자녀를 둔 부형으로 교육상 기매킬 일이 아닌가. 당국에서도 이 진정쯤이야 문제없이 들어주리라고 생각한다.

102_ 김진송, 『현대성의 형성 – 서울에 댄스홀을 허하라』(서울 : 현실문화연구, 1999), 221쪽.

기생조합의 등장은 정해진 절차와 조직을 바탕으로 기생이 양성화되었다는 사실을 의미한다. 그리고 기생조합이 양성화됨에 따라 기생조합을 중심으로 공연이 기획될 수 있었다. 기생조합 연주회가 성행되었다는 점은 기생들이 일부 공연 공간들과 계약을 맺고서 공연을 하고 흥행을 주도하였다는 의미에서 근대적 연예산업의 맹아를 찾아볼 수 있다. 이처럼 기생조합은 다양한 면모를 지니고 있었다. 부정적인 측면에서 기생조합은 일제에 의해 주도적으로 착취되고 통제되었으며, 억압과 감시의 틀에 갇히게 되었다. 또한 긍정적인 측면에서는 기생들이 조합 내에서 자신들의 이해를 도모하고 조직적으로 저항할 수 있는 토대가 마련된 것이다.

3. 소결

본 장에서는 기생의 활동과 제도적 변화를 고찰함으로써 전통시대의 교방기생과 식민지기의 근대적 기생의 차이점을 논의하였다. 조선시대 기생은 교방에 소속되어 있었고, 교방은 고려시대에서 조선시대 말까지 가무를 관장하던 기관이다. 교방은 대부분 감영이 있었던 행정중심지에 설치되어 있었다. 전라도에서는 교방이 설치된 곳이 전주부를 비롯하여 순창군・무주부・광주목・순천 좌수영・제주목으로 조선후기 대부분 큰 행정체제를 갖춘 곳이었다. 그리고 전주에는 서울을 제외하고 지방에서는 처음으로 장악청이 설치되었는데, 이는 악・가・무가 발달된 곳임을 뜻하는 것이었다.

교방기생의 운명이 바뀌게 된 계기는 관기 제도의 붕괴로 말미암아서 이들이 면천된 이후였다. 일제가 본격적인 식민정책을 실시하기 이전부터 과도기적 특징을 가지는 기생들이 등장하게 되었다. 관아와 풍류방에서 벗어난 기생들은 1908년부터는 경시청 담당 아래 관리되기에 이르렀다. 경성에서 1909년 이후 기생조합이 등장하면서 기생들의 새로운 조직이 본격적으로 구성되기 시작했고 기생들의 활동도 다채롭게 변모하였다. 당시 기생조합은 요릿집과의 계약을 통해 기생의 '놀음'을 중개하고 수수료를 받는 상업적 조직의 성격을 띠게 됨으로써 기예의 대중화와 상품화를 가져온다.

경성에서는 1915년경부터 기생조합이 권번이란 이름으로 바뀌게 된다. 전라북도 권번의 실질적인 존재 여부는 신문자료에 의해 전라북도에 설치, 운영되었던 권번의 실체를 통해서 확인할 수 있었다. 권번은 교방의 후신이라고 볼 수 있지만, 여러 가지 면에서 차이가 있음을 본고에서 지적하였다. 특히 교방이 주로 행정중심지에 집중적으로 설치 운영되었지만 기생조합과 권번은 상업중심지에 설치되었다는 점도 차이가 있다. 교방이 있던 무주와 순창에는 권번이 설립되지 않았지만, 일제강점기 신도시로 등장한 군산·정읍·익산·부안 등에는 기생조합과 권번이 속속 설립되었다.

권번에서 활동하기 시작한 기생들은 새로운 대중예술인으로 거듭나기 시작하였다. 그러나 사회는 여전히 기생들을 냉대하였지만, 이들은 안으로 전통예악을 지키는 역할을 하였으며, 밖으로 신민요新民謠 등의 새로운 문화사조에 편승하기도 하였다. 특히 기생들은 기생조합과 권번이란 새로운 조직을 통해서 예술성을 연마하였고, 대중연예인으로 거듭났다. 이러한 변화는 교방기생이 관주도의 기·예능을 전수하고 전파하였던 상황에서 벗어나서 일제강점기 이후 위기에 처한 전통예술을 전승하는 주체였으며, 다른 한편으로 새로운 사조와의 소통을 통해 창작자創作者로 거듭나면서 근대적인 예인으로 성장하기에 이른다.

특히 자본주의 제도 아래서의 기생들의 변화는 자료를 통해서 면밀하게 살펴본 결과, 교방의 관기와 달리 자신의 예술적 가치를 더욱 높이기 위해 부단한 노력을 하였고, 이러한 예술성으로 명기로 성장하는 발판이 마련되기도 하였다. 여기에서 일제가 통치수단의 하나로 받아들인 자본주의에 의해서 권번은 주식회사의 효시嚆矢가 되었다. 이는 식민정부가 지배를 공고히 하고, 기생 및 예술전반에 걸친 통제의 방법으로 주식회사 형태의 권번을 일본으로부터 도입·설립하였다. 기생들은 근대적인 이윤추구 조직인 권번에 속하면서도 한편으로는 자신들의 권리를 주장하고 정당한 대우를 요구하며 가무를 공급하는 예술인 집단이자 사회인으로 살아가기 위한 부단한 노력을 전개해 나갔다. 그러나 이러한 노력이 항상 사회적으로 인정을 받은 것만은 아니었다. 기생은 당시 전통음악의 최대 생산자이자 공급자였지만, 신분적 제약과 저급 인식을 극복하지 못한 채 사회로부터 부당한 대우를 받기도 하고, 구속을 당하기도 하였다.

본 장에서는 일제강점기 기생들은 적어도 식민지라는 암울한 상황에서도 전통예악을 지키고 새로운 문화 흐름에 동참하며 예술인으로서의 주체적인 자아를 형성해나가고 있었다는 점을 밝혔다. 더욱이 기생조합의 등장은 정해진 절차와 조직을 바탕으로 기생이 양성화되었다는 사실을 의미한다. 그리고 기생조합이 양성화됨에 따라 기생조합을 중심으로 공연이 기획될 수 있었다. 기생조합 연주회가 성행되었다는 점은 기생들이 일부 공연공간들과 계약을 맺고서 공연을 하고 흥행을 주도하였다는 의미에서 근대적 연예산업의 맹아를 찾아볼 수 있다. 따라서 근대 기생은 국가와 교방의 소속이 아닌 기생조합과 권번 등의 사설조합의 구성원으로 소속되어 기예를 공부하고 스스로 자신의 생계를 책임지며 해결하기 위해 공연활동을 펼쳐 대중적 스타와 여성예술가로 성장하는 등 개인으로서의 책무와 성과를 동시에 가지게 되었다. 이러한 기생조합 소속의 기생들은 근대적 여성이라고 분류될 수 있는 활동을 하였고, 의식수준을 가지고 있었음을 조사, 연구를 통해서 알 수 있었다.

그리하여 과도기적 기생은 집단 형성을 통해 직업과 지위, 명예 등을 획득하는 기회를 맞이하게 되었다. 결국 권번은 연예산업의 맹아를 알리는 창구였으며, 기생은 예술가로 본격적인 활동을 일제강점기에 전개하기에 이르렀다.

일제강점기
전라북도
권번의 조직

03 —————

일제강점기 권번의 성격과 기생의 활동을 살피는 데 있어서 조선후기 교방과 이곳에 소속되었던 관기에 대한 검토가 선행될 필요가 있었다. 따라서 제2장에서는 교방 소속 관기가 권번의 기생으로 거듭나는 과정, 그리고 교방을 전승한 기관이 기생조합과 권번임을 밝혔다. 일제는 전근대의 관기 제도를 폐지하고 조합의 형식으로 기생집단을 재구성하고 상업적인 구조 속에서 기예를 상품화하는 일본식의 관리 조직을 도입하였다. 이러한 변화 속에서도 당대 기생들은 식민지권력과 근대 자본 권력에 의한 환경에서도 권번이란 기관을 통해서 조선시대의 예악 전통을 잇는 데 주력하는 한편, 상업적인 연예활동을 통해 입지를 구축하는 등 자본주의의 등장을 의미하는 근대성을 추구하는 모습을 찾아 볼 수 있었다.

본 장에서는 지방의 권번이 중앙과는 다른 성격을 가지고 발달하였다는 점에 주목해서 논의를 전개해 보고자 한다. 이는 전라북도 권번의 근대성을 분석하는 데 있어 권번의 운영은 매우 중요하게 다루어져야 할 내용이기 때문이다. 일제강점기 기생조합과 권번은 이전 장악원이나 지방의 교방이 실행하였던 가무歌舞의 교육을 담당하는 역할도 하였다. 서울 다동기생조합의 경우엔 우리나라 최초의 사립음악교육기관인 조선정악전습소 여악분교실을 통해 전통가무를 전수하였다. "조선정악전습소는 비록 친일경향親日傾向이 있었지만, 근대 음악교육기관의 법제를 갖추었으며 기존의 세습적 음악교육이 아닌 근대 음악교육활동의 출발"[1]-이었다. 이처럼 중앙에서의 기생조합은 근대 음악교육기관의 법제를 갖추고 있는 곳에서 기생의 기예를 연마시켰고 이왕직아악부원양성소 李王職雅樂部員養成所는 이왕직아악부의 산하기관으로써 공립 국악교육기관으로 설치, 운영 되었다. 이외 다른 권번들도 기생학교, 학예부學藝部 등을 두어 기생들에게 전통 가무와 기생으로서 갖추어야 할 지식과 예법 등을 교육하는 기생양성소의 기능도 하였다. 그러 나 지방에서는 평양을 제외하고 이에 해당하는 공립기관이 없었고, 그 대신에 권번이 악・가・무를 교육하는 기관의 역할을 하였다. 따라서 일제강점기 중앙과 다른 지역 문 화를 이해하려면 무엇보다도 권번의 실재를 확인, 설립과 발전과정을 살펴보아야 한다.

교방에서 전승되었던 전통예술은 일제강점기에 들어서 새로운 국면에 처하게 되었 으며, 이러한 전통예술 공연환경의 변화 속에서 권번과 같은 기관과 기생들의 활동은 근대로의 변화를 적극적으로 견인하는 특징을 드러냈다. 관객 또한 특정한 부류가 아 닌 익명匿名의 대중들을 대상으로 하게 되었다는 점에서도 창작자와 향수자享受者의 관 계가 새로운 양상으로 전개되었음을 보여주고 있다. 더욱이 조선시대까지 관기들은 기예의 수준에 따라 봉족奉足이나 비단緋緞 내지 옥관자玉貫子를 국가로부터 하사받았지 만 식민지체제 아래에서의 기생들은 자신들의 활동 여하에 따라 권번으로부터 일정액 의 급료給料를 받았다. 이는 기생들이 자본주의적 고용관계 아래에 놓이게 되었다는 것을 단적으로 말해주는 것이다. 따라서 권번이 설립됨으로써 당시 전통문화가 대중 들에게 다가설 수 있는 통로가 만들어졌고, 한편으로는 전통문화예술의 전승기관으로 까지 권번이 발전하게 되었다. 특히 이러한 변화는 중앙보다 지방에서 두드러지게 나 타나는데, 본 장에서는 권번의 설립과 변화를 전라북도의 경우를 예로 들어서 자세하 게 밝혀보고자 한다.

앞 장에서 살펴보았듯이 행정중심지에 설치되어서 운영되었던 교방은 일제강점기 에 폐지되었고, 그 대신 기생조합과 권번이 등장하게 된다. 그러나 교방이 있었던 모 든 곳에 기생조합이나 권번이 설립된 것은 아니었고, 반대로 교방이 없었던 곳에서도

1_ 강혜인, 「한국 개화기 음악교육활동의 역사적 의의 – 조선정악전습소를 중심으로」(대구 : 경북대교육대학원 석사 학위논문, 1989), 46쪽.

권번이 설치, 운영하게 되었다. 전라북도의 경우, 교방이 있었던 무주와 순창에는 권번이 설립되지 않았지만, 교방이 없었던 군산·정읍·익산·부안 등 식민통치 이후 상업중심지商業中心地로 올라선 지역에는 권번과 기생조합, 요릿집이 설립되기 시작하였다. 이러한 전변에 주목해 전통예악의 전승구조를 둘러싸고 일어난 변화를 본 장에서 구체적으로 살펴보고자 한다.

이와 관련된 원전 자료가 부족하여 전라북도 권번의 실재를 확인하기 어려웠다. 더욱이 권번의 역사에 있어 대표적 연구 성과이자 권번의 1차 자료로 평가되는 『조선미인보감』에도 전라북도의 권번은 빠져 있다. 따라서 전라북도 권번의 존재를 파악하는 데 유용한 자료들은 매우 적었으며, 그나마 일제강점기에 발간된 신문과 『조선은행회사조합요록』에 나타나는 자료들을 통해 살펴볼 수 있었다.

그러면 전라북도 권번의 전개과정에 대해서는 조직화가 언제, 어떻게 일어났으며, 권번의 전승이 어떠한 모습으로 진행되었고 후대에 어떻게 이어졌는지를 본 장에서 분석하겠다. 특히 일제강점기 전라북도의 권번과 이에 소속된 기생들이 전통예술의 전승 및 창작주체였다는 점에서 다분히 근대성을 담보하고 있다고 할 수 있다. 따라서 본 장에서는 근대도시近代都市의 탄생을 배경으로 나타난 권번이 당시 새로운 대중예술 활동의 요람搖籃이 되었다는 사실을 밝히는 데 주력하고자 한다. 이는 지금까지 전라북도 권번의 소극적 연구를 성찰하면서 일제강점기 지역문화 연구에 필수적인 대상으로서 권번의 실체를 이해하기 위해서이다. 아울러 본 장에서는 전라북도 내 전주·남원·군산·정읍·이리·부안지역에서 권번과 조합이 설립되었던 구체적인 증거자료를 찾아보고자 한다. 따라서 전라북도 권번이 조선후기 교방과의 관계, 그리고 새로운 설립 등을 구체적인 자료를 제시해 근대기의 권번이 갖는 근대성을 고찰할 예정이다.

1. 전라북도 권번의 설립

1) 근대도시의 탄생

일제강점기 전통예술에서 식민지 근대성이 형성되는 과정에는 여러 가지 요소들이 혼재混在되어 있었다. 그 중 하나가 도시都市의 형성形成이다. 도시의 역사적 역할이 주로 근대와 더불어 시작되었다면, 근대를 이해하는 기점 역시 도시로부터 시작되어야 할 것이다. 근대 전통예술은 기본적으로 도시를 중심으로 전개되었으며, 도시는 근대의 소산所産으로 근대성을 함축한 대표적인 시視·공간空間이라고 지칭할 수 있다. 한반도 최고의 미곡생산지米穀生産地였던 전라북도는 1899년 군산이 개항開港되면서 일본의 집중적인 개발 대상지역이 되었다. 일본은 1897년 목포木浦를, 1899년 군산을 각각 개항시켰다. 군산의 개항開港은 이 지역의 물자物資, 특히 곡물穀物을 일본으로 이출移出시키는 중요한 통로로 주목을 받아왔다. 군산은 일제가 주변의 김제 및 만경평야萬頃平野

〈도판 5〉 쌀을 출항하는 군산항, 1920년대 『사진엽서로 떠나는 근대기행』(민속원, 2009)

등의 지역에서 생산生産된 미곡을 일본 자국으로 이출하고, 전라북도 및 충청도忠淸道 지역에 자신들의 자본제적資本制的 상품을 판매하기 위한 목적으로 성장시킨 거점 도시로서, 1913년 '부'로 승격된 이후 1945년 해방 당시까지 인구·경제·산업 등 모든 분야에서 가속적인 성장을 보인 도시였다.

군산의 배후지에는 옥구沃溝·김제金堤·이리裡里·부안扶安이 걸쳐 있고, 넓고 비옥한 호남평야가 자리 잡고 있었다. "전라북도 지역의 경작 가능한 농지 비율은 조선의 평균 수준을 웃돌았는데, 조선 전체 평균이 21.3%인데 비해 전라북도 지역은 평균 23.3%이었다. 경지면적 또한 답畓이 차지하는 비중은 전국 최고였는데, 조선전체 경지 가운데 답이 차지하는 비중이 36.9%이며, 전라북도지역은 72.1%였다."[2] 이처럼 호남평야湖南平野를 배경으로 위치한 전라북도는 풍부한 물산을 보유하고 있었다. 전라북도에는 1910년 경술국치庚戌國恥 이전부터 일본인 농장이 개설되었는데, 일본인 농장은 1910년부터 1918년 사이에 진행되었던 토지조사사업 을 계기로 규모와 수가 더욱 크게 확대되었다. 1910년 전라북도에 일본인 농장은 24개이었지만 1920년에는 무려 58개로 급증하였다.

일본은 군산 배후지역에 생산되는 미곡을 옮기어 나가기 위한 준비 전략準備戰略으로 대단위 토목공사土木工事도 강행强行하였다. "1907년 한국 최초로 길이 46.7km, 폭 7m의 전주 – 군산 간 도로(全郡道路)를 아스팔트로 포장하였는데, 이 공사는 당시의 교통량이나 수요로 볼 때 매우 이례적인 일로, 미래의 본격적인 미곡 수송을 위한 것으로 해석된다. 또 다른 대단위 공사는 1912년 군산 – 전주 간 철도공사鐵道工事였다. 이 공사의 목적은 군산선群山線 철도에 위치한 역驛의 소재所在를 볼 때 알 수 있다. 전주를 기점으로 동산역東山驛에는 미쓰비시三菱 소유인 도잔농장東山農場, 삼례역三禮驛에는 조선인 대지주 백인기白寅基와 금융가인 박기순朴基順의 농장, 대장역에는 호소가와농장細川農場, 이리역裡里驛에는 동양척식주식회사東洋拓植株式會社의 농장과 일본의 오하시농장

2_ 이희제, 「식민지시대 조선인 대지주의 자본축적 메카니즘 – 정경유착과 시장 확대」(서울 : 연세대대학원 석사학위논문, 2000), 51쪽.

大橋農場 등 여러 지주의 농장, 오산역에는 후지흥업不二興業의 전북농장全北農場, 임피역臨陂驛에는 전북의 대지주인 장영규張塋奎의 원창농장元昌農場과 가와사키농장川崎農場, 대야역大野驛에는 팔목농장八木農場, 개정역開井驛에는 구마모토농장熊本農場, 그리고 군산부에는 미야자키농장宮岐農場과 후지흥업의 대단위 간척농장干拓農場이 있었다."[3] 이같이 철도 건설지를 중심으로 대규모 농장이 설립된 것은 그만큼 미곡을 일본으로 옮기기 위한 전략적인 계획이 깔려 있었다. 또한 군산항을 중심으로 대규모의 쌀이 일본으로 이출되면서 군산 주변은 정미업과 일본인 거주자들을 위한 조미료업調味料業・양조업釀造業・식품업食品業・기타 생필품업生必品業, 경공업輕工業이 지속적으로 발전하였다. 이와 별도로 1930년 군산지역은 호남지역의 금융 중심지로 급부상하면서 식산은행殖産銀行・조선은행朝鮮銀行・상업은행商業銀行・저축은행貯蓄銀行・조흥은행助興銀行 등 5개에 이르는 거대한 금융도시金融都市로 거듭났다.

군산과 달리 전주는 1923년 서문시장西門市場이 남문시장南門市場과 병합되고 같은 해 다가동多佳洞 일대에 약령시藥令市가 개설되면서 상가商家에도 변화가 일어났다. "남문시장과 가깝고 약령시가 열리는 인접에 일본인 집단촌과 상가가 연계되어 다가동 일대는 번성하게 되었다. 1929년 전라선이 개통되자 이번에는 신정거장新停車場인 현 전주시청全州市廳을 에워싸고 상가商家에 큰 변화가 생겼으며 한국 사람들은 남문 시장만을 지켰을 뿐, 1930년대 말까지 구시가지舊市街地 전역이 일본인 상가로 점령당하고 말았다."[4]

정읍은 1914년 4월 고부古阜, 태인泰仁 두 군都을 병합하여 군청소재지郡廳所在地가 되고, 호남선 철도가 통과하면서 정읍역井邑驛이 설치되어 대대적인 발전을 이루었다. "또 1924년에는 경목선京木線. 서울－목포 국도가 개설됨에 따라 일약 호남의 중심지로 발전한 정읍은 서남부지방의 행정, 교통중심지로서 모든 행정관서行政官署가 집결되면서 정읍군청井邑郡廳을 비롯해 재판소裁判所와 농공은행지점農工銀行支店이 동시에 옮겨지고 경찰을 겸하고 있던 헌병 분견대憲兵分遣隊와 세무서稅務署 등이 설치되어 고창・

3_ 이경란, 「일제하 수리조합과 농장지주제 – 옥구, 익산 지역의 사례」(서울 : 연세대대학원 석사학위논문, 1991), 258쪽.
4_『일제의 전주침탈과 식민시대 구술실록』1(전주 : 전주문화재단, 2007), 63~64쪽.

부안군까지 담당하였다. 그리고 정읍에는 마쓰키松木 · 하세가와長谷川 · 쵸모쿠丁木 · 구마모토熊本와 같은 일본인 농장이 있었다."[5] 이처럼 정읍도 관공서와 은행이 설립되고 일본인 농장이 형성되면서 본격적인 근대화를 이루게 된다. 또한 "정읍은 5일장이 서는 장시場市로 규모가 큰 곳이었으며, 우시장牛市場도 함께 섰다. 전국에서 우시장으로 큰 곳은 서울 동대문東大門 · 경기도京畿道 안성安城 · 강원도江原道 춘천春川 · 강릉江陵 · 충청북도忠淸北道의 청주淸州 · 옥천沃川 · 전라북도의 정읍 · 경상북도慶尙北道의 김천金泉 · 경상남도慶尙南道의 진주晉州 · 밀양密陽 · 김해金海 · 부산진釜山津이었다."[6] 따라서 정읍의 경제와 장시의 규모는 전국적이었다고 볼 수 있다.

이처럼 경제활동과 밀접한 근대도시의 탄생지에서 권번의 설립은 자연스럽고 당연하다고 할 수 있다. 결국, 교방의 전통을 이은 전주를 제외하고 군산 · 이리 · 정읍 등지의 기생조합과 권번들은 시장유통과 경제논리에 따라 새롭게 설립되었다. 이와 반대로 교방이 존재하였던 무주는 교통의 미발달과 경제적 약화로 말미암아 권번으로 전승되지 못하고 사라지게 되었으며, 순창의 경우 권번의 존재 여부가 제기[7]되고 있지만 번창하지 못한 경제력과 교통망의 미비로 인하여 소규모 양상이었을 것이다.

이밖에 호남선이 개통되면서 김제는 주변의 평야지대에서 생산되는 미곡을 군산으로 보내는 결정적 역할을 한 도시다. "김제역 도로변에는 일본인의 주택과 상점이 들어서게 되었는데, 주로 미곡도매상米穀都賣商 · 정미소精米所 · 고급 음식점 · 여관旅館 · 잡화점雜貨店을 중심으로 경제활동이 영위되었다."[8] 김제는 경제도시의 위상을 확립하면서 새로운 신흥도시新興都市로 활성화를 맞게 되었다. 김제에서 일제강점기 권번의 존재 여부는 확인할 수 없지만, 기생들의 주요 활동 공간이었던 요릿집 쇼와칸昭和館[9]이 있었다.

5_ 『정읍시사』 상권(정읍 : 정읍시사편찬위원회, 1984), 478쪽.
6_ 원용찬, 「근대 이전 전북의 경제와 시장」, 『전북의 시장 경제사』(전주 : 신아출판사, 2003), 108쪽.
7_ 최동현, 『판소리 이야기』(서울 : 도서출판 인동, 1999), 257쪽.
8_ 『전북 도시계획 100년사 – 개항이후 도시계획 연혁과 성과』(전북 : 전라북도청, 2003), 58쪽.
9_ 『동아일보』, 1938. 7.15. 기생방(妓生房)에 절도(竊盜) : 김제읍 교동리 요리옥 쇼와칸(昭和館)에 있는 기생 전○희 방에 지난 12일 오후 7시 경에 어떠한 자가 침입하여 금반지와 금시계 시가 120여원을 ○○절취하여 가지고 달아났다는데 경찰당국에서는 범인을 엄중이라 한다.

이와 같은 도시화 과정에서 전라북도 각 시·군에 대한 일제의 강제적 정책은 식민지 지배체제를 정당화하려는 의도가 짙게 깔렸다. 1914년 12개의 '부'[10]가 지정되었는데, 이 가운데 전라북도에서는 유일하게 군산이 '부'로 있었다. 1917년에는 23개의 지정면指定面을 설정하였는데, 이 시기에 면 지정은 해당 단위지역의 총인구 수 보다 일본인 거주자의 수가 더 중요하게 작용하였다.

군, 면과 같은 행정구역의 확대는 군과 면 소재지의 중심지 기능을 크게 강화시켰으며, 새로운 군, 면의 소재지들은 행정구역의 면적과 인구를 확대함에 따라, 중심지로서의 기능이 크게 성장되었다. 이 과정에서 행정 중심지의 지위를 상실喪失한 종래從來의 군·현·면의 소재지 중에서 특히 군과 현의 소재지는 대부분 마을이 정체되거나 쇠퇴하였다. 이를테면 "조선시대 행정 중심지로서 전라감영이 위치했을 뿐 아니라, 전산업형全産業形 도시로 일찍 형성되었던 전주는 인구의 규모에서 1910년 당시 이미 17,732명의 인구를 가진 큰 도시로, 군산의 5,000명보다 훨씬 컸음에도 '부'에서 제외되었다. 대신 일본인 거류지로 있었던 군산이 '부'로 승격되었다. 이처럼 일제강점기 행정체계의 개편에서 중요하게 고려되었던 것은 사람 수나 규모가 아니라 일본인 거류지의 존재와 거류자의 수였다."[11] 이러한 식민지하의 도시계획과 근대 교통망은 거주 및 금융, 상업 공간의 변화를 일으키면서 근대도시의 면모를 갖추게 되었다.

일제강점기를 시작으로 전라북도에서 일본인 거주자의 증가추세는 당시 권번과 밀접한 관계를 맺고 있다. 왜냐하면, 문화에도 소비와 공급, 그리고 문화의 수요추세가 있는 만큼 상업이 크게 번성한 일본인 거주지를 중심으로 권번이 설립되고 기생의 활동은 활성화되었기 때문이다. 경제 발달에 따른 지역에서 권번 설립은 문화의 수요와 공급을 알려주는 징표徵標로 조선후기를 거쳐 일제강점기에는 권번이 경제중심지에서

10_ 『조선전라부군면리동명칭일람』(서울 : 조선총독부, 1917), 341쪽.
　　1914년 3월 1일부로 개편된 전라북도의 부군명칭과 관할구역은 다음과 같다. 군산부·전주군·금산군·진산군·무주군·용담군·장수군·진안군·고산군·익산군·용안군·함열군·여산군·임피군·김제군·만경군·태인군·임실군·부안군·정읍군·고부군·무장군·고창군·흥덕군·순창군·남원군·운봉군으로 구성되었다.
11_ 『전북조사자료』(전주 : 전주재무감사국, 1910) 참조.

설립되고 발전하여 가는 양상을 보여주는 하나의 일례로 볼 수 있다. 일제강점기 전라북도 주요 도시에 있었던 일본인에 대한 비율변화를 1910년대부터 1935년까지 요약하면 〈표 4〉와 같다.

〈표 4〉 전라북도의 주요 도시인구에 대한 일본인의 비율변화(1910~1935)

( )안의 숫자는 일본인의 비율

	1910년	1910년	1910년1935년
군산	2,355(48.2)	6,899(50.7)	9,400(22.5)
이리	78(26.0)	1,961(50.7)	4,268(23.9)
정읍	82(0.01)	788(20.7)	1,344(13.5)
전주	1,418(0.01)	3,232(23.3)	4,274(11.1)

〈표 4〉 가운데 1910년도 자료는 『전북조사자료全北調查資料』,[12] 1919년 자료는 『통계연보統計年報』,[13] 1935년 자료는 『조선국세조사보고朝鮮國稅調查報告 도편道編』 전북 제4권[14]을 기초로 각각 종합, 정리하였다.

〈표 4〉에 알 수 있듯이 군산·이리·정읍·전주지역에서 일본인의 유입은 식민지형植民地形 도시의 발달에 결정적인 이바지를 하였다. 〈표 4〉를 보면 일본인 비율이 군산·이리·정읍지역에서 강하게 나타나고 있었으며, 각 도시에서 주민 수數에 대한 일본인의 비율은 1919년을 기점으로 점차 감소하고 있다. 이러한 사실은 일본인의 정착으로 말미암아 도시 성장이 되었고, 그 이후에는 한국인의 도시로서 인구유입에 의하여 근대적인 도시발전이 지속되었음을 증명해 준다. 결국, 일본인의 거주지와 권번의 설치 지역은 비교적 일치한다고 할 수 있다.

12_ 『전북조사자료』 참조.
13_ 『통계연보』(경성 : 조선총독부, 1919) 참조.
14_ 조선총독부, 『조선국세조사보고 도편』 전북 제4권(1935, 민속원 영인) 참조.

2) 문화예술의 전승과 확산

일제강점기 전라북도의 음악적 상황은 음악공간音樂空間의 성격性格을 비롯하여 음악주체音樂主體와 음악의 종류種類 등에 있어 새롭게 변모하였다. 행정과 경제적 위상이 상업중심으로 변화되었고, 관기들도 여악의 폐지 때문에 관청으로부터 해방되었으며 관기의 신분으로서가 아닌 기생 신분으로서 예술 활동이 상업적 성격을 띠는 등, 다양한 변화가 일어났다. 근대사회로의 이행을 알리는 징표가 사회 곳곳에서 일어나게 되는데 예술계에서도 자본주의적 성격이 두드러지게 나타났다. 결과적으로 일제강점기 기생들은 이전 시대의 관기들과는 전혀 다른 사회적, 경제적 조건과 위치에 처하게 되면서 자본주의 체제로 포섭되기에 이르렀다. 이러한 상황 속에서도 전라북도 예술계는 자율적이며 주체적인 활동이 전개되고 있었음을 알 수 있는데, 풍류방의 성격 변화, 판소리명창의 대거 등장, 그리고 수많은 명인·명창·명무 등이 전라북도로 이동하는 현상이 두드러지게 나타났다.

일제강점기 전라북도 전통예술계에서 가장 활발한 활동을 전개한 분야는 풍류방이다. 이는 율회律會 또는 율계律契와 시조창時調唱을 중심으로 하는 시우회詩友會 등이 활발하였다는 점에서 입증된다. 이 시기에 전라북도에서는 익산의 벽두계碧杜契[15]를 시작으로 1910년대 후반에 결성된 고창 성내 3·9회三九會[16]와 1935년대 조성된 고창 홍덕 아양율계峨洋律契[17] 등이 다채로운 활동을 전개하고 있었다. 이 같이 전라북도에서 풍류방 문화가 강했던 이유는 호남평야를 바탕으로 한 풍부한 물산과 전대부터 풍류가 강했던 점 등 사회적 요인에서 찾을 수 있다. 특히 풍류가 강했던 지역은 근대적 도시문화가 발달했던 곳과 상통相通하고 있었다. 1907년 전주-군산 간 철도와 1912년 호남선이 개통되면서 전주·익산·김제·정읍지역은 근대적 도시의 면모를 갖춘 지역이 되었는데, 결국, 풍부한 물산과 교통망의 확충에 따른 경제적 여유 덕분에 풍류

15_ 임미선, 「전북 향제풍류의 음악적 특징과 전승사」, 『한국음악연구』 33집(서울 : 한국음악학회, 2003), 123쪽.
16_ 고창군지편찬위원회, 『고창군지』(전주 : 청웅제지인쇄부, 1992), 1240~1242쪽.
17_ 임미선, 앞의 글(2003), 124쪽.

〈도판 6〉『악서정해』 전주도서인쇄주식회사, 1932.

를 즐기는 인구도 늘어나게 된 것이다.

이밖에 일제강점기 전주풍류全州風流를 상세하게 정리한 『악서정해樂書正解』[18]는 1930년대 전주풍류를 보여준다. 가야금보伽倻琴譜로 영산회상풍류靈山會上風流를 남긴 이 악보는 향제풍류鄕制風流 연구에 귀중한 자료다. 악론樂論편과 악보樂譜편으로 구별되는 이 자료는 임미선林美善,[19] 이상규李相奎[20] 등에 의해 상세하게 소개되었고, 권도회[21]에 의해 호남음악사 맥락에서 또다시 조명되었다. 이 책에서 저자 이기태李起兌는 완제完制와 경제풍류京制風流의 상이점을 직시하고 있다. 그리고 일제강점기 이전에는 창우 집단 출신 음악가들이 공식적으로 풍류방에서 활동할 수 없었지만, 추산秋山 전용선全用先과 같은 명인은 일제강점기에 풍류방에서 공식적으로 활동하게 된다.[22] 이러한 명인들의 풍류방 활동은 전라북도에 풍류를 확장시키는 근간이자 원동력이 되었다.

그리고 여전히 신빙성信憑性에 대한 논란은 있지만 20세기 명창·명무·명고에 대한 상세한 기록물이 『조선창극사朝鮮唱劇史』다. 이 책에 기록된 "전라도 창부倡夫는 모두 16명이다. 이 중 구체적인 출신지를 알 수 없는 신학조申學祚, 박기홍朴基洪을 제외하면 9명이 전라북도 출신이고, 5명이 전라남도 출신이다. 전라북도 출신 창부 중 조기홍趙奇弘·성민주成敏周·유공렬柳公列·전도성全道成·신명학申明學·송업봉宋業奉·유성준劉成俊 7명이 동편에 속했고, 염덕준廉德俊, 정정렬丁貞烈 2명만 서편에 속하였다."[23]

18_ 이기태, 『악서정해』(전주 : 전주도서인쇄주식회사, 1932).
19_ 임미선, 앞의 글(2003), 97~114쪽.
20_ 이상규, 『국악기 구음법의 사적 고찰』(서울 : 서울대학원 박사학위논문, 2003), 92~99쪽.
21_ 권도회, 「호남지역 근대음악사 연구」, 『한국음악연구』 제38집(서울 : 한국국악학회, 2005), 5~26쪽.
22_ 위의 논문, 18쪽.
23_ 권도회, 『20세기 전반기의 민속악계 형성에 관한 음악사회적 연구』(서울 : 서울대학원 박사학위논문, 2003),

따라서 전라북도 창부는 약 78%가 동편제東便制에 해당하고, 22%만 서편제西便制에 속하였다. 이 자료는 일제강점기에 속하는 1920년대까지 성공한 창부들의 음악적 계통을 상징적으로 보여줄 뿐 아니라, 전라북도 출신 판소리명창들의 중앙무대에서의 활약상도 보여준다. 다시 말해 1920년대 이전까지 중앙무대에서 성공한 명창 중에는 전라북도 출신이 가장 많았던 점을 증명해 준다.

조선 전, 후기前後期 8명창시대를 거쳐 19세기말부터 20세기 전반기에 해당하는 시기에 5명창 시대가 열린다. 이 시기에 활동했던 명창 중에서 박기홍朴基洪 · 김창환金昌煥 · 김채만金采萬 · 송만갑宋萬甲 · 이동백李東伯 · 김창룡金昌龍 · 유성준劉成埈 · 전도성全道成 · 정정렬丁貞烈 등을 5명창으로 지칭한다. 이 가운데 전라북도출신 명창으로는 유성준 · 전도성 · 정정렬 등 3명이 포진되어 있다. 이와 더불어 일제강점기 전라북도의 국악위상은 앞장에서도 열거하였지만 "가야금산조伽倻琴散調 창시자로 알려진 김창조에서도 확인된다. 전라남도 영암출신으로 한국음악사에 지대한 공을 끼친 김창조는 1916년 당시 전주예기조합과 전주퇴기조합에서 활동"[24]하였는데, 이 시기에 전주에서 안기옥安基玉(1894~1974)에게 가야금伽倻琴을 전수하였다. 김창조가 안기옥에게 가야금을 전수하고 가야금을 연주한 중심지가 바로 전주의 예기조합과 퇴기조합이란 점에서 전주의 음악문화가 높은 수준이었다. 또 김창조의 전주시절 동료는 박화섭朴化燮 · 박동실朴東實 · 이화중선 · 성광엽 · 신광주 · 이중선 · 노동선 · 김옥주 · 신근홍 · 김정문金正文 등 각 분야에 뛰어난 활약을 보였던 예인들이었다. 전주는 그만큼 당시 최고의 명창들이 활동하고 역량을 전수했던 국악의 고장이었다. 그리고 김창조의 전주 생활은 생애에서 말년에 해당하기 때문에, 자신이 완성한 가야금산조 역시 완숙한 경지에 이르렀다고 볼 수 있다.

"1917년 음력 7월 전주에서 회갑回甲을 맞이한 김창조는 후진들의 성의誠意에 의하여 축하 공연이 열렸는데 가야금산조를 연주하였다. 이러한 의미에서 김창조가 전주에서 활동한 시기는 4년밖에 되지 않지만, 그의 생애에 있어서나 산조의 교육에 있어서나

123쪽.

24_ 양승희, 「김창조에 관한 남북한 자료 및 문헌고찰에 의한 고증」, 『산조연구』(전남 : 가야금산조현양사업추진위원회, 2001), 75 · 96쪽.

의의가 있다고 볼 수 있다."[25] 김창조의 전주에서 활동은 자신의 장기인 가야금 풍류와 산조를 전승시키는 활동상을 보여준다. 그러나 김창조는 동시대 음악층의 주류를 이루었던 양반들의 강요를 반박하고 전주를 떠난 것으로 알려졌으며, 이후 군산·나주·정읍·대구 등을 거치면서 한 지방에 안착하지 못하였다.

그러나 김창조의 활동지역이 전주를 벗어나고도 군산, 정읍 등지로 나타난 것은 그만큼 전라북도의 문화환경이 다른 지역보다 좋았던 것으로 보인다. 또한, 전라북도 군산과 정읍 등지에서 활동한 공간은 당시 사회적 상황에서 기생조합 또는 권번으로 추론할 수 있다. "전주에서 김창조에게 가야금을 전수받은 안기옥은 1916년 남원에서 조직된 화순 협률사 무대를 중심으로 활동하였다. 가야금산조에 일가를 이룬 정남희丁南希(1905~1984)도 그의 나이 16살에 전라북도 협률사에서 활동"[26]하였다. 김창조와 안기옥, 정남희의 전라북도 활동은 그만큼 전라북도의 문화환경에 좋았던 것으로 추론된다. 이처럼 전라북도는 명인·명창·명무들의 산실로 주목받았다. 전라북도 출신 예인들의 중앙으로 진출과 유명 예인들의 전라북도 이동은 예술문화 풍토에서 자신들의 예능을 적절하게 표출할 수 있는 환경의 자율성과 주체성이 보장되었다는 점을 보여주는 사례라고 할 수 있다.

이 시기에 전라북도는 독창적인 산조라는 장르에서도 일가를 이루게 된다. 일제강점기에 전라북도 출신 연주자의 이름을 딴 산조로 강백천姜白川(1898~1982)류 대금산조·전용선全用先(1890~1965) 단소산조·김종기金宗基(1905~1945)류 가야금산조·신관용申寬龍(1911~1957)류 가야금산조·신쾌동申快童(1907~1978)류 거문고산조·유동초柳東初(1887~1946)류 퉁소산조·편재준片在俊(1914~1979)류 대금산조 등이 있었다. 이들 산조는 "그 발생과 학습 과정을 따져볼 때 전라북도의 정체성을 가장 많이 지닌 산조다."[27] 따라서 동시대에 산조란 장르에서 전라북도는 어느 지역과 비교해도 풍성하고 다채로운 예술영역을 구축하였다. 외적으로는 당대 명인들이 전라북도로 이동하였으며, 내적으로 다양한 민속악의

25_ 양승희, 앞의 글(2001), 75쪽.

26_ 송방송, 「거문고 명인 백낙준과 가야금 명인 정남희」, 『한국근대음악사연구』(서울 : 민속원, 2003), 675쪽.

27_ 『전라북도 마을굿·산조』(전주 : 전라북도, 2006), 263쪽.

흐름이 대중을 향해 펼쳐지면서 근대적인 문화풍토를 형성해 나갔고 구축하였다.

조선조 궁중여악의 전개 과정에서 전라북도에 교방의 존재는 앞장에서 상론하였다. 전통음악에 이어 전라북도는 춤에서도 명무들을 통해 예술의 고장으로 주목받는다. 이 시기에 전라북도에서 정자선鄭子先, 정형인鄭炯仁과 같은 명무들이 권번을 중심으로 후학을 지도하였다. 이밖에 농악農樂은 농경사회를 중심으로 근대 이전의 풍속과 민간신앙에 따라 연행되었으며,[28] 크게 마을굿과 걸립굿, 두레굿으로 나누어 유형화되었다. 그러나 일제 강점기를 시작으로 6·25전쟁, 60~70년대 이후 새마을운동으로 대표되는 근대화 과정 속에서 농악이 기반을 두고 있는 전통사회의 근간은 붕괴되고 농악의 연행 유형과 성격도 크게 변화하였다.

전라북도의 농악은 크게 좌도농악左道農樂과 우도농악右道農樂으로 유형화有形化되어 공연 형식과 내용의 차이가 집중적으로 조명되어왔다. "좌도농악은 동부산간지대東部山間地代인 무주·진안·남원·임실·순창 등의 지역에 전승되어온 농악을 말하며, 우도농악은 서부평야지대西部平野地代인 익산·김제·부안·정읍·고창 등의 지역에서 전승되어온 농악을 총칭한다. 일제강점기 전라북도의 농악은 민중의 큰 힘으로도 각인되었다. 이를테면 임실필봉농악任實筆峰農樂은 1920년대 박학삼朴學三이라는 상쇠가 임실군任實郡 소재지 마을에서 필봉리筆峰里로 초청되어 이주移住해 옴으로써 오늘날의 판굿, 걸립굿 등과 같은 수준 높은 풍물굿의 기틀을 갖추었다."[29] 결국 명인들의 전통과 이를 교육할 수 있는 환경이 오늘날까지 전통예술을 보존할 수 있는 계기가 되었다.

여기에 일제강점기 정읍지역을 중심으로 번창했던 보천교普天敎에서 농악 활동은 두드러진다. "보천교 차경석車京石은 농악 혹은 풍물風物을 적극적으로 수용하였다. 차경석이 풍물을 애용하게 된 배경은 스승인 강증산姜甑山이 농민들의 음악이었던 농악을 좋아하고 높이 평가한 것이 주효했을 것이다. 차경석은 이 시기 풍물에 전폭적인 지원을 해 보통 15명 또는 20명으로 구성되는 악단의 구성을 100여 명까지 늘려 대규모

28_ 『전라북도 농악·민요·만가』(전주 : 전라북도, 2004), 18쪽.
29_ 위의 책, 106쪽.

의 농악단을 조직하였다. 1930년과 그다음 해에는 큰 굿을 열어 사람들로 인산인해人山人海를 이루고 경찰마저 출동되는 일이 있어났다. 차경석은 이렇게 농악에 큰 관심을 보여 몇 가지는 자신이 직접 지도하였으며, 전국에서 장구 잽이나 상쇠 잽이 등을 뽑아 서로 기예를 겨루게 하는 굿을 자주 열기도 하였다."[30] 이처럼 민중 속에 깊이 자리를 잡았던 농악은 대규모의 연희문화를 형성하면서 사회운동으로 활용되기도 하였다. "1934년 김제군金堤郡 만경萬頃 청년들은 정초正初놀이를 이용해 농악을 하면서 13원 50전을 모아 기근도탄饑饉塗炭에 빠져 있는 울릉도鬱陵島 설해이재민雪害罹災民에게 지원하였다."[31] 이와 같이 일반인들도 전통예술이었던 농악을 활용해 타인을 돕는 선행先行을 베풀었다.

1937년 농악은 다른 국악과 함께 경연대회 종목으로 정착되는 양상을 띠게 된다. "전라북도 완주군完州郡 삼례면參禮面 상후리上後里 농촌진흥원農村振興院에서는 추석秋夕을 이용해 유명 농악선수와 일류명창 명기 수십 명을 초빙하여 가곡歌曲·농악·줄타기·땅재주, 기타 여러 가지 흥미진진한 농악대회"[32]를 열었다. 이 내용은 당시 민속 연희로 평가되었던 농악이 정악이었던 가곡, 그리고 민속 연희였던 줄타기, 땅재주와 함께 공연됨으로써, 농악대회의 인기가 높았던 것을 보여줌과 동시에 당시 권번 소속의 기생들이 대거 농악대회에 참가함에 따라 동시대 기생의 예술 활동 범위도 확장된 것을 알 수 있었다.

그러나 일제강점기에 자국의 전쟁승리를 위해 금속물金屬物을 스스로 헌납獻納하게 하였던 "일본은 전주에서도 국민정신작흥운동國民精神作興運動 목적으로 농악기農樂器를 헌납하는 일을 진행"해 나갔다.[33] 1930년대 시대적 상황으로 말미암아 경제적인 수탈

30_ 최준식, 「정읍과 한국의 신종교운동」, 『전북의 역사문물전』 Ⅵ (전주 : 국립전주박물관, 2006), 245쪽.
31_ 『동아일보』, 1934. 2.27. 농악(農樂) ○○모집, 김제군(金堤郡) 만경(萬頃) 청년들은 금번 구역정초놀이를 이용하야 농악을 울리고 다니면서 가가호호 마당밟이를 하여 한 푼, 두 푼씩 모아 일금 13원 50전이란 돈을 기근도탄에 빠져서 급한 구호를 부르짖고 있는 울릉도 설해 이재동포에게 약소하나마 구제에 보태 달라하여 지난 22일 본보 김제지국을 거치어 본사에 의뢰하여 왔다.
32_ 『동아일보』, 1937. 9.24. 상후리(上後里) 농악대회(農樂大會), 전북 완주군 삼례면 상후리 농촌진흥회에서는 금번 중추가절을 이용하여 농악의 율(律)을 발휘 하기 위해 전선에 유명한 농악선수와 일류명창, 명기 수 십 여명 초빙하여 농악·가곡·줄타기·땅재주 기타 여러 가지 흥미진진한 농악대회를 추석날부터 5일간 개최한다.

이 가중되는 가운데 일본은 농악기 헌납의 취지를 '국방헌금은 애국 운동'이며, '기쁜 보고報告'라고 왜곡歪曲하였다. 철제품鐵製品 수집을 위한 농악기 헌납은 일제의 경제적 수탈의 심각성을 여실히 보여주는 하나의 실례다. 이처럼 일제강점기 전라북도지역은 밖으로 일본의 침탈에 의한 개혁과 더불어 안으로는 수많은 명인·명창·명무들의 활동이 전개되었으며, 신흥종교와 전통문화의 만남 및 민중들의 예술 활동의 참여로 이어졌다. 그리고 전라북도의 전통음악계는 일반시민이 판소리 등 국악을 크게 선호하는 분위기였다. 예컨대 이화중선, 임방울 등의 전주공연도 대성황[34]을 이루는데, 이것은 기존의 궁중과 교방에서 특정인을 대상으로 연행되었던 전통예술이 근대적 공연 양식을 통해 일반인까지 파고드는 현상이 진행된 것을 말해준다.

또한, 일제강점기에는 언론매체言論媒體와 공동 주최를 통해 전통음악이 일반 대중에게 호응을 받기 시작하였다. 『동아일보』[35]와 『조선중앙일보』[36]는 독자들을 위하여 명창을 초청해 국악공연을 개최하였는데, 독자 위안을 목적으로 한 만큼 당대 최고의 명창이었던 이화중선·박금향·임방울·정정렬·박녹주朴綠珠 등이 공연자로 초대하였다. 이 공연에 초대된 소리꾼들이 대부분 판소리 명창이란 점에서 전라북도 대중들이 판소리를 크게 선호한 것으로 보인다.

일제강점기는 근대라는 개념과 함께 급격한 사회변동에 따라 생성된 새로운 문화도

33_ 『매일신보』, 1938. 9.21. 농악기 헌납 – 금년에 들어와 전라북도의 농촌에는 시국에 대한 인식이 점차로 깊게 되어 종래 두레 때 쓰던 영기(令旗)를 근로보국대기(勤勞報國隊旗)라고 이름을 붙이어 가지고 국민정신작흥운동에 힘을 쓰는 동시에 못쓰게 된 영기에 부쳤던 쇠와 깨여진 징 쟁과리 같은 것을 모아가지고 이것을 팔어서 국방헌금을 하는 애국운동이 각지에서 일어나게 되어 도내에서 이미 모여진 것만 1백가지가 넘게 되었다 한다. 이 기쁜 보고를 받은 도연맹(道聯盟)에서는 19일 신원리 사장의 명의로 도내 각 부군련맹에 대하여 이러한 아름다운 애국운동은 도내 전체에 빠짐없이 지도 보급 시키도록 힘쓰되 농민으로 하여금 자발적으로 그러한 아름다운 일을 하도록 하야 더 한층 이 운동의 진가를 나타내도록 하라고 통첩을 보내었다 한다.
34_ 『동아일보』, 1930. 2. 8. 동아 인기의 초점(焦點)인 명창경연대회(名唱競演大會) 일반 독자 우대 – 본보 전주지국에서는 새해의 새 물결로 본보 독자의 위안을 주로하고 아울러 일반시민들의 열광적 요구에 순응키 위하여 조선에서 이미 정평이 높은 화중선(花中仙), 박금향(朴錦香), 임(林)방울 등 남녀명창들이 내전함을 기회 하여 음력 오는10일, 12일 양일 밤을 연하여 전주극장에서 열리는 명창경연대회를 기회 하여 입장료를 할인케 하였다.
35_ 『동아일보』, 1930. 2. 8.
36_ 『조선중앙일보』, 1936. 4.13. 명창대회 개최, 본보 군산지국에서는 금번에 매일신보 군산지국, 전북일보 군산지국 등 공동주최로 명창 정정렬, 박녹주를 초청하여 오는 4월 10일부터 독자위안 명창대회를 개최할 예정이라 한다.

다채롭게 등장하였다. 이러한 대중적인 예술요소들은 그 시대를 앞 시대와 구분 짓게 한 전환기적 사건이 되었다. "오늘날 근대라는 말은 널리 사용되고 있고, 여러 곳에서 논의되고 있다. 하지만, 아직 그 개념 규정이나 내용에 관해서는 일치된 견해가 없다. 근대화의 척도尺度 중에 '대중매체의 광범위한 보급'은 봉건사회에서 자본주의 사회로의 이행을 구분하는 좋은 예이다."[37] 따라서 언론매체를 통해서 전통예술을 확산하는 방법은 전통예술의 근대화를 가늠하는 판단기준이 될 수 있다. 또한, 기생들도 언론매체를 통해 능동적으로 예술발전에 이바지하면서 대중예술계의 총아寵兒로 등장하게 되었다.

이러한 점에서 전통예술의 지속과 확산에서 근대적인 방법을 적극적으로 모색하고 있었다고 말할 수 있다. 이 시기에 전통문화와 정반대 입장으로 전개되었던 서양적인 예술문화도 전라북도에서 급진急進적으로 받아들여졌다. 예컨대 한국 최고의 무용수란 찬사를 받았으며 세계적인 무용수로 발돋움한 최승희崔承喜(1911~1969)는 1931년 3월 2일과 3일 전주공연[38]을 시작으로 군산공연,[39] 이리공연[40]을 잇따라 올린다. 이 공연은 『동아일보』가 자사自社의 홍보를 위해 애독자들에게 우대권을 발부하면서 대중들에게 열광적인 환호를 받게 되었다. 또한 '음악 율동의 밤'이란 이름으로 경성중앙보육학교京城中央保育學校 순회공연[41]도 전주와 이리,[42] 군산,[43] 남원[44]에서 각각 개최돼 관객들에게 반향을 일으키며 성공하였다.

이와 같은 공연과 더불어 무용과 음악, 그리고 서양예술의 강습 등도 시행되었다.

37_ 신현규, 「기생에 대한 오해와 진실」, 『신동아』 통권 566호 11월호(서울 : 동아일보사, 2006), 446~455쪽.

38_『동아일보』, 1931. 2. 9. 전주서도 공연 지국후원으로. 최승희양 일행은 오는 3월 2일, 3 양일 이틀 동안에 본보 전주지국 후원아래 전주극장에서 대공연회를 개최한다. 전주의 본보 독자에게 한하여 우대할 것은 물론 일반 독자에게도 타 지방에 비하여 할인할 예정이라는데 전주시민으로는 열광적 그대로 인기가 집중하게 되었다.

39_『동아일보』, 1931. 2.27.

40_『동아일보』, 1935.12.14.

41_『동아일보』, 1935.12.19. 음악율동의 밤 25일 전주서. 경성중앙보육학교의 음악율동동극의 밤 순회대는 오는 25일 전주지국 후원으로 전주 제국관에서 공연하리라는데 당야에는 조선악단 명성들의 출연도 있어 대성황을 예상한다 하며 본보 독자는 특히 우대하리라 한다.

42_『동아일보』, 1935. 8. 4.

43_『동아일보』, 1935. 8. 7.

44_『동아일보』, 1939. 2.21.

이러한 강습들은 전라북도에서도 신문광고를 통해 대대적으로 홍보가 되어 알려졌는데, 악기판매점인 오리엔탈 악기상회樂器商會는 자체적인 주최와『조선일보』·『중앙일보』·『동아일보』 군산지국의 후원을 받아 무용과 음악의 밤을 연다.[45] 이 공연에는 당대 최고의 무용가였던 조택원趙澤元·진수방陳壽芳·황인호黃仁好 등 여러 명이 참가하였으며, 음악분야에는 이홍렬李興烈·임춘옥林春沃·김인수金仁洙 외 다수의 예술가가 동참하였다.

이밖에 "전주신흥학교全州新興學校 음악부에서는 생활예술로 동요·무용·체육·댄스 하기강습회를 계획하고 여자 강습생만을 모집하는 광고를『동아일보』에 내보냈다. 이렇게 여성들을 대상으로 한 강습회는 전통문화의 전개와 맞물려 신여성新女性을 대상으로 서구문화를 적극적으로 홍보하는 사례로, 일제강점기에도 전통문화와 함께 서양문화가 다양하게 펼쳐지고 있었다."[46]는 점을 시사해준다. 이는 뒤 장에서 살펴보겠지만, 전통음악을 위축시키는 동기가 되었으며, 공적 기관에서 서양음악을 장려함으로써, 새로운 문화계의 구도를 암시하기도 하였다. 한국 서양음악 여명기의 대표적 인물인 현제명玄濟明(1902~1960)은 "1923년 김가전金嘉全 목사의 소개로 기독교재단基督教財團인 전주의 신흥중학교 교사로 부임하였다. 신흥중학교에서 영어英語 과목을 맡았던 현제명은 전주 서문 밖 교회에 다니며 성가대聖歌隊를 맡아 지휘하면서 전주에 서양음악을 확장, 보급"[47]하였다.

그리고 동·서양음악이 함께 열린 예도 있었다. "전주청년회가 주최, 전주공회당全州公會堂에서 마련한 전주동서음악회全州東西音樂會에는 일류남녀악사一流男女樂士가 연속 출연해 성공을 거둔다."[48] 또 이리 칠월회七月會가 주최한 이리 동서음악회도 서양음악, 소

45_ 『동아일보』, 1935. 8. 2. 무용과 음악의 밤, 일시 : 8월 20일 오후 8시 30분. 장소 : 군산공회당. 출연자 : 무용 조택원·진수방·황인호씨외 수명, 음악 : 이홍렬·임춘옥·김인수씨외 수명. 주최 : 오리엔탈 악기상회, 후원 : 조선·중앙·동아 군산지국.

46_ 『동아일보』, 1932. 7.10. 제1회 동요, 무용, 체육, 댄스 하기강습회, 일시 : 7월 25일부터 7월 30일까지, 장소 : 전주서문외 유치원. 정원 60명 여자에 한함, 회비 80전. 신청 : 7월 25일까지 전주신흥학교 음악부로, 주최 : 전주신흥학교 음악부, 후원 : 동아일보사 전주지국.

47_ 『신흥 90년사』(전주 : 전주신흥학교, 1991), 151~152쪽.

48_ 『동아일보』, 1925. 6.16. 전주동서음악 성황리 동정금 답지 : 전주청년회 주최 동서음악회는 예정대로 지난 13

인극小人劇, 동양음악이 함께 열렸는데 "제1부에서는 광희여숙합창대廣熙女淑合唱隊가 출연하여 독창과 제금提琴 등 각종 양악을 연주하였으며, 제2부에서는 '새살림'이라는 소인극을 올렸다. 또 제3부에서는 동양구악東洋舊樂으로 구성돼 맹인盲人 국악인 유동초柳東初가 출연, 성악聲樂과 단소短簫를 연주하였다. 연주 실력이 최고란 찬사와 함께 관객들로부터 큰 박수를 받았을 뿐 아니라 밤 8시에 시작된 공연은 열기로 넘쳐나 밤 12시까지 이어질 정도로 호응을 자아냈다."[49] 이처럼 일제강점기 무대에서 전통음악, 양악, 소인극들이 공존共存해 무대화된 것은 그만큼 서양문화의 이입에도 불구하고 전통음악에 대한 대중들의 관심도 지속적으로 받고 있었음을 입증한다. 그리고 전통예술이 신문화로 대변되는 양악, 소인극과 공연 종목으로 공존하면서 자리를 잡은 것은 공연예술의 변화를 잘 나타내는 것이다. 이러한 레퍼토리의 정착과 변화는 근대 공연예술의 근대성을 적극적으로 구현한 것이라 할 수 있다. 이 시기에 서양식 극장, 즉 자본주의와의 결합은 근대 예술 유통구조의 변화를 가져다주었다. 다시 말해 권번과 기생집단이 주최하지 않은 동서음악회에서 예인들의 전통음악과 기생의 예술이 상품가치로 인정되었고, 관객 또한 서구식 극장을 매개로 새롭게 변이되었다.

이는 일제강점기에 전라북도의 공연예술계가 자주적인 전통문화의 보존이란 물결과 서양문화 유입에 따른 서구문화도 동시에 흐르고 있었다고 할 수 있다. 특히 전라관찰사가 거처하였던 조선후기 행정중심의 도시가 일제강점기까지 일부 지역에서 이어졌으며, 이와 더불어 사회경제적인 변화로 말미암아 근대적 도시가 탄생하면서 각각 이 지역들을 중심으로 전통예술인들이 모여들었고, 각종 공연 등이 활발하게 전개되어 전통예

일 오후 8시 반부터 공회당에서 개최하였는데, 정각이 되자 장내는 물론 장외까지 청객(聽客)이 충만(充滿)하였고, 대표위원 임○용(林○龍)씨 사회 하에 순서를 따라 일류남녀악사가 연속 출연할 때 박수 성(聲)이 장내를 요란하였으며 송시용, 유상백 양씨의 감상담이 끝나자 왼쪽기자의 쟁선(爭先)의연이 있는 등 성황을 하고 밤 12시에 폐회하였다.

49_ 『동아일보』, 1925.10. 7. 이리동서음악 성황을 이루어 : 이리 칠월회 주최인 동서음악대회는 예정과 같이 거(去) 3일 밤 당지 극장에서 개최되었는데, 광희여숙합창대로부터 출연이 시작되니 훤엽(喧曄)한 장내는 졸연(卒然)히 고요하여지며 순서에 따라 독창, 제금 등 각종의 양악이 있었는데 중에도 ○○○○○의 남녀 코러스는 관객을 혼취(混醉)케 하였고, 제2부에 새 살림이라는 소인극은 우리 생활 장면은 그대로 묘사(描寫)하였으며, 제3부의 동양구악은 더욱 이채를 방(放)하는 중에도 유동초(柳東初) 맹인의 성악과 단소는 실로 장내의 박수갈래성(拍手喝來聲)이 끊일 사이가 없었는데 시간관계로 동 12시에 산회하였다고.

술계의 수요와 공급이 이어지면서 전통문화의 중심지로 각인되었다.

따라서 당시의 상황 속에서 예술문화의 전승과 확산은 기생의 예술적 기·예능을 풍성하게 인도引導하고 기생 역시 비교적 자유로운 신분에 의해서 위로는 특정 층과 교감을 계속 이어냈으며, 아래로는 대중들을 위한 다양한 활동을 추진하는 모습을 펼쳐 나갔다. 이러한 기생의 활동은 시대의 변화에 적극적으로 동참하면서 본격적인 예술인으로 활동하는 시점이 되었으며, 이 또한 문화예술계에서 직접적인 지위와 직업을 확보하고 이전시대의 수직적인 문화양상과 달리 수평적으로 문화예술계를 주도하면서 근대성을 추구하는 모습이었다.

2. 권번 운영의 근대성

1) 권번으로의 제도 전환과 근대성

앞의 〈표 3〉과 같이 1918년에 작성된 『조선미인보감』의 권번과 조합의 기녀 일람표에는 전라북도의 권번이 소개되지 않았다. 그러나 신문자료를 통해서 1910년 중반부터 전주·군산·남원·정읍·이리·부안 등지에서 예기조합, 퇴기조합, 권번이 설립된 것이 각각 확인되었다.

그러면 본 장에서는 1910년대 전라북도 지역 권번 자료들을 통해 권번 존재를 검토해 보고자 한다. 조선총독부는 1915년 박람회博覽會 즉, 조선물산공진회朝鮮物產共進會를 9월 11일부터 10월 30일까지 경복궁景福宮에서 50일간 개최하였다. 박람회는 근대 자본주의 사회로의 진입을 알리는 상징적인 행사였다. 이러한 박람회장에 기생들을 대거 참가시키면서 대중들의 관심을 끌어 모았다. "예를 들면, 박람회의 공식 포스터에는 조선을 표상表象하는 이미지로 기생을 등장시켰다. 그 밖에도 각종 기생 관련 이벤트, 즉 기생행렬妓生行列, 미인명첩교환경쟁美人名帖交換競爭, 명기가곡名妓歌曲 대경쟁大競爭, 기생운동회妓生運動會를 개최하였으며, 공진회장共進會場 내에 연예관演藝館을 축조하여 각종 무용 및 연극 공연, 활동영화 등을 상영하게 하는 등 기생이 가지는 다각적인 측면을 활용하였다."[50] 이처럼 박람회의 표상으로 기생을 내세운 것은 기생에 대한 관심이 증폭되고 있다는 사실을 내포하고 있었다. 주지하다시피 박람회는 어떤 재현의 장보다도 그 효과를 극대화할 수 있는 곳이며, 그곳을 찾는 불특정 관람객 다수를 대상으로 단기간에 재현주체의 표상 방식을 자연스럽게 공개할 수 있는 공간이다. 예컨대 근대산업자본주의로의 진입을 세계적으로 알린 계기가 바로 파리의 박람회인 점을 고려하면, 기생조합 소속 기생들의 박람회 참가는 비록 일제의 계획적이고 주도적인 의도 하에 이루어졌지만 기생들은 근대산업자본주의에서 자신의 존재감을 확인하고 예능을 표현할 새로운 기회를 갖게 된 것이다.

『매일신보』1915년 9월 8일 자에는 "전주예기조합이 공진회에 출연하기 위하여 갑반의 명기 향란·능주·우순·월향·하월·옥선·채선·옥주·능운·초옥·능선 등 12명을 뽑아 가무 및 구 연극을 한 달 이전부터 연습하는 중이며 준비가 끝나는 말일 경에 서울로 출발한다."[51]고 보도하였다. 이 기사를 통해 1910년대 전주예기조합이 설립된 것이 확인되었다. 더욱이 공진회의 공연 레퍼토리에서 전통 가무와 구연극이 함께 올려지게 된 공연 양상은 당시 기생들이 적극적으로 근대 예술을 받아들이고 실천에 옮기고 있었다는 사실을 알 수 있다. 이것은 기존의 전통음악을 서구식 극장형식에 맞는 새로운 음악으로의 개량의 차원에서 한걸음 나아가려는 흔적을 엿볼 수 있기 때문이다. 근대적 의미의 예술이란 서구식 극장 무대를 배경으로 올려지는 것을 전제로 할 때 권번 소속 기생들의 서양식 무대 경험은 식민지 근대성을 띤 것으로 볼 수 있다. 따라서 전주예기조합의 박람회 참가는 여러 권번의 기생들이 동시에 한 무대에 오름으로써 기·예능 면에서 상호경쟁의 장이 되는 계기가 되었으며 자신의 기예를 통해 본격적인 시장경제에서 평가받기에 이르렀다는 점은 식민지 근대성의 한 단면을 보여준다. 더욱이 국가산업을 발전시킨다는 근대화 계획의 일환인 공진회에서 기생들

50_ 이경민, 『기생은 어떻게 만들어졌는가』(서울 : 사진아카이브연구소, 2005), 104~118쪽.
51_ 『매일신보』, 1915. 9. 8.

은 여흥餘興을 주도하는 공연의 주체로 자신들의 기예를 물품들과 동일시하여 공연하였던 것이다.

1931년 전주 동광신문사東光新聞社는 "전주공회당全州公會堂에서 조선 고유의 음악연주회를 개최하기 위해 전주의 일류 명수一流名手를 위시하여 전주권번 기생들이 총출연해 큰 호응을 예상한다."[52]고 보도하였다. 이 기사는 자본주의적 소비양식의 공연 상을 보여주는 실례다. 우선 당시 최고의 음악가들과 기생들이 같은 공연장에 초대받았을 뿐 아니라, 공연일정과 시간을 상세하게 소개함에 따라 전 시대와 다른 예술문화의 보급 조건들을 두루 갖추고 있었다. 기생들의 극장식 무대공연을 알린 이 기사는 근대의 제도적 산물들이 자본주의 유입 및 형성과정과 상호 밀접한 관계성을 맺는 것을 나타냈다. 전통예술이 근대적 체제로 편입된 것이나 또는 서양예술이 일본을 거쳐 우리나라에 건너와 '신예술'이라는 이름으로 자리 잡을 수 있었던 것 역시 기존과는 다른 근대적 모습으로 예술의 상업적 기반, 즉 생산과 소비, 유통이 형성되면서 가능하였다.

〈도판 7〉 전주권번 소속 기생들 『매일신보』, 1936. 5.16.

52_『조선일보』, 1931. 4.25. 동업 동광신문사에서는 오는 25일 오후 7시부터 전주공회당에서 조선 고유의 음악연주회를 개최 하리 라는 바 당일은 전주의 일류 명수를 위시하여 전주권번의 총출연이 있을 것이므로 일쩍부터 성황을 예매하는 터이라 한다.

〈도판 7〉에서도 알 수 있듯이 전주권번 기생들은 중앙에서도 다양한 활동을 전개하면서 향토예술鄕土藝術을 부흥시키는데 일조하였다.[53] 지방 권번 소속 기생들의 중앙무대 진출은 소속 권번을 중앙에 알리고 자신의 기량을 검증받음으로써 중앙에 진출할 수 있는 하나의 계기도 되면서 전통예술의 상업화를 나타내기 시작하였다.

1939년에 발간된 『전주부사』를 보면 일제강점기 전주권번은 창기와 예기 포주抱主 집이 분명하게 구분되어 있었다. 당시 "창기는 옛 조선 각지에 사창私娼의 마굴魔窟이 있었다는 요구에 따라 영업의 구획區劃을 일반 민가와 상생정相生町. 지금의 전주시 완산구完山區 태평동太平洞에 한정하였으며, 단속에 있었어도 여러 가지 개선이 가해지고 있었다. 1939년 4월 말 창기 수는 일본인 1명, 조선인 73명이었다. 그리고 일본인 측의 화류계에는 권번이 없었고 예기는 모두 각 요리점에 전속되어 있었으며, 그 수는 1939년 4월말 25명이었다. 또한, 조선인 측의 기생은 부내 대화정 최병철 대표의 전주권번조합에 속한 35명이었다."[54] 『전주부사』의 편집체제가 역사, 지리는 물론 제도·종교·보건·교통·관청·문화재·기관 등을 정리하고 있어 권번과 예기에 관한 소개 역시 교육기관과 예인으로 주목받았던 것을 알 수 있었다.

군산소화권번은 "그동안 연구하여 오던 무용과 가극歌劇을 널리 일반 인사에게 관람시키기 위해 군산극장에서 무용가극대회를 개최했는데, 40여 명의 예기가 무대에 올랐다."[55] 군산의 경우 1924년 이전에는 치옥제도 안에서 기생들이 활동하였고, 1924년에 군산예기권번이 창설[56]되었기 때문에 이 지역에서의 예기권번의 최초 설립은 1924년 또는 그 이전으로 보아야 한다. 그리고 군산권번에는 기생이 40명이 활동할 정도로 규모가 컸던 것으로 보인다.

1926년 남원에서도 기생조합과 권번이 설립되었다. "남원기생조합과 남원권번 소속

53_ 『매일신보』, 1936. 5.16.
54_ 미발간 『국역 전주부사』(전주 : 전북대박물관, 2010년 7월 발간예정), 438쪽.
　　본고에 인용된 자료는 미발표 책이지만 2008년 9월 번역을 마친 상태며 2010년 7월 발간예정임. 이 글을 제공해준 전주대학교 홍성덕 교수에게 지면을 빌려 감사를 표한다.
55_ 『조선일보』, 1932. 1.21.
56_ 『시대일보』, 1924. 6.10.

기생들은 전라남도 구례求禮 화재火災를 접하고 화엄사華嚴寺에서 후원 연주회를 열어 대성황을 이루었으며, 연주 결과 현금 149원과 기부금 63원을 모아 이재민 구제부罹災民救濟部로 전달하였다."[57] 기생들이 연주를 통해 대사회 활동을 강화하고 자신의 미천하였던 신분으로도 타인을 도울 수 있는 모습을 보여주었다. 그리고 1928년 정읍에도 예기조합이 있었으며[58] 1929년 이리기생조합소속 기생들이 구악舊樂대회에 참여하기도 하였다.[59]

이처럼 신문지상에 등장하는 전라북도의 권번과 예기조합을 종합해 보면 전주에는 1915년에 예기조합, 1923년 전주권번이 각각 설립되었다. 군산에서는 1923년에 군산예기치옥과 1924년 군산예기권번이 있었고 남원은 1926년 예기조합과 권번이란 이름으로 설립되어 운영되기 시작하였다. 정읍은 1928년 예기조합, 이리는 1929년 기생조합, 1939년 예기조합이란 명칭으로 각각 설립되어 활동하고 있었다. 한편, 순창기생조합이 전라북도에 존재하였다는 손유주의 논고도 있지만,[60] 순창기생조합은 경성京城 의주통義州通 이정목二丁目 20번지에 설립되었다.[61] 또한 전라북도 순창에는 조선 후기까지 교방이 있었으며, 일제강점기에 권번이 있었다는 연구[62]도 있지만, 실체 여부는 좀 더 연구가 필요하다. 비록 『연금록』에 순창기생의 등장과 순창기생이 선상기로 뽑힌 점 등으로 미루어 순창에 교방의 존재는 확실시되지만, 일제강점기에 순창에 권번이 있었다는 기록이 지금까지 나타나지 않고 있기 때문이다.

이와 함께 1942년 동아경제시보사東亞經濟時報社에서 발간한 『조선은행회사조합요록朝鮮銀行會社組合要錄』에는 전국의 예기조합과 권번이 일목요연하게 정리되어 있다.[63] 이

57_ 『시대일보』, 1926. 4. 29.
58_ 『중외일보』, 1928. 8. 20.
59_ 『동아일보』, 1929. 3. 1.
60_ 손유주, 「개화기 기생들의 예술 활동 연구」(서울 : 단국대대학원 석사학위논문, 2005), 20쪽.
61_ 『매일신보』, 1915. 9. 24.
62_ 최동현, 앞의 책(1999), 257쪽.
63_ 이 책은 당시 일반 경제계 실정(實情)조사 자료로 은행지부(銀行支部) · 보험지부(保險支部) · 금융신탁지부金融信託支(一萬圓以下諸會社表)部] · 철도지부(鐵道支部) · 운수창고지부(運輸倉庫支部) · 전기업지부(電氣業支部) · 제조공업지부(製造工業支部) · 양조업지부(釀造業支部) · 정미업지부(精米業支部) · 인쇄업지부(印刷業支部) · 농림업지부(農林業支部) · 수산업지부(水産業支部) · 광업지부(鑛業支部) · 상업지부(商業支部) · 기타

책에 기록된 권번과 예기조합을 정리하면 〈표 5〉와 같다.

〈표 5〉 『조선은행회사조합요록』에 수록된 전국 권번, 예기조합

명칭	주소	설립 년도
평양권번	평양부 누정 51	대정 10년 5월 14일(1921년)
대구권번	대구부 상정 13	대정 10년 6월~12월(1921년)
부산권번	부산부 난빈정 2정목 19	대정 13년 7월 30일(1924년)
달성권번	대구부 상서정 20	소화 2년 1월 16일 (1927년)
반룡권번	함흥부 주길겅 41	소화 4년 1월 14일(1929년)
기성권번	평양부 신창리 36	소화 7년 9월 23일(1932년)
본권번	경성부 욱정 2정목 78	소화 9년 12월 21일(1934년)
동권번	경성부 신정 12	소화 10년 3월 28일(1935년)
종로권번	경성부 낙원정 164	소화 10년 9월 11일(1935년)
해주권번	해주부 관영정 85	소화 10년 10월 15일(1935년)
개명권번	개성부 서본정 320	소화 10년 11월10일(1935년)
함흥권번	함흥부 조일정 176	소화 10년 2월6일(1935년)
인화권번	인천부 용리 171	소화 10년 8월 9일(1935년)
조선권번	경성부 다옥정 45	소화 11년 4월 30일(1936년)
본권번	대전부 춘일정 1일목 118	소화 11년 8월 1일(1936년)
연안권번	황해도 연백군 연안읍 연성리 132-4	소화 11년 8월 1일(1936년)
한성권번	경성부 무교정 92	소화 11년 9월 10일(1936년)
인천권번	인천부 용운정 90-4	소화 13년 2월 12일(1938년)
원춘권번	원산부 상리 1동 42-1	소화 14년 5월 3일(1939년)
진주예기조합	진주부 영정 177	소화 14년 9월 10일(1939년)
전주권번	전주부 대화정 77	소화 14년 9월 15일(1939년)
마산예기조합	마산부 오동동 23-7	소화 14년 11월21일(1939년)
단천권번	함남 단천군 단천읍 동하리 24-3	소화 15년 6월 6일(1940년)
경주권번	경북 경주군 경주읍 노서리 113	소화 15년 12월 26일(1940년)
군산소화권번	군산부 동영정 55	소화 12년 2월 7일(1937년)
남원예기권번	전북 남원읍 쌍교리 140	소화 14년 3월 5일(1939년)
목포권번	목포부 죽동 132	소화 17년 3월 18일(1942년)

지부(其他支部)·지점지부(支店支部)와 일만원이하제회사(一萬圓以下諸會社) 등의 목차로 구성되어 있다.

명칭	주소	설립 년도
대항권번	경성부 인사정 106	소화 12년 10월 4일(1937년)
계림권번	경북 경주읍 노서리 113	소화 5년 3월 15일(1930년)
동래예기조합	경남 동래읍 교동 357	소화 7년 12월 20일(1932년)
대전권번	대전부 서정 10-6	소화 10년 12월 23일(1935년)
홍남권번	한남 홍남읍 하덕리 47	소화 15년 6월 24일(1940년)

앞의 〈표 5〉에서 알 수 있듯이 『조선은행회사조합요록』에는 전라북도에 설립, 운영되었던 전주권번·군산소화권번·남원예기권번 등 3곳이 기록되어 있다. 앞서 밝힌 1918년 『조선미인보감』에는 서울지역 4개 권번과 지방의 12개 권번 등 총 16곳이 소개되어 있지만 『조선은행회사조합요록』에는 상업부, 기타 지부, 그리고 1만 원 미만未滿의 자본금의 형식으로 군산소화권번 등 총 32곳의 권번 명名이 나타난다. 이는 권번 수만 놓고 볼 때, 1918년 이후 2배 이상 많이 증가하는 등 권번이 양적으로 비약적인 발전을 하였다.

『조선은행회사조합요록』에 기록된 전주권번·군산소화권번·남원예기권번 등의 자료들은 조선총독부가 발행한 〈도판 8〉의 『관보』에서도 상업 및 법인 등기자료로 나타난다. 전주권번의 경우, 『관보』 1940년 1월 29일을 비롯해 1940년 5월 7일, 1940년 11월 28일, 1942년 4월 6일, 1943년 2월 20일 자에 광고로 상업 및 등기를 실었다.[64] 그리고 군산소화권번은 『관보』의 광고란에 상업 및 법인 등기를 1937년 9월 8일, 1939년 7월 4일, 1940년 7월 22일, 1940년 7월 27일, 1942년 6월 25일에 기재되었다.[65] 남원예기권번 역시 『관보』를 통해서 광고로 상업 및 법인 등기를 냈는데 일자는 1939년 6월 1일, 1942년 8월

株式會社群山昭和券番（設立）
商號株式會社群山昭和券番本店群山府東榮町五拾五番地　目的一妓生券番業、一妓生ノ花代取立及支拂、一妓生ノ妓藝品性向ヲ圖ルコト、一妓生營業者ニ對スル金錢融通及救濟、一妓生營業者ノ日用品用達、一人力車營業、以上各號ニ關聯スル一切ノ業務　設立ノ年月日昭和拾貳年貳月七日　資本ノ

〈도판 8〉 군산소화권번의 관보　조선총독부, 1937. 9. 8.

64_ 『관보』(경성 : 조선총독부, 1940. 1.29; 1940. 5. 7; 1940.11.28; 1942. 4. 6; 1943. 2.20).
65_ 『관보』, 1937. 9. 8; 1939. 7. 4; 1940. 7.27; 1942. 6. 5.

4일, 1944년 3월 16일, 1945년 2월 10일 등이다.[66] 이같이 각 권번이 『관보』를 통해 주식회사임을 분명히 밝히면서 임원들까지도 소개하고 있다. 따라서 권번은 당시 일제의 강제적 통제 하에 있었지만 다른 한편으로는 주식회사로의 전환 등을 통해서 자신들을 알리고, 이익창출을 도모하는 등 자치적인 성격을 확연하게 드러냈다.

권번은 교방의 후신으로 일제강점기에 이르러 예기조합·퇴기조합·예기권번·권번이란 다양한 이름으로 사용된 점은 앞에서 밝혔다. 전라북도 안에서 설치되었던 교방과 권번의 위치를 비교하면 뚜렷한 변화양상이 나타난다. 조선 후기까지 교방이 설치되었던 전주·순창·무주 지역은 일제강점기에 들어서 전주만이 권번으로 명맥을 유지하게 되고, 순창과 무주지역은 극도로 쇠락하거나 사라지게 된다. 이와 반대로 교방이 존재하지 않았던 군산과 정읍·이리·부안지역에 권번과 예기조합이 새롭게 설립된다. 이 같은 사실은 경제력 약화와 교통망 부족으로 말미암아 무주와 순창에서 권번이 쇠퇴되고 사라지게 된, 반면에 경제 중심지이며, 신흥도시로 급부상한 군산, 그리고 전라선의 역이 개설되면서 은행이 설립되는 등 경제형 도시로 탈바꿈한 익산과 정읍에 각각 예기조합 내지 권번이 설립되었다. 이와 같은 권번의 설립 현상은 조선시대와 달리 근대적인 도시에 기반을 둠으로써 근대 지향적인 본질에 더욱 가깝게 다가설 수 있는 하나의 현상이라고 할 수 있다.

결국, 전주는 약령시로 인해 일본인이 많이 거주하였지만 군산에 비해 근대화가 빠른 속도로 진행되지 못하였다. 그러나 전라북도에서 유일하게 군산만이 '부'로 승격하면서 개항도시로 가장 빠른 근대화를 할 수 있었다. 또 정읍과 김제의 경우 행정관서 설치와 철도 건설에 따라 근대도시로 발전하였다. 이러한 근대도시로의 발전에서 전주와 남원이 조선 후기까지 교방의 전통이 있었던 지역임에도 불구하고 상대적으로 근대도시로 발전하지 못하고 소외된 지역이 되어 전통적으로 전승된 고악古樂의 계승이 강한 측면이 나타난다. 이러한 근대적인 도시형성은 제4장에서 상론하겠지만 각 권번의 교육양상과 레퍼토리의 확장 등의 전통예술 변화에 있어서도 외부적인 환경으

66_『관보』, 1939. 6. 1; 1942. 8. 4; 1944. 3.16; 1945. 2.10.

로 자리 잡게 된다.

『조선은행회사조합요록』에 기록된 전주권번·군산소화권번·남원예기권번 등의 규모와 임무 등을 요약하면 다음 〈표 6〉과 같다. 이 책의 각종 사항은 당시 이들 권번의 규모 등 제반사항을 자세하게 알려주고 있어 전라북도 권번의 전반적인 모습을 비교적 상세하게 밝혀준다.

〈표 6〉에서 보는 바와 같이 전주권번은 자본금資本金 5만원, 불입금拂入金 1만 3,512

〈표 6〉『조선은행회사조합요록』에 나타난 전라북도 권번의 규모 현황

권번	전주권번	군산소화권번	남원예기권번
회사형태	주식회사	주식회사	주식회사
자본금	5만원	8천원	6천원
불입금	1만 3512원		
존립시기	30년		
목적	권번업과 기생 화대취립. 기생영업자 일용품 용달. 주택경영. 금전융통. 기생 기예품성 향상을 도모하는 이상 각 호에 관련한 업체의 업무	기생권번업	기생권번업
대표이사	최병철, 박택용 공동대표	박재효	이정금
임원	장병선·송인서·은춘기·박완산·류중진·조동민·김만엽 (이상 취체) 김창희·류용손·서정균(이상 감사)		

원의 주식회사였다. 또 존립 시기存立時期가 30년이었으며, 설립 목적은 권번업과 기생화대妓生花代 취립聚立을 비롯해 기생영업자 일용품 용달用達, 주택경영住宅經營, 금전유통金錢流通, 기생妓生 기예품성品性 함양涵養을 도모하는 것이었다. 이처럼 권번이 기생들의 기예품성과 더불어 기생영업자의 일용품, 주택경영, 금전유통 등 권번 관리의 전반적인 사항 등을 책임지고 있었다. 또한 대표 이사가 최병철崔炳徹, 박택용朴澤龍 공동이었으며, 임원 취체 역에는 장병선張炳善·송인서宋仁瑞·은춘기殷椿基·박완산朴完山·류중진柳仲䝮·조동민曺東玫·김만엽金萬燁 등 8명이었고, 감사에는 김창희金昌熙·류용손柳龍孫·서정균

徐廷均 등 3명이었다. 이러한 내부조직의 구성원으로 볼 때, 전주권번은 대규모의 주식회사 형태를 갖추고 있었다. 이처럼 권번은 기생권번업 이었지만 주택경영, 금전유통, 기예품성 향상을 도모하는 분야까지 확대되었고 다양한 면에서 사업을 확장시켜 나간 것을 알 수 있다.

특히 권번이 주식회사로 설립되었다고 하는 점은 시사하는 바가 크다. 자본주의 사회가 되면서 권번도 이윤을 추구하는 사업체로 조직, 운영되었으며 권번에 속한 기생들은 주식회사의 직원이라고 볼 수 있기 때문이다. 식민시대 권번은 마치 오늘날의 연예기획사를 떠올리게 할 정도로 내부적인 풍경이나 실질적인 분야까지 철저한 준비와 과정, 그리고 실천을 전개하고 있었다. 실제로 기생들은 권번에서 전통예술과 대중적인 인지도가 높은 과목을 심도 있게 교육받았으며, 요릿집과 같은 공간에 추천되어 기·예능을 통해 인지도를 높여나갔다. 또한, 대중적으로 선호되는 공연 종목을 통해 스스로 대중 스타로 성장하는 과정도 체험하게 된다. 현대의 연예기획사의 뿌리는 권번으로부터 유래하였다고 볼 수 있다.

조선시대까지 일종의 봉사업奉仕業으로서 독특한 존재로 각인되었던 기생은 근대에 이르러 새로운 사고와 사상을 쉽게 접할 수 있는 이른바 '살롱문화'의 적극적인 향수자로서 근대적인 삶에 가깝게 다가갈 수 있었다. 춤과 음악이 펼쳐졌던 사교장社交場 역할의 요릿집은 지식인과 부르주아의 거점으로 새로운 문화가 열리고 유포되는 공간이었다. 요릿집은 권번과 연결되었고 이러한 구도의 중심부에는 기생이 위치하였다. 따라서 권번에 소속된 기생들은 당시 고위층 인사들과 교류를 통해 근대적인 의식을 소유할 수 있었다.

『조선은행회사조합요록』은 당대에 설립된 각종 금융조직의 실정에 대한 사실을 상세히 기록하고 있어서 사료로 이용하는 데 무리가 없지만, 일부의 내용은 신중하게 검토해야 하는 부분이 있다. 예를 들면, 전주권번과 남원예기조합은 각각 1939년, 군산소화권번은 1937년에 설립된 것으로 기록되어 있는데, 이 점은 잘못된 기록이다. 당시 신문기사를 살펴보면 조선후기 교방을 전승한 전주지역에는 1915년 전주예기조합, 1917년 전주퇴기조합, 그리고 1923년 전주권번이 설립되어 있었다. 다만,『조선은행회사조합요록』에 나타는 각 권번과 예기권번은 시대에 따라 변화양상을 맞으면서 주식회사로의 전환이 빈번하게 이루어지고 있었을 가능성은 높다고 할 수 있다. 조선 후기까지 교방의 존재 여부는 불투명하지만, 관아에 기생이 거주하였던 남원에는 1921년 남원기생조합이 설립되고 나서 1926년 남원예기권번으로 활동하게 되었다. 이 두 지역에서는 교방이 예기조합으로, 그리고 그 후에는 권번으로 바뀌고 있었음을 알 수 있다. 일제강점기부터 경제중심지로 올라선 군산에는 조선 후기까지 교방이 설립되지 않았지만, 일본인의 거주와 교통망 발달과 상권 변화로 말미암아 권번이 신설新設되었다. 군산소화권번은 일제강점기인 1923년 군산예기치옥이란 이름으로 기생들이 거주하였고, 1924년 군산예기권번으로 설립되어 활동에 들어가는 등 전라북도에서 새로운 전통문화를 주도해 나가는 신흥도시가 되었다.

권번의 주식회사 전환은 일본에 의해 주도적으로 진행되었다. 이를테면 일본이 권번의 관리를 더욱 쉽게 할 수 있도록 하였으며, 일본인들이 권번을 이용함에 따라 운영 면에서도 편리하고 쉽게 관리할 수 있기 때문이다. 전라북도에 존재하였던 권번

〈도판 9〉 군산소화권번 기생들의 주요 공연장 군산좌, 1920년대 군산근대역사박물관

가운데 주식회사로 전환한 곳은 전주권번·군산소화권번·남원예기권번이었다. 전주와 군산, 남원의 권번들이 주식회사로 전환된 것은 비록 일본에 의해 전개되었지만, 그 안에서 기생들은 스스로 노동조합과 같은 형태를 구성하며 자주권 확보와 기·예능에 대한 정당한 경제적 대가 등을 요구하였다. 즉 권번이 근대적 회사의 조직과 운영을 갖추고, 기생들을 회사에 소속계약을 한 셈이었다. 이러한 조직구성과 운영방법은 오늘날 연예인기획사의 형태와 다를 바가 없었다. 군산소화권번이 전라북도에서 가장 빠른 시기인 1937년 주식회사로 전환한 것은 일본의 영향이 컸으며 이러한 결과는 일본인들이 대거 거주함에 따른 것으로 추론된다.

1916년과 1917년 전주에 예기조합과 퇴기조합이 각각 존재했던 점이 밝혀졌다. 1915년 전주예기조합의 공진회 참가와 김창조가 1916년 당시 전주예기조합과 전주퇴기조합에서 활동한 것으로 나타났기 때문이다. 전주는 조선시대부터 전라관찰사가 존재했던 가장 큰 도시로, 조선후기를 거쳐 일제강점기에도 여전히 전라북도의 대표적 도시로 자리를 잡았다. 전통문화와 문화행정의 중심지였으며 20세기 이후 철도가 개통되면서 근대적 교통·행정·문화·경제의 중심지로 기능을 발휘하기 시작하였다. 『조선은행회사조합요록』은 "전주권번이 소화 14년 9월 15일, 즉 1939년 9월 15일에 전주부全州府 대화정大和町 77번지에 본점이 설립되었으며 대표로 최병철과 박택용이 있었다."[67]고 적고 있다. 그렇지만 이에 대해 최병철 1인 대표라는 주장도 있다.[68] 그 밖에도 "전주에는 전주권번을 비롯해 낙원권번樂園券番, 전동권번殿洞券番 등도 있었다. 전동권번은 현재 요릿집 행원杏園(전주시 완산구 전동)이 있는 자리로 김원술金原述이 판소리 사범師範으로 있었다. 전주권번은 남문 옆에 있었으며, 신영채申永彩, 송업봉宋業奉 등이 소리 사범으로 있었다."[69]고 한다. 이러한 권번 존재의 흐름 속에 소속 기생들은 공진회 같은 행사와 경연대회, 그리고 각종 사회운동에 참가해 신여성이자 여성예술인으로의 면모를 다져나갔다.

67_ 『조선은행회사조합요록』, 606쪽.
68_ 권도희, 앞의 논문(「호남지역 근대음악사연구」 2005), 20쪽.
69_ 국립문화재연구소, 『입춤·한량무·검무』(무형문화재조사보고서 19, 서울 : 국립문화재연구소, 1996), 134쪽.

『조선은행회사조합요록』의 목차에는 전주권번만 업태별 목차를 통해서 상업과 기타 분류에 포함해놓고 군산소화권번과 남원예기조합은 '일만원이하제회사표一萬圓以下諸會社表'에 분류를 시켜 변별성辨別性을 표기하였다. 이는 자본금에 따른 것으로 전주권번은 자본금 5만 원으로, 1만 원 이상의 규모를 나타내고 있기 때문이었다. 전주권번의 목적이 권번업과 기생 화대 관리는 물론 기생영업자 일용품 전달과 주택경영, 금전유통, 기예품성 향상 등을 도모하는 업무로 규정돼 있어 기생관리와 더불어 전반적인 형태의 교육까지 관장하고 있었다. 그러나 현재까지 전주권번을 제외하고는 낙원권번과 전동권번의 구체적인 모습을 찾을 수가 없다.

남원권번의 설립에 대해서는 두 가지 견해가 있다. 김지영은 남원권번이 1921년에 건립되었으며 주요한 기능으로 예기를 양성시켜 '놀음'을 내보내는 것과 춘향제春香祭의 주제主祭집단으로 작용한 것을 들고 있다.[70] 또 권도희는 "남원권번이 1922년에 이현순李炫純에 의해 만들어졌으며 이백삼李伯三이 초대 조합장을 맡아 1939년 당시 자본금이 6,000원 이었다."[71]고 최병호崔炳浩와의 대담을 근거로 제시하였다. 이들 기록 중에서 필자는 1921년 건립 설을 따르고자 한다. 왜냐하면, 권도희 논문에서 1922년도 주장은 전주에서 활동하는 국악인 최병호와 대담을 근거로 제시하였지만 1921년도 설립되었다는 주장은 김지영의 주장과 더불어 김용근의 『이야기로 풀어보는 지리산 판소리』[72]와 신증판新增板 『남원지南原誌』[73] 등 여러 문헌사료 연구 성과물에서 이현순이 1921년에 설립하였다고 기록되어 있기 때문이다.

1921년에 남원에 권번이 설립되기 이전 기생들의 활동기관이었던 남원기생조합은 기생들과 한량閒良들의 모임 처였다. 남원기생조합은 광한루원廣寒樓苑 서문 쪽에 있었으며, 소리선생으로 이화중선의 초기 소리선생이었던 장득진張得眞과 김정문金正文 명창의

70_ 김지영, 「남원 춘향제의 연구 – 의례조직의 변화를 중심으로」(경기 : 한국정신문화연구원 석사학위논문, 1998), 89쪽.
71_ 권도희, 앞의 논문(「호남지역 근대 음악사연구」 2005), 19쪽.
72_ 김용근, 『이야기로 풀어보는 지리산 판소리』(남원 : 지리산판소리문화연구소, 가왕 송흥록가 후손가족회, 2008), 72~73쪽.
73_ 『신증판 남원지』(서울 : 남원지편찬위원회, 1975), 599쪽.

아버지 김준팔金俊八, 그리고 유성준 명창의 아버지 유경학 등이 있었다. 그러나 김정문 부친의 호적등록이 학계에 소개되면서 김준만金俊萬으로 보고되어 있기도 하다. 남원기 생조합은 기악을 비롯하여 무용, 민요들을 가르쳤는데, 김준팔은 농악선생이었으며 유 경학은 소리와 민요를 지도하였다. 이때 이곳을 출입하던 한량 중 임실 오수의 이재삼 과 남원 보절의 박환조 등은 이화중선이 명창이 되도록 후원을 했던 사람들이었다.

남원권번에서 배출된 대표적인 명창은 이화중선과 이중선 자매다.[74] 이화중선이 남 원권번에서 소리를 익히고 나서 대중 앞에 처음으로 모습을 드러낸 것은 1923년 조선 물산장려회朝鮮物産奬勵會 주최로 열린 전국판소리대회였다. 이후 상경하여 조선권번에 있으면서 한동안 장안의 풍류랑風流郎들을 도취시켰다.[75] 남원권번은 동시대에 김정 문·이화중선·이중선 등이 선생과 기생으로 활약한 것처럼 위상을 가지고 있었다.

1921년 광한루廣寒樓 경내에 설치되었던 남원권번은 1931년 춘향사春香祠 건립과 더 불어 매년 춘향 제사를 봉행하였다. 춘향 제사의 제관이 되었던 남원권번의 기생들은 춘향의례春香儀禮를 통해서 자신들의 정체성을 확고하게 다져나갔다. 이러한 정체성 확 보는 과거에 기생이 지녔던 차별적 이미지가 사라지거나 희미해지면서 창기나 작부 등과 동일시 취급되고 그렇게 될 위기에 직면한 상황에서 만고열녀 춘향의 후손임을 자처한 것이다. 동시에 춘향에 대한 제사를 담당함으로써 자신들을 춘향과 동일시하 고, 자신들이 보통의 윤락녀와는 다른 존재임을 선언하고 실천한 것으로 볼 수 있다.

이처럼 기생이 춘향사 건립의 주체로서 중요한 구실을 한 것은 춘향의 신분을 기생 으로 인식한 데서 비롯한 동질의식이 발현發顯된 결과로 볼 수 있다. 더욱 중요한 것은 일제의 통제와 감시 아래에 기생들이 자발적으로 춘향제를 주도하게 되었고 이를 통 해 기생의 주체성과 근대성을 동시에 지향하였다. 이러한 시대적 상황에서 처음부터 일제에 대한 저항의식이 춘향제를 지낸 이유로 작용하였다고 보기는 어렵지만, 춘향의 정신을 기리는 것이 자신들의 정체성 확립과 민족의식을 고취하는 의미로 연결될 소

74_ 김용근, 앞의 책(2008), 73쪽.
75_ 손태룡, 「영남의 판소리 여류명창고」, 『영남음악사』(서울 : 민속원, 1999), 314쪽.

지는 깊게 지니고 있었다. 실제로 일제는 많은 사람이 모이는 것 자체를 꺼렸으며 민족적 색채가 드러나는 것을 경계하여 춘향제에 대한 감시의 눈길을 거두지 않았다. "1933년 남원 고등계高等係 형사刑事들은 광한루 안에 있던 권번을 밖으로 내쫓은 이유에 대해 민속예술 전승이 민족의식 고취와 직접적인 연관이 있다고 판단"[76]했기 때문이다. 이처럼 춘향제와 권번, 그리고 전통예술은 민족을 하나로 묶는 역할을 하였다.

1924년 6월 10일 『시대일보』는 군산예기권번의 설립을 자세하게 소개하고 있는데, "군산에는 1924년도까지 권번이 없고 치옥제도가 설치되었으며, 1924년 모某 유지의 뜻에 따라 전국에서 기생 60여 명이 모여 권번이 설치되었다."[77] 지금까지 막연하게 군산에 존재하였다는 권번은 1924년 군산예기권번을 시초로 보아도 가능하다. 주식회사 형태의 군산소화권번 역시 자본금이 8천 원으로 기생권번업을 목적으로 설립되었으며, 대표자가 박재효朴在孝로 군산부 동영정東榮町 55번지에 위치하였다.[78] 그러나 『동아일보』 1938년 1월 19일 자에 소화예기권번이란 명칭이 소개되어 있어 군산의 권번 역시 한 곳이 아니었다고 볼 수 있다.

장금도의 증언과 『군산역사이야기』를 종합해 볼 때 군산에는 권번이 두 곳 있었다. 한 곳은 현재 영동榮洞 국민은행 뒤 반찬시장 인근에 있었던 군산권번이고, 또 한 곳은 개복동開福洞의 큰 길에 자리한 소화권번이었다. 군산지역에 권번이 두 곳이라는 사실은 『동아일보』 1926년 2월 4일 자에도 확인되었다.[79] 그러나 군산소화권번 이외의 한 곳이 존재한 것은 분명하지만, 그다지 큰 규모는 아니었던 것으로 보인다. 왜냐하면, 동시대의 사료 가운데 군산에 설립되었던 권번에 대한 명칭이 대부분 군산소화권번으로 표기되어 소개되었기 때문이다.

76_ 김기형, 「춘향제의 성립과 축제적 성격의 변모과정」, 『민속학연구』 제13호(서울 : 국립민속박물관, 2003), 11~12쪽.

77_ 『시대일보』, 1924. 6. 10. 군산예기권번(群山藝妓券番) 설립(設立 : 군산에는 작금 양년에 각지에서 모집한 예기가 60여명에 달한 바 원래 권번이 없고 치옥제도 임으로 당업자는 물론이요, 모 유지의 선문(旋問)으로 권번을 설치하였다.

78_ 『조선은행회사조합요록』, 750쪽.

79_ 『동아일보』, 1926. 2. 4. 기생연주 성황, 거월(去月) 19일과 20일 양일에 군산○○○공동조합 주최로 본보 및 조선일보 양 지국 후원으로 명성이 자자한 조성(曹成), 군산 양예기권번 연합으로 신극, 구극으로써 군산좌에서 공연케 되었는데, 정각인 밤 8시부터 입추에 여지없이 대성황을 이루었는데 (하략)….

이들 권번은 일제강점기 기생들이 기적을 둔 조합으로써 기생들의 요릿집 출입을 관리해주고 수고료를 받아주는 중간 역할을 하였다. 당시 기생은 국가에 허가를 받는 허가제許可制 직업으로 권번을 통하여 국가에 세금을 냈다. 군산소화권번의 경우 권번에 입교入教하면 4년 과정으로 시조時調·가곡·판소리·춤 등을 체계적으로 배웠다. 이처럼 권번에서 가무와 글을 익힌 기생들은 일제강점기 후반에 대표적 요릿집이었던 명월관明月館(구 유성예식장)과 대명동에 자리한 근화각槿花閣에서 한 시간에 2원 또는 3원의 돈을 받고 모임의 분위기를 만들어 주는 역할도 하였다. 해방 후 군산신문에 '군산 권번 제1회 연극부 공연'이라는 기사가 나타난다.[80] 1940년대 전시체제하에 전국적으로 권번은 사실상 해체되었지만, 군산에서는 해방 후에도 권번의 명맥이 부분적이나마 이어진 것이다.

정읍의 예기조합은 신문기사에서 확인되었지만 『조선은행회사조합요록』에는 나와 있지 않아 주식회사로 전환하지 못하였거나 규모가 작았던 것으로 보인다. 다른 기록과 구술 자료를 통해서 알 수 있는 것은 정읍예기조합과 영모재永慕齋와 관련된 각종 활동 상황들이다. 정읍예기조합의 흔적은 정읍시 진산동 311-1번지에 있는 〈도판 10〉의 영모재에서 찾아볼 수 있는데, 영모재는 2005년 11월 11일 근대문화유산 제213호로 등록된 건물로 1885년 설립되었다. 영모재는 죽산竹山 안씨 종중의 사당祠堂으로 1885년 당시 정읍의 대부호大富豪이자 풍류객이었던 김평창金平昌이 사들여 중축한 것으로 정읍의 풍류 가객들과 풍류를 즐겼던 곳이다. 김평창은 권번의 선생들과 함께 기생들의 졸업식(4년 과정)을 주도하였던 인물로, 영모재가 바로 김평창 등이 매년 기생들의 기량을 심사하고 등급을 가려 배정했던 심사장소였다.[81] 영모재 방 내부에는 김평창과 정읍의 문장가 옹택규甕宅奎의 글이 방 내부 벽면과 본채 상량문上樑文을 장식하고 있으며 방과 대청마루를 잇는 벽門에는 필경必敬·필공必恭·여제餘齊·위락慰樂이라고 쓰여 있는데, 그 중 '위락'이라 한 것은 구한말 풍류방의 면모를 그대로 보여준다. 김평창은 정읍의 풍류 가객들에게 아양계를 조직해 호남의 향제 줄풍류를 만들어 전

80_ 김중규, 『군산역사이야기』(서울 : 도서출판 나인, 2001), 252~253쪽.
81_ 영모재에 대한 자세한 자료는 향토사학자 이용찬과의 대담에서 얻을 수 있었다(2008년 8월 3일, 정읍 영모재에서 대담).

<도판 10> 정읍예기조합이었던 영모재 필자 촬영

했던 풍류객이었다.

또한 김평창은 구한말 일제에 의해 궁중에서 쫓겨났던 악공들과 기악 예인들을 모아 정읍권번의 기·예능을 가르치는 선생들이 살도록 배려하였고, 그들의 예술적 기량이 풍류 문화로 확산하는데 영모재를 이용하였다.[82] 조선 말기 몇 안 되던 전국의 권번 중에서 기생 모집기준이 가장 까다로웠다고 전해지는 정읍권번은 김평창이 이사장으로 있었는데, 김평창은 정읍권번을 다른 지역의 권번과 차별화시키기 위해 각 지방의 여성들을 뽑아 기생학교에 입교시키고 정읍의 풍류 가객들로 하여금 기·예능을 가르치게 한 후 기생학교를 졸업하는 모든 기생을 이곳에 불러 등급을 가리는 심사를 하였다. 영모재는 현재 김평창을 추모하고 제사를 지내는 제각祭閣으로 변모하였다.

이와 함께 정읍의 예기조합은 『중외일보』 1928년 8월 20일 자에도 등장한다. "1928년 예기조합장과 군중群衆 사이에 시비가 일어 경찰관까지 출두한 일이 발생한다. 이

82_ 이용찬 대담(2008년 8월 3일, 정읍 영모재).

유는 박남규朴南奎라는 청년이 예기조합 앞을 지나가면서 예기조합이 갑종 요릿집이냐고 비웃는 말을 하자 이 말을 들은 조합 간부 이창선李昌善이 분개하여 다투었다."[83] 당시 기생들이 소속된 예기조합이 요리점과 구분되었고 기생 또한 신분의 차별화를 주장하였던 것이다. 또한 정읍에 기생이 활동하고 있었음을 보여주는 사례도 나타나는데, "정읍 신태인 한성관漢城館이란 요정에서 주정군이 기생 이추월李秋月을 폭행하는 사건이 일어나서 관계 당국이 조사하였다."[84] 이밖에 신태인 성산호주가 전조선명창대회에 참가하였다는 기사도 나와 있다.[85] 이처럼 정읍은 예기조합이 설립되었으며 요릿집에서도 기생들이 활약하였다. 『조선은행회사조합요록』에는 상세한 기록이 나오지 않지만 일부자료와 구술자료口述資料에 의하면 정읍지역의 기생조합과 권번의 전개는 활발하였다.

앞에서도 열거하였지만 이리에도 이리예기조합이 있었다. 이리예기조합은 1929년 처음으로 설립되어 간부들의 열성적인 노력과 지방 유지의 후원으로 이리좌裡里座에서 연주대회를 열어 크게 성공하게 된다. 이대회는 이리예기조합 신참新參 기생들뿐 아니라, 각지의 권번에서 크게 성원하였으며, 예기들의 수준 또한 높아 호평을 받았다.[86] 특히 이리예기조합의 경우 비교적 늦은 시기에 설치되었지만, 간부들과 지방 유지들의 적극적인 후원을 받아 기생들의 예술적 기량도 크게 신장하였다. 그리고 이리 영남관嶺南館 기생들은 의복청구衣服請求・식사개량食事改良・시간준수時間遵守・출입자유出入自由 등 4개 안건을 내걸고 동맹파업同盟罷業 등을 실시하는 등 자주적인 면모도 전개해 나갔다.[87] 이리 영남관 기생들이 이처럼 4개 안건을 제기하고 동맹 파업을 벌인

83_ 『중외일보』, 1928. 8.20.
84_ 『중외일보』, 1930. 1.23. 주정군이 요정에서 폭행, 고용인, 기생할 것 없이 닥치는대로 구타, 중상 : 전북 신태인 한성관이란 요정에서는 지난 14일 밤 8시경에 한 주정꾼들이 술을 마시고 주정군의 한 사람인 서승창(徐承昌)이 고용인이 정서천(○西天)이 들어오는 것을 보고 늦게 왔다는 구실로 마시든 술병을 던져서 서천의 이마가 크게 다쳐, 의사에게 응급수당을 하고 정서천을 데리고 가자고 한 즉, 기생 이추월(李秋月)이 말리다가 또 다시 구타당해 고소.
85_ 『동아일보』, 1939.10. 8.
86_ 『동아일보』, 1929. 5.27; 『동아일보』, 1939. 6. 9.
87_ 『조선중앙일보』, 1934. 2.16. 이리 20여명 기생이 맹파(盟罷) : 이리 기생 20여명은 시간준수와 출입자제 등 4개 안건을 내걸고 동맹파업 등을 이리 영남관에서 실시한 것으로 드러났다. 요즈음 이리 영남관 기생 일동 20

사건은 기생들에게도 주체성과 자발성이 있었음을 분명하게 보여주는 사례다. 이는 기생들의 노동권 확보와 함께 자유권의 발휘, 복지개선의 주장이었으며, 또한, 새로운 인권 가치의 확산뿐만 아니라 전반적 사회 변화를 기생들도 몸소 체득하며 실천에 옮기는 등 적극적인 의지를 표출한 것이다.

특히 영남관의 사태는 내부적으로 공고한 결속을 다지기 위한 기생들의 실천행동이란 점에서 기생이 권번 소속이었지만 주종관계主從關係가 아닌 수평관계水平關係임을 입증하는 사례라는 점에서 시사하는 바가 크다. 이는 뒤에서도 살펴보겠지만 형평사와의 갈등에서 상세하게 나타나는데, 강한 생활력과 자율성을 지녔고 권번 내에서도 집단적인 힘을 형성하여 영향력을 떨쳤던 기생의 모습이며, 기생조합 내에서 기생들이 막강한 단결력을 행사하며 주도권을 확보하였음을 시사하기 때문이다. 하지만, 당시 조합 내부 기생들의 노동조합 설립을 증명하는 기록이 부재한 상태에서 이러한 단편적 사례만으로 그들의 집단적 활동을 평가하기 어렵지만, 식민권력의 직접적인 통제 하에 있으면서 당당한 자기 주권을 행사한 것으로 풀이된다.

조선후기까지 지방 기생들은 관아에 소속되어 관료체제에 따라 천민으로 살아가며 활동하였지만, 일제강점기에는 면천으로 인해 자유로운 신분을 보장받았다. 그러나 면천임에도 여전히 사회적 냉대 속에서 살아왔던 기생들이지만 자신의 주권 확보를 위해 노동쟁의도 불사不辭하는 모습은 기생들이 자주적이고 근대성을 확장한 의식을 보여주는 것이다.

부안에도 예기조합이 설립되었다. "부안예기조합에 있는 기생 이초월李初月 외에 4명은 대설大雪로 인해 이재민의 곤경이 참혹하였다는 울릉도鬱陵島의 소식을 『동아일보』에서 보고 부안지국을 방문, 일금 2원 50전을 울릉도 이재민위로금으로 전달하였다."[88]

여명은 공고한 결속을 하여 왔다 해도 과언이 아니다. 주인은 냉랭한 태도를 가져 기생 일동은 이것을 분개하여 다음 의복청구, 식사개량, 시간준수, 출입자유 등의 4개 조건을 들었다. 그러나 선동자 이씨는 희생을 당하였다고 한다.

88_ 『동아일보』, 1934. 3. 8. 부안예기조합(扶安藝妓組合) : 전북 부안에 있는 예기조합에 있는 기생 이초월(李初月)외에 4명은 금번 대설로 인하여 이재민의 곤경이 참혹하다는 울릉도의 소식을 본보에서 보고 지난 3월 5일 본보 부안지국을 내방하여 금 2원 50전을 울릉도 이재민 위문금으로 보내주기를 의뢰하였음으로 지국일동은 그 미거에 감복하야 곧 재해지로 보내주기로 했다 한다.

이 기사로 미루어 부안에도 소규모지만 예기조합이 분명하게 존재했음을 알 수 있다. 이밖에 김제에도 요릿집 쇼와칸昭和館이 설립되어 기생들이 활동한 상황도 나타난다.[89]

기생조합과 권번과는 별도로 신태인 한성관, 이리 영남관, 김제 쇼와칸 등의 요릿집은 전라북도 지역에서 권번과 요릿집의 관계를 설명할 수 있는 자료다. 당시 요릿집은 술과 음식을 파는 상업시설이지만, 기생들의 기예가 연행되는 복합적 성격의 유흥 공간으로 이어졌다. 여악의 전통 속에서 맥을 이어 왔던 기생들은 요릿집이라는 상업적인 유흥 공간에 배치되어 기·예능을 팔아 시간대를 받았다. "이러한 변모는 전통시대 상류층의 문화예술과 여흥의 수준을 유지하였던 예인들이 상업적 시설에서 벌어지는 유흥의 연행자로서의 이미지가 더욱 강화된 것"[90]으로 해석되기도 한다. 이는

〈표 7〉 문헌과 신문자료에 소개된 전라북도 권번의 명칭

명칭	신문에 등장하는 명칭과 년도	『조선은행회사조합요록』에 나오는 명칭과 설립년도
전주권번	전주예기조합(1915) 전주권번(1923)	전주권번(1939)
군산소화권번	군산예기치옥(1923) 군산권번(1924) 군산소화권번(1931)	군산소화권번(1937)
남원권번	기생조합, 권번 혼용(1926)	남원예기권번(1939)
정읍예기조합	정읍예기조합(1928)	없음
이리예기조합	이리예기조합(1929, 1939)	없음
부안예기조합	부안예기조합(1934)	없음

다시 말해 조합과 권번은 기본적으로 요릿집과 기생의 중간 통로 역할을 하였으며, 요릿집에서 권번에 기생을 요청하면, 권번이 기생들을 보내주는 양상이다. 일제강점

89_ 『동아일보』, 1938. 7.15. 기생방(妓生房)에 절도(竊盜) : 김제읍 교동리 요리옥 쇼와칸에 있는 기생 전○희 방에 지난 12일 오후 7시 경에 어떠한 자가 침입하여 금반지와 금시계 시가 120여원을 ○○절취하여 가지고 달아났다는데 경찰당국에서는 범인을 엄중이라 한다.

90_ 서지영, 「식민지시대 기생 연구 Ⅱ – 기생조합의 성격을 중심으로」, 『한국고전여성문학연구』 10호 (서울 : 한국고전여성학회, 2006), 433~464쪽.

기에 기생들은 궁중이나 풍류방보다는 요릿집과 같은 상업적이고 대중적인 공간에서 활동함으로써, 다양한 계층의 새로운 기호와 요구에 부응해야 하였다. 조선 후기까지 교방에 거주하며 천민으로 활동하였던 기생이 면천 후 권번에 소속되어 엄격한 훈련을 거쳐 자유로운 예술가로 본격적인 성장을 알린 것은 기생의 새로운 세계가 열린 것이었다.

이상과 같이 전라북도 지역 권번의 조직화 과정을 살펴보았다. 이를 정리하면 앞의 〈표 7〉과 같다.

2) 권번과 국악원의 상관성

전라북도에 설치 운영되었던 기생조합과 권번은 전주권번·군산소화권번·남원예기권번·정읍예기조합·이리예기조합·부안예기조합 등이다. 권번의 전신前身 격인 교방은 전라도 후기까지 전주·무주·순창 등에서 설치되어 있었다. 결국, 교방이었던 전주·무주·순창에서 전주만 권번으로 전승되었고 반면, 무주와 순창은 권번으로 맥을 잇지 못하고 사라졌으며, 새롭게 군산에서 권번, 그리고 부분적이나마 정읍과 이리, 부안의 예기조합, 신태인과 김제 등지에서 요릿집이 개설되어 기생들이 이들 기관에 소속되어 활동하기에 이르렀다.

일제강점기에 일본은 기생들에게 잡종세雜種稅를 부과하며 통제하였다. "일본은 전주電柱를 비롯해 금고, 승마乘馬, 식용으로 제공하는 것을 포함하지 않은 개[犬], 화약을 사용하지 않는 것을 포함한 엽총獵銃, 그리고 유예사장遊藝師匠, 게이샤藝者, 무희舞姬, 요릿집에서 손님을 응대하는 하녀를 지칭하는 작부, 여급女給과 함께 기생에게도 각각 잡종세를 부과하였다. 게이샤 1명에 월세 3엔이었고, 기생 1명당 월세 2엔 50전을 부과하였다."[91] 그만큼 당시 권번과 소속 기생 등은 사회인으로 당당하게 세금을 내며 자신의 기예를 펼쳐 나갔다. 이는 권번의 기생이 자신의 기예를 통해 당시 문화계의

91_ 『일제시대 전주읍 행정규칙 자료집』(『박물관 번역총서』 1, 전주 : 전주역사박물관, 2003), 14쪽.

중심부에 있었으며, 신분의 제약을 벗어나 예술계를 주도해 나갈 수 있는 기반이 형성되었다고 할 수 있다.

그동안 지은이들의 주관적인 정리 또는 기록상의 누락으로 존재 여부까지 불투명했던 전라북도 권번의 존재 양상이 본 장에서 확인되었다. 또 설립연도 및 주소가 밝혀져 권번의 실상이 비교적 상세하고 나타났다. 그러면 전라북도 지역에 존재했던 권번의 설립연도와 주소는 신문자료와 문헌, 그리고 각종 연구 사료를 종합해 볼 때 다음 〈표 8〉과 같다.

〈표 8〉 전라북도 권번의 명칭과 설립연도 및 주소

권번명	설립년도	주소
전주예기조합 전주퇴기조합 전주권번	1915년 1917년 1923년	전주부 대화정 77(전주권번) : 현주소(전주시 완산구 전동 77)
군산예기치옥 군산예기권번 군산소화권번	1923년 1924년 1931년	군산부 동영정 55(군산소화권번) : 현주소(군산시 신영동 10 - 2)
남원권번 남원기생조합 남원예기권번	1921년 1926년	남원읍 쌍교리 140(남원예기권번) 현주소(남원시 금동 140)
정읍예기조합	1928년	미상
이리예기조합	1929년	미상
부안예기조합	1934년	미상

앞의 〈표 8〉에서 볼 수 있듯이 전라북도 최초의 기생조합은 전주예기조합이었다. 그리고 〈표 8〉에서 전주예기조합과 전주퇴기조합이 각각 별도로 등장하는 까닭은 예기조합을 나온 노기老妓들이 기생조합과 다른 자신의 구성원을 중심으로 활동했기 때문이다.[92] 1921년과 1924년에 남원예기권번과 군산예기권번이 각각 설립되었다. 또

92_『매일신보』, 1917. 7.15. 전주퇴기의 미학, 교풍회를 위하여 연수회를 열었다 : 전주 교풍회 사점으로 행려병인 구조소를 설립한다 함은 이미 보도한 것과 같거니와 이 행려병인 구조 사업의 비용을 보조하기 위하여 요사이 동 퇴기 ○○○지난 십일일부터 일주일간 여정으로 열고 조선 명창 송만갑을 초빙하여 흥행한다 하니 이는 전

정읍예기조합은 1928년, 부안예기조합은 1934년, 이리예기조합은 1929년 각각 존재했던 것으로 보이지만 그 이전부터 활동한 것으로 짐작된다. 왜냐하면, 신문지상에 권번의 활약상이 나오고 있지만 설립연도가 분명하게 기록되어 있지 않은 관계로, 활약했던 시점보다 그 이전에 조합 등이 설립되었다고 보기 때문이다. 이처럼 『조선은행회사조합요록』과 각종 신문지상에 등장한 권번과 기생관련 사료를 종합해 볼 때, 1921년에 설립된 남원권번과 1923년의 전주권번, 1924년 군산예기권번, 그리고 1928년과 1929년, 1939년 각각 활동한 정읍예기조합·이리예기조합·부안예기조합들은 일제강점기 전통예술의 교육기관으로 설립 운영되었다.

　『조선은행회사조합요록』에 기록된 전라북도 소재의 권번 주소를 현재의 위치로 역

1	2
	3

1 〈도판 11〉 전주권번의 현 위치
2 〈도판 12〉 남원예기권번의 현 위치
3 〈도판 13〉 군산소화권번의 현 위치

주의 헌 기운이라더라.

추적해 조사한 결과, 1923년 전주부全州府 대화정大和町 77로 기록된 전주권번의 현주소는 전주시 완산구完山區 전동殿洞 77번지였으며, 1931년 군산부群山府 동영정同榮町 55로 소개된 군산소화권번은 군산시 신영동新榮洞 10-2번지, 그리고 1926년 남원읍南原邑 쌍교리雙橋里 140으로 알려진 남원예기권번은 남원시 금동錦洞 140번지인 것으로 확인되었다. 이들의 현재 위치는 〈도판 11〉·〈도판 12〉·〈도판 13〉과 같다. 결국, 전라북도에서 전주·남원·군산은 권번이란 이름으로, 정읍·이리·부안·김제는 예기조합과 요릿집이란 이름으로 설립되어 기생들이 활동하였다. 권번과 예기조합, 요릿집의 구분은 자본금과 설립 목적 등 규모 면에서 확실하게 구분된다.

그러면 일제강점기 권번에서 광복 후 국악원國樂院으로 전승된 모습을 고찰할 차례다. 먼저 해방 후 전주권번을 전승한 곳은 전주국악원全州國樂院이다. "해방과 함께 전주권번은 해체되고 전주국악원이란 새로운 체제로 개편되었으며, 전주시 풍남문豐南門 주변의 전동에 있었다. 전주국악원 건물은 전주의 유지였던 전경석, 김명종 등의 희사금喜捨金에 의하여 건립되었으며 전경석의 거액 지원으로 이루어졌다."[93] 초대 국악원장은 전주권번에도 재직하였던 유당 김희순 이었다. 따라서 김희순의 원장취임은 권번과 국악원의 연관성을 분명하게 밝혀준다. 그러나 해방 초기에는 유지들의 정성에 의하여 국악원의 운영이 원활하게 이루어졌으나 말기에는 부정과 분규로 침체를 면치 못하는 등 반목양상도 띠었다. 이 시기 전주국악원의 "강사진에는 판소리에 김동준金東俊(1929~1990), 시조에 정경태鄭坰兌(1916~2004), 기악에 전추산, 신쾌동, 무용에 정형인, 젓대에 신달용申達用이 재직하였고 후기에는 판소리에 홍정택洪正澤, 가야금에는 유대봉劉大奉, 풍류에 임홍근 등 당대 최고의 명창·명인·명무가 포진하였다."[94] 그만큼 전주국악원은 전주권번의 명성을 학습선생이었던 명인들의 참여로 고스란히 이어냈다. 더욱이 전주의 초기 국악원의 강사진은 전라북도라는 지역적 한계에도 당시 국악계를 대표했던 예인들이 운집雲集하였다는 점에서 전주가 국악의 중심지라는 의미를

93_ 황미연, 『전북국악사』(전주 : 전북향토문화연구회, 1998), 240쪽.
94_ 『전북예술사』 1, 100~101쪽.

간접적으로 보여준다. 이와 함께 국악원이 권번 시기와 다른 점은 기생 이외에 일반인 남녀가 국악원생이 되어 배울 수 있었고 운영주체 역시 재인才人과 광대廣大 외에 일반 인들이 참여하였다는 점에서 근대적 교육기관의 양상을 띠고 있다. 그러나 이러한 전 주국악원의 명성은 개원 후 4, 5년이 지나고 나서 분규로 말미암아 운영난에 봉착하 였다.[95] 봉착 이유는 "실기인이 배제된 채 동호인이 운영을 맡았기 때문이었다. 특히 건물주의 명의가 김희순 원장으로 되어 있었으며, 원장 마음대로 건물을 매각함에 따 라 원생 간의 갈등이 일어났다."[96]

그 후 전주국악의 침체를 방관할 수 없다는 의견이 제기되면서 김세영은 김진석 과 제휴하여 전북국악원全北國樂院을 현재 전주시청 부근에 자리한 〈도판 14-5〉의 여 관 2층으로 이전하고 강용구・임홍근・홍현식洪顯植 등을 지도위원으로 추대하였다. 강사는 강도근을 초청해 판소리의 육성에 주력하는 한편, 2년 후에는 다른 사설국악 원과 병합하여 전동의 건물에서 운영되었지만 건물이 매각되어 없어지고 난 후에 다시 분리하여 전북국악원만 운영되었다.

그러나 전북국악원은 건물 문제로 존폐의 위기에 있을 때 "전북일보사 박용상 사장 의 성원과 당시 오재경 문공부장관의 특별지시로 건물을 마련하였는데 이곳이 한옥 형 태의 청학루靑鶴樓였다. 당시 오명순 전북국악협회 지부장은 이를 보수하고 새로운 국 악의 성지를 마련하였다. 그리고 해방 후에 국악원은 남문 옆에 존재하였으며, 전동국 악원이란 사설국악원도 설립되었다."[97] 해방 후 전주국악원은 권번의 명맥을 이으면서 사설국악원이 설립되는 등 다양한 변화 양상을 이어나갔다. 6・25전쟁이 일어났을 때 군산으로 내려와 군산성악회群山聲樂會의 판소리 선생으로 재직하였던 홍정택洪正澤은 송 영주와 전병선의 권유로 전주 전동국악원에서 소리선생을 하였다. 당시 전동국악원에 는 김동준과 김원술이 소리선생으로 있었으며 그 뒤로 구 전주역全州驛(지금의 전주시청) 앞에 있던 백도여관에 사설 국악원이 설립되었다. 또 〈도판 14-2〉와 〈도판 14-4〉의

95_ 황미연, 앞의 책(1998), 241쪽.
96_ 최승범 대담(2009년 1월 25일, 고하문예관에서 대담).
97_ 『이야기로 듣는 전주, 전주 사람들』(전주 : 전주백년사편찬위원회, 2001), 157쪽.

1	2
3	
4	5

〈전북도청 전북도정기록사진들〉
1 〈도판 14-1〉 청학루 내부 풍경
2 〈도판 14-2〉 청학루 입구
3 〈도판 14-3〉 청학루 내부
4 〈도판 14-4〉 청학루 전경
5 〈도판 14-5〉 전북국악원

"청학루라는 큰 한옥에 국악협회와 국악원으로 되었으며 이 공간은 후에 비사벌 국악 예술고등학교로 사용되었다."[98] 전주국악원은 권번 시절과 다른 점으로는 예기 외에 일반인 남녀가 국악원생이 되어 배울 수 있었고 재인, 광대 외에 일반인 한량들이 참여하여 운영된 것을 특징으로 꼽을 수 있다.

8·15 광복을 맞아 민속예술의 창달을 고양高揚하기 위해 "남원지역 국악 동호인들은 조광옥趙光玉을 회장으로 국악동호회가 발족되고 국악원이란 명칭을 사용하게 되었으며 초대원장에 이환량李桓亮을 추대하였다. 그러나 초대원장에 대해서는 김광식이란 주장도 제기되었다."[99] 이 무렵 남원에는 최초로 여성국악단女性國樂團이 조직되었으며 국악원이 광한루 경내에 옮겨지는 등 왕성한 활동을 또다시 이어나갔다.[100] 남원국악원은 국악인 스스로 노력과 이를 뒷받침하는 동호회원들에 의해서 운영되었는데, "광한루 경내에 있던 '월매집'이라는 음식점에서 남긴 이익금과 공연을 통해 들어온 수익금이 국악원 운영자금으로 쓰였다. 그리고 이일우·강영수·고광길·이재우·박병원 등 국악 동호회원들의 도움 역시 국악원 운영에 큰 힘"[101]이 되었다. 교방의 전통과 권번의 명맥을 이어냈던 남원국악원은 관기와 기생뿐 아니라 일반인들도 동참하면서 해방 전과 후의 다른 양상과 활성화를 이뤄낼 수 있었다.

일제강점기 전라북도 소재 권번 가운데에서 군산소화권번은 앞에서 살펴보았듯이 판소리·춤·기악은 물론 예절교육과 일본어 교육 등이 있어 타 권번보다 다양한 교육과정과 기·예능을 확보하고 있었다. 이러한 명성은 해방 후 권번 소멸과 함께 군산국악연구회群山國樂研究會로 옮겨졌다. "1948년 당시의 시장 김영상의 후원으로 군산국악연구회가 설립되었다."[102] 군산시 명산동明山洞에 설립된 군산국악연구회는 기악부·창극부·무용부 등을 두어 주로 후진양성을 하였으며, 군산국악연구회는 최동섭

98_ 『전북의 재발견 소리』(전주 : 전라북도, 2008), 135쪽.
99_ 김기형, 「동편제 명창과 남원의 판소리 전통」, 『음반으로 보는 남원 동편소리의 전통과 세계』(『민속음악자료집』 제2집, 남원 : 국립민속국악원, 2002), 52쪽.
100_ 조성교, 『신증판 남원지』(서울 : 남원지편찬위원회, 1975), 600쪽.
101_ 김기형, 앞의 논문(2002), 53쪽.
102_ 『군산시사』 하편(군산 : 군산시사편찬위원회, 2000), 1019쪽.

등의 후원으로 운영되었다. 그러나 이 동호인들의 후원도 계속될 수 없어서 군산국악 연구회가 그 명맥을 유지하는 데 난관이 있었다. 이처럼 어려운 군산국악연구회에 새 로운 계기가 온 것은 "1967년 4월로, 당시 군산국악연구회장인 박환준이 사재를 내고 시비보조금 등을 합해서 군산시 창성동昌城洞에 새로운 공간을 마련하고 모든 운영체 제를 강화하였다. 당시 105만원으로 마련한 국악원의 새 건물은 지하 6평 등을 합해 총 58평 크기였다. 국악원에는 강의실과 실기실이 마련되고 강사도 있어서 행사도 자 주 가질 수 있었다. 1966년 11월 15일 제1회 국악제를 군산국악원 주최로 군산 시공 관時空館에서 개최하기도 하였다."[103] 군산국악연구회가 1948년 설립되었을 때 초대회 장은 송복식이 맡았다.

정읍권번은 해방과 함께 사라졌지만 1952년 5월 5일 정읍 고전연구소井邑古典研究所 가 발족하여 그 맥을 잇게 되었는데, "정읍고전연구소는 1956년 9월 1일 정읍국악연 구원井邑國樂研究院으로 개칭되었으며, 1958년 5월 다시 대한국악협회 전북지부 정읍국 악원井邑國樂院으로 명칭이 바뀌었다. 또한, 1962년 3월 한국국악협회 전북지부 정읍국 악원으로 문패를 바꿔 달았고 1971년 8월 1일 정읍국악원이 설립되었다."[104] 그러나 정읍국악원은 1948년 권번의 명맥을 잇고 국악원으로 개칭된 것으로 확인되었다.[105] 1948년 권번의 전통을 전승한 국악원은 초대원장으로 권일상權壹相이 재직하였다. 권 일상은 정읍 출신으로 정읍농업고등학교井邑農業高等學校를 졸업하고, 민선 읍장民選邑長 등을 역임하였는데, 판소리를 좋아하여 읍장 재직시절에도 출근부에 날인捺印한 후 곧 국악원에 나갈 정도로 대단한 국악애호가였다. 권일상은 1970년대까지 국악원장을 맡 아 정읍의 국악 발전에 초석을 다졌다. 1978년 정읍국악원은 그동안 보유하고 있던 재산으로 건물을 짓고 이사하였다.[106]

일제강점기와 해방 직후의 정치, 사회적인 혼란으로 말미암아 이리현재 익산시의

103_ 위의 책, 1019쪽.

104_ 정읍군 문화공보실, 『정읍군사』(정읍 : 정읍군, 1985), 847~848쪽.

105_ 황미연, 앞의 책(1998), 374쪽.

106_ 지금까지 학계에 소개된 정읍국악원의 1935년 창립되었다는 『정주·정읍 문화예술사』는 재고되어야 한다.

국악 활동도 침체의 늪을 벗어나지 못하였다. "1954년 이리예기조합의 명맥을 이으려고 평소 국악에 관심이 깊었던 강전상康全相이 주도하여 소산영蘇山永, 김형규金亨奎 외 15명으로부터 찬조금을 모아 당시의 17만 환으로 익산시 중앙동中央洞 3가에 있는 기와집 3칸짜리 집을 사들여 국악원의 기초를 마련하였다. 1955년 3월 10일에 정식으로 이리국악원裡里國樂院이 발족하였으며 초대원장으로 전라북도 수리조합장水利組合長과 뒤에 국회의원을 지낸 김원중金元中을 추대하였고, 부원장에 강전상, 총무에 나창순이 취임하여 판소리명창 김연수가 참석한 가운데 현판식을 하였다. 이후 원생이 늘어나면서 건물의 협소한 것을 절감함에 따라 1975년에는 다시 기금을 모아 당시 익산시 갈산동 46번지 맹아학교盲啞學校 건물을 사들임으로써 국악원을 확장, 운영해 오늘에 이르고 있다."[107] 결국 전라북도의 각 지역은 예기조합과 권번의 전통을 해방 후에는 사설 국악원이 명맥을 전승하면서 오늘날까지 다양한 형태로 전통예술을 보존하는 기관으로 이어졌다고 할 수 있다.

조선 후기 교방의 전통을 이어받아 일제강점기에 전통예술의 산실이자 전승공간이었던 권번은 해방과 함께 사라졌다. 결국, 권번의 예술문화는 각 지역의 국악원으로 전승되며 오늘날까지 명맥을 유지하였다는 점에서 전통예술이 오늘날까지 전승되게 한 결정적인 기관이었다. 조선 후기까지 전승되었던 전통예술의 맥을 여명기黎明期의 일제강점기까지 권번과 이곳에 소속된 기생은 전통예술을 지키며 새로운 시대에 부응하는 신연극과 창작예술로 근대지향적인 예술성을 확고하게 다져나갔다. 그렇지만, 해방 후 곧바로 권번이란 명칭이 사라져버리고 국악원이 바로 설립된 것만은 아니었다. 왜냐하면, 해방 후에도 권번이란 이름으로 공연을 할 뿐 아니라 군산에서는 해방 후 군산권번 제1회 연극부 공연이 열렸기 때문이다. 따라서 해방공간에도 권번의 잔재는 남아 있었다.[108]

107_ 『익산시사』 하권(익산 : 익산시사편찬위원회, 2001), 1905~1906쪽.
108_ 김중규, 앞의 책(2001), 253쪽.

3. 소결

일제강점기의 전라북도는 비옥한 지역적 조건 때문에 일제의 수탈현장이 되어왔다. 일제에 의해 1899년 개항開港된 군산은 곡물을 일본으로 이출시키는 중요한 통로 기능을 하였다. 군산을 중심으로 전라북도 각 지역에는 일본인 농장이 전국에서 가장 많은 87곳이 설립되었다. 이러한 시대적 상황은 전라북도 문화계에서 판소리명창의 등장, 풍류방의 성격 변화와 전북에서의 산조의 전개, 그리고 권번의 설립에 따른 수많은 명인·명창·명무가 활동하는 주요 요인이 되었다.

조선후기까지 전주·무주·순창·남원에 존재하였던 교방은 일제강점기에 이르러 전주와 남원에서만 권번으로 전승되었다. 따라서 기생이 존재하였던 전주와 남원은 일제강점기에 권번이 있어 조선후기 명맥을 잇게 된다. 그러나 상권의 미약과 교통발달의 부진에 따라서 무주와 순창은 기·예능의 수요와 공급이 맞지 않아 권번으로 전승되지 못하고 쇠락의 길을 걷게 된다. 반면 교통망이 발달한 지역과 풍부한 경제력을 갖춘 신흥도시 지역이었던 군산·정읍·이리·부안 등지에 새로운 권번과 예기조합이 출현하였다. 새롭게 등장하는 예기조합과 권번은 일제의 수탈 현장으로 급부상한 지역, 전라선의 중심 역이었던 곳, 그리고 은행설립과 같은 경제형 도시지역, 특히 일본인들의 거주지에서 공통으로 나타났다.

일제강점기에 전라북도 3곳의 권번과 3곳의 예기조합, 기타 요릿집 등이 교육기관과 전통예술의 수요 공급기관으로 건립되어 활동하였다. 따라서 조선시대까지 국가와 교방이라는 공간에 한정되었던 기생들은 일제강점기에 새로운 교육기관이었던 권번을 통해 활동하였다. 이러한 권번 역시 경제와 밀접한 도시를 중심으로 집중적으로 전승되고 설립되었다는 점은 권번이 대중적이고 상업화를 지향하는 것으로 발전하였다는 점을 시사한다.

특히 이 시기 권번이 주식회사로 설립된 것은 근대자본주의 사회가 형성되면서 권번도 이윤을 추구하는 사업체로 운영이 변화되었으며 권번에 속한 기생들도 주식회사에 직원과 같은 조건과 행동을 보여주었다. 식민시대의 권번은 마치 오늘날의 연예기획사처럼 전통예술과 대중적인 인지도가 높은 과목을 심도 높게 교육하고, 요릿집과 같은 공간에 추천되어 기·예능을 통해 인지도를 높여나가는 중심적 역할을 하였다. 또한, 주식회사에 소속된 기생들은 대중이 선호하는 공연 종목을 통해 경제적 이윤을 보장받으며 대중 스타로 성장하게 되었다. 마치 현대의 연예기획사와 같이 시장조사를 통해 소비자의 성향을 파악하고 그에 맞는 상품 이미지를 전달하려는 모습이었다. 특히 기생들이 극장식 공연장에 선 것은 대중연예인으로의 변신을 단적으로 보여주는 것이다. 극장식 공연장은 관람객에게 지정된 시간에 관람료를 지불하고 공연을 보게 하는 방식이며, 기생들 역시 일정금액을 받고 전문연예인으로 무대에 오르는 것은 자본주의적 문화소비의 방식이다. 또한, 기생들이 섰던 극장식 무대의 등장은 전통예술의 재현과 보존, 또는 현대적 계승뿐만 아니라 서구의 새로운 형태의 공연예술이 안착하는데 크게 이바지하였다는 점에서 식민지 근대성을 확립해 나가는 데 있어 중요한 의의가 있다고 할 수 있다.

결국, 권번 내에서 기생들이 주식회사의 설립을 주도한 일은 여전한 사회적 구속성의 한편에도 효과적인 사회운동을 전개해 나갈 수 있도록 허용해 주는 요인들이 되었다. 기생들은 강력한 공동체적 동료 의식 및 억압적 사회 전통으로부터 해방되고자 하는 의식의 성장과 명기로서의 경제적 부의 확대 등을 통해 식민지 근대성을 확대해 나갈 수 있었다.

일제강점기 권번은 두 얼굴의 모습을 보여주었다. 첫 번째는 명칭과 관리시스템에서 철저하게 일제에 의해 구성되고 관리되었고 각종 공연, 경연 등에 있어서는 관변官邊적인 요소가 강하게 나타난 것이다. 그러나 또 하나의 모습은 이러한 외형의 구조적 틀 속에서도 조선후기의 악·가·무를 전라북도에서는 유일하게 전승시킨 곳이었다. 이후 1940년대 전시 체제하에서 권번은 영업제지를 당하면서 사실상 해체된다. 그러나 광복 후에도 전라북도의 권번은 일부 공연을 옮기면서 완전하게 사라지지 않고 그 잔재가 남아있었다. 사실상 일제강점기에 권번은 전통문화를 보호하고 지키며 오늘에 전승한 교육기관이며, 그 기반에는 기생들이 있었다.

전라북도
권번 교육의
식민지 근대성

04

권번의 교육 및 예술 활동의 특징
다양한 종목의 전개와 수용
근대 예술교육기관으로의 정착
소결

전라북도
권번 교육의
식민지 근대성

일제강점기 권번과 기생들의 활동에 역사적인 의미를 부여한다면, 이들이 식민지배라고 하는 불리한 정치적 상황 속에서도 조선 후기까지 전승됐던 예술 활동을 지속시키는 역할을 담당하였다는 점이다. 조선의 예술과 문화가 점차 쇠퇴하고 있던 상황에서 권번은 전통예술의 맥을 잇는 교육을 시행施行했고, 기생들은 그 교육과정을 이수한 생도生徒들이었다.

결국, 일제강점기 권번과 기생들은 조선후기의 예악 전통을 오늘날까지 잇게 한 가교駕轎 역할의 주인공이었다고 할 수 있다. 특히 각종 공연과 경연대회, 그리고 대중매체를 활용한 기생들은 당대 최첨단 예술인으로 인정받으며 생계 안정과 대중 스타로 주목받기에 이른다. 권번에 소속된 기생들은 인기가 높았으며, 불경기에도 고소득을 올린 직업군에 속하였다.[1] 기생들은 1년에 500원 이상의 소득을 올리며 불경기不景氣란 시대적 상황에서 최고의 인기 있는 직업군에 해당하였다. 1930년대 당시 공장에 근무하는 한국인 남자의 하루 평균 일당이 1원이 못 되는 0.94원이었다는 통계[2]에서 알 수 있듯이 기생의 급여는 공장 노동자의 급여를 웃돌고 있었다. 따라서 기생들은

1_ 『동아일보』, 1933. 2.14. 화대 만여원, 군산소화권번 : 년래로 계속되는 불경기의 군산에 있어서도 유흥계를 살펴보면 불경기를 모를 만큼 풍성하든 당지에 있는 소화권번 23명 예기에 대한 시간비를 보면 작년 1월 이후 12월까지 11,983원이라고 한다.
2_ 손정목, 『일제강점기 도시사회상연구』(서울 : 일지사, 1996), 657쪽.

일제강점기에 인기가 높았던 최고의 직업에 속하였으며 부와 명예를 동시에 취득하는 대중적인 스타로 등장하였다.

앞의 제3장에서 일제강점기의 전라북도 예술문화 풍토와 교방과 권번의 연계성 및 권번의 조직화와 해방 후 국악원과의 상관성에 대하여 살펴보았다. 그 결과 조선 후기까지 행정중심지에서 활동하였던 국악교육기관이 일제강점기에 들어서 경제중심지로 이동하고 있었음을 알 수 있었다. 특히 일제강점기 권번은 주식회사로 설립되어 근대자본주의 사회에서 이윤을 추구하는 사업체로 운영되었다. 이처럼 기생들이 예인과 사회인으로 활동할 수 있었던 법적 울타리가 바로 권번이었다. 앞에서 살펴보았듯이 전라북도 각 지역에도 기생조합과 권번은 설립, 운영되었다. 이러한 권번이 오늘날 연예기획사와 같은 역할을 하였다는 사실은 이미 확인되었다.

본 장에서는 기생들이 여성예술가와 당당한 사회인으로 거듭나는데 바탕이 되었던 교육과정을 통해서 권번이 갖는 역사적 의미를 알아보고자 한다. 한국 근대예술에 내포된 식민지 근대성을 분석하는 데 있어 기생의 권번 교육은 매우 중요하게 다루어져야 마땅하다. 일본과 서구의 문화 이입과 함께 이식된 근대예술의 위력 속에서 기생들은 전통예술의 전승뿐만 아니라 예술 종목에 변용과 재창조를 통해 전통을 창조적으로 계승하였으며, 새로운 예술을 창작하고 무대화하였다. 이러한 점에서 기생들은 일제강점기 전통예술의 근대성을 추진하는 데 중요한 역할을 담당하였다. 기생들은 전근대 궁중과 교방여악이라는 제도 속에서 해방되어 존재의 자율성을 확보하였다. 이 시기의 기생들은 악·가·무의 전승 및 창작주체였다는 점에서 다분히 새로운 면모를 보이고 있다. 본 장에서는 문명의 개화와 계몽啓蒙에 일익을 담당한 기생들의 교육과 예술이 갖는 특성을 분석해, 기생의 근대적 성격을 고찰할 것이다. 먼저 교육과정에서는 전주권번·남원예기권번·군산소화권번·정읍예기조합 등의 기관에서 이루어졌던 각종 교육상황을 살펴보고, 또한 권번의 예술양상에서는 권번별로 소리·기악·춤을 나누어 살펴볼 것이다. 이를 통해 전라북도 안에 설립된 권번이 제공한 교육과정의 다양성과 보편성을 동시에 알 수 있다. 이 장에서는 권번의 지역별 교육내용의 다양성에 주목해서 두 가지 점을 논의하고자 한다. 하나는 권번과 기생이 당시에 가졌던 근대성을 살펴볼 것이고 다른 하나는 그럼에도 불구하고 권번이 전통예술 교육기관으로 정착하였다는 점이다. 다시 말해서, 이 시기 기생들은 근대적 교육제도를 통해서 전통예술을 지키는 주체로, 각종 제례의 주제主祭집단으로, 그리고 새로운 근대도시 속에서 전통예술과 근대예술을 아우르는 여성예술인으로 활약하고 있었다는 사실을 살펴보고자 한다.

1. 권번의 교육 및 예술 활동의 특징

권번에서 전라북도의 기생들은 다양하고 체계적인 교육을 통하여 전통예술의 다양한 갈래를 습득하고 활발한 활동을 하면서 오늘날의 전통예술 전승에 중추를 담당하였다. 현재까지 전해져 오는 국악과 춤 등에서 일부는 권번에서 교육을 담당한 명

〈도판 15〉 양금을 연주하는 기생, 1920년대
『사진엽서로 보는 근대풍경』 7권(민속원, 2009).

인·명창·명무들에 의해서 교습되고 전승되며 성장해왔다는 점에서 권번의 교육과정은 매우 중요하다 할 수 있다.

권번의 교육과정은 권번이란 교육기관에서 기생들의 학습과정을 통해서 그들이 가졌던 예술양식을 살필 수 있는 자료들이다. "1910년대 설립된 평양기성권번은 책임자가 학감學監과 취체取締였으며 입학연령이 8세에서 20세까지로 수업료도 1원 50전이었고, 수업기간은 만 3년이었다. 수업방식은 학년별로 수업과목이 다르고 졸업증서까지 주었으며, 규칙 위반자는 퇴학退學조치까지 취할 정도로 엄격하였다. 그리고 조선권번은 1923년에 설립되어 수업기간이 1년에서부터 3년까지 다양하였으며,

수업방식은 그룹으로 주요과목을 습득하고 나서 개인과목을 선택하였으며, 졸업규정으로는 삭회朔會와 연주회 등이 있었다. 광주권번 또한 수업기간이 3년으로 전공과목과 공통과목을 오전, 오후로 나누어 수업하였다."[3] 이처럼 일제강점기 권번은 심도 있는 교과내용과 교육방법을 통하여 기생들에게 전통예술을 교습하고 엄격한 학칙에 의해 예인들을 관리하는 전문적인 교육기관이었다.

전라북도 소재 각 권번에서 마련한 교과목은 소리·기악·춤 등으로 대동소이하지만, 세부 갈래에서는 차이가 보인다. 본 장에서는 그 차이가 지니는 의미에 주목해서 당시 전라북도 권번에서 이루어진 교육내용의 특성을 분석해 보고자 한다. 분석을 위해서는 먼저 각 권번에서 교육을 담당하였던 선생과 교육생들이 누구인가를 알아보는 일이 필요하다. 그러한 후에 권번별로 교육과정의 특징과 그 특징이 갖는 예술경향을 분석함으로써 식민시기의 전라북도 권번교육의 특성을 밝힐 수 있다.

THE GIRL PLAYING THE KOTO IN THE ROOM.
琴彈の女少るけ於に內室.

〈도판 16〉 가야금을 타는 어린기생, 1920년대 『사진엽서로 떠나는 근대기행』(민속원, 2009)

3_ 이설희, 「『조선미인보감』에 나타난 기생조합과 권번에 관한 고찰」(서울 : 한국예술종합학교 예술전문사, 2009), 42~46쪽.

1) 전통예술 계승의 주체성 강조

일제강점기 전라북도 권번의 교육과정은 학칙學則 등의 확실한 자료가 아직 발견되지 않아 상론할 수 없지만 각종 문헌자료와 구술자료를 통해 교육내용을 알 수 있다. 조선후기를 거쳐 식민시기 권번의 교육과정은 비록 과도기적 양상과 내용이지만 오늘의 전통예술이 온전하게 보존될 수 있는 자양분滋養分이 되었다. 일제강점이 진행되면서 지역에 따라서 전통예술 교과내용에 있어서도 변화가 일어나기 시작한다. 1920년 기성권번과 조선권번·광주권번·동래권번의 교과내용을 분석해 보면 성악·기악·무용에 있어 가곡歌曲·가사歌詞·남도잡가南道雜歌·가야금伽倻琴·거문고玄琴·검무劍舞·민속무民俗舞 등 갈래에 있어서 대체적으로 비슷하지만 1930년대에 들어서면서 기성권번에는 일본창日本唱, 조선권번에는 기악의 샤미센(三味線), 광주권번에서는 서양댄스와 일본 춤, 그리고 동래권번에서는 샤미센 등이 정식 교과내용으로 등장한다.[4] 이는 1930년에 들어서면서 권번도 시대적 상황에 맞추어 다양한 교과내용이 새롭게 추가, 포함되면서 기생들에게 교육시켜 진 것으로 보인다. 이러한 변화의 소용돌이 가운데에서 전주권번은 다른 곳과 비교해서 어떤 특징을 가지고 교육을 시키고 있었는가를 알아보고자 한다.

전주는 조선시대까지 전라감영이 위치한 곳으로 전라북도의 행정 중심지이자 문화 중심지였다. 예악을 관장하였던 교방이 조선 후기까지 존재하였으며, 앞에서도 열거했듯이 교방에서 많은 악공과 기생들이 악·가·무를 보존하였다. 그러나 일제강점이 시작되면서 교방은 사라지고 대신 1915년 전주예기조합, 1917년 전주퇴기조합, 1923년 전주권번이 세워지며, 이들을 통한 다양한 활동이 전개되는 양상을 보여주었다. 지금까지 집계된 자료를 보면, 1923년 언론매체를 통해 전주권번이란 명칭이 등장하며 이

4_ 이재옥, 「일제강점기 기생의 음악활동 고찰」, 『전통예술원 전문사 학위논문집』(서울 : 민속원, 2004), 762쪽; 손유주, 「개화기 기생들의 예술활동 연구」(서울 : 단국대 대학원 석사학위논문, 2005), 28쪽; 문재숙, 「갑오경장부터 일제시대까지 한국음악연구 – 고로들의 구술과 신문, 방송, 레코드 문헌을 중심으로」, 『이화음악』 제11호(서울 : 이화여대출판부, 1988), 44쪽; 성기숙, 「일제강점기 권번과 기생의 전통춤 연구」, 『한국민속학회 추계학술대회』(서울 : 한국민속학회, 2000); 추정금, 「동래권번에 관한 연구」(서울 : 중앙대 대학원 석사학위논문, 2004).

기관을 중심으로 각종 공연과 경연대회 및 대사회 활동이 진행되었다.

이와 같은 전주권번은 다른 지역의 권번 설립에도 원동력이 되었다. 실례로 광주권번은 광주에서 열린 전주권번 소속 기생들의 뛰어난 활동에 자극받아 탄생하게 된다. 그리고 전주기생조합의 활약은 가야금산조伽倻琴散調 창시자인 김창조의 역할이 크다고 할 수 있다. 김창조는 고향 광주를 떠나 전주예기조합과 전주퇴기조합에서 자신의 기량 향상과 후진 양성을 동시에 해 나갔다. 이러한 문화적 토양 위에 전주권번 기생들은 국내, 외 공연, 공진회 참여, 도일 공연 등을 실시했을 뿐만 아니라, 각종 구제활동으로 예술적 기량을 더욱 확대해 나갔다. 전주권번 소속 기생들은 수數에서도 전주권번의 위상이 높다는 것을 간접적으로 말해주고 있는데, 1923년 당시 전주권번의 기생 규모가 최소 50명을 넘었기 때문이다.[5] 『조선미인보감』에 수록된 지방의 기생조합에 소속된 기생을 보면 대구 32명, 동래 11명, 수원 33명, 평양 7명, 광주 7명, 인천 7명 순으로, 기록되어 있어 전주권번이 다른 지역 권번과 비교하면 결코 인원수에 뒤지지 않는 규모이며, 동시대에 최고의 여건을 갖추고 다양한 활동을 할 수 있었던 것을 보여준다.

전주권번에서 활동하였던 학습 선생으로는 가야금의 김창조·김삼태金三泰·거문고의 신쾌동, 퉁소의 유동초, 춤에 정자선·정형인·정모란과 판소리에 장판개張判介·김준섭金俊燮·신영채·송업봉 및 시조 최일원崔日元, 서화에 김희순 등이었다. 전주권번의 학습 선생으로 볼 때, 학습과정에서 교과목으로도 판소리를 비롯해 단가短歌·잡가·시조가 있었으며 기악으로는 가야금·거문고·퉁소·시조, 그리고 춤에서는 〈승무〉·〈검무〉·〈북춤〉·〈살풀이춤〉을 교육되었던 것으로 보인다. 또 서화와 예절교육 등의 수신과목도 심도 있게 전수되었는데, 학습 갈래에서도 이처럼 다양한 출신의 학습 선생들이 대부분 민속악의 명창·명인·명무란 점에서 민속 음악과 춤이 강세를 나타내고 있다. 이같이 민속 음악이 깊이가 있고 폭이 넓었던 이유는 전주권번에는 장

5_『동아일보』, 1923. 2.10. …(상략) 전주권번 소속 기생 50여 명 중 일부가 단연과 토산애용에 적극적으로 동참하고 시행 (하략)….

악원이나 아악부 출신의 교사들이 없었기 때문에, 자연히 민속악에 더욱 치중할 수 있었던 당대의 교육여건 때문인 것으로 추론된다. 또한, 학습 선생들의 전공이 다양하였던 것처럼 권번에서의 교육내용도 다양한 분야의 교과목들이 교습되었다.

전주권번 소속의 기생들을 열거하면 향란·능주·우순·월향·하월·능운·옥선·채선·옥주·초옥·능선·계화·채선·심순애·송진주·박해옥·황소월·황월중선·김금난·이국향·신채란·정유선·김봉선 등이다. 이들 기생은 국내, 외 공연과 각종 사회활동 등을 통해 신문지상에 등장하는 인물들로 자신의 특기를 각종 연희에 선보이며 주목을 받기 시작하는 등 왕성한 활동을 이어나갔다. 이러한 활동양상은 양적인 면에서도 방대하였다. 전주예기조합 기생의 수를 짐작케 하는 자료도 있는데, 『반도시론半島時論』 2권 8호에 따르면 "동 기생조합은 대정 2년 4월(1913년 4월)에 설립하였는데 기생은 상시 17명이더니 현재는 37명이더라 …(중략)… 연수차 연주회를 설행하여 경비에 보충 한다더라."6- 고 하였다. 전주권번은 지속적인 성장을 통해 소속 구성원 수도 많이 늘어났으며, 기생연주회의 개최 빈도頻度 또한 증가하였는데, 이러한 성장을 배경으로 전주권번은 기·예능 전 분야에서 활발한 활동을 전개하면서 지방권번에서 단연 주목을 받기 시작하였다.

〈도판 17〉 기생의 검무, 1920년대(좌) 『사진엽서로 보는 근대풍경』 7권(민속원, 2009)
〈도판 18〉 거문고를 연주하는 기생들, 1920년대(우) 『사진엽서로 보는 근대풍경』 7권(민속원, 2009)

6_ 「전남북의 담편 - 전주예기조합」, 『반도시론』 2권 8호(1918. 8), 72쪽.

전주권번 학습 선생 중 김희순·정자선·정형인 등은 주목되는 인물들이다. 김희순은 전주출신으로 조선미술전람회朝鮮美術展覽會에서 연 9회 입선하였으며, 시·서·화로 삼절三絶을 이루었고, 특히 사군자四君子에 매우 뛰어난 예술가였다.[7] 김은호 등 당대를 대표하였던 화가들과 교류하면서 전주의 미술발전에도 공이 컸던 김희순은 자신의 전공을 살려 전주권번에서 서화 교육을 담당하였다. 이와 같은 김희순의 서화교육의 전담은 소속 기생들이 단순하게 악·가·무에만 집중적으로 교육을 받은 것이 아니라, 서화와 같은 수신과목도 배워 종합예술인의 소양을 익힌 것으로 풀이된다. 기존의 평가대로 기생들이 저급문화의 상징처럼 부분적인 예술만으로 일관한 것이 아니라 종합 예술인들이 갖추어야 할 덕목을 권번에서 체계적으로 학습한 것이다. 이 같은 모습은 김소희金素姬가 서예를 익혀 각종 공모전에 입상하며 예인의 모습을 보여주는 것과 유사하다 할 수 있다. 정자선은 일제강점기 정읍권번과 이리권번을 거쳐 전주권번에서 전문적인 춤 교육을 담당하였던 명무였다. "정자선은 소리와 기악은 물론 춤에 뛰어났는데, 그의 전주권번 제자로는 김소란·정형인·박금술·김유앵·장송악·박영선 등이었으며, 그 중에서도 수제자는 정형인과 김소란이었다."[8]

정자선의 아들로 선친先親의 예술의 맥을 고스란히 이어온 정형인 또한 전주권번과 해방 직후 전주지역의 대표적 춤 명인으로 활동하며 일제강점기와 해방 전, 후의 전주지역 춤을 주도하였다. 〈도판 19-1〉과 〈도판 19-2〉의 정형인은 현재까지 소개된 그의 유일한 사진으로 알려졌으며, 이 도판들은 정형인이 전주농업고등학교全州農業高等學校(현 전주생명과학고등학교)에서 후학을 지도하면서 촬영한 것으로 밝혀졌지만, 연도는 확인되지 않고 있다. 현재 정형인의 춤은 전주지역을 중심으로 전승되어온 전라삼현육각全羅三絃六角 반주에 맞추어 추는 〈전주全州 승무僧舞〉로 복원되어 있어 명맥을 잇고 있다. 그리고 전라북도 무형문화재인 최선崔善이 당시 전주권번 출신의 노기老妓 정모란에게 춤을 배웠다는 증언에 따르면[9] 전주권번에서 노기 정모란이 춤을 지도하였던

7_ 최승범 대담(2008년 8월 19일, 전주 고하문예관).

8_ 『승무·살풀이춤』 전남·전북편(서울 : 문화재관리국 문화재연구소, 1990), 10쪽.

9_ 최선 대담(2008년 7월 10일, 전주 최선무용연구소).

〈도판 19-1〉정형인 생존 사진 정인삼 제공   〈도판 19-2〉정형인 생존 확대 사진

학습 선생이 분명해 진다. 최선은 전주권번 기녀출신 정모란을 비롯해 여러 노기에게 〈입춤〉·〈북춤〉·〈승무〉 등을 익혔으며, 전북도립국악원 교수를 엮임 하였던 김유앵 역시 1940년대 초반 전주권번에서 정자선에게 〈살풀이〉를 비롯해 〈승무〉·〈검무〉·〈살풀이〉 등을 배운 것으로 확인되었다.[10] 특히 정자선, 정형인의 춤을 익히려고 전국에 있는 무용가들이 전주권번을 찾아와 지도를 받았다고 한다.[11] 이처럼 전주권번은 수많은 명창·명인·명무들이 권번이란 공간에서 전통예술의 맥을 이어온 산실이자 교육기관이었다. 그러므로 전국 각지에서 전통문화를 배우려고 몰려올 정도로 예술성이 집약된 곳이 바로 전주권번이라 할 수 있다.

따라서 전주권번은 조선 후기까지 전라도에서 가장 큰 규모를 보였던 교방의 명맥을 잇고, 명인·명창·명무들이 학습 선생으로 자리를 잡으면서 잘 구성된 교육과정을 갖추고 이에 따라 기생들도 몰리는 교육기관으로 성장, 발전해 나갔다. 결국, 전주

10_ 구회서, 『한국의 명무』(서울 : 중앙일보사 출판부, 1985), 79쪽.
11_ 최승범 대담(2008년 8월 19일, 전주 고하문예관).

라는 도시가 조선시대까지 행정중심도시로서의 위상을 지키며 식민지시대의 근대로 이어지면서도 전통예술을 지키고 주목받을 수 있었던 근저에는 권번과 기생이 있었다고 할 수 있다.

조선후기까지 교방에서 연행되었던 음악과 춤은 기생을 통해 특정 층만을 대상으로 펼쳐졌다. 그러나 일제강점기를 관통하면서 전국으로 흩어졌던 궁중악인과 민속 예술인들은 예술 근간을 권번에 두면서 새로운 환경을 맞고 예술성을 이어나갔다. 전주권번에도 전국의 유명 명인·명창·명무가 학습 선생으로 몰리면서 전통예술을 온존하게 계승했고, 그 기반 위에 시대에 맞는 분야를 개척, 창작하면서 미적 근대성을 견인하는 토대가 되었으며, 전통예술 계승의 주체성을 강조하였다.

그러나 전주권번은 타 권번에서 가르쳤던 서양댄스, 일본춤, 샤미센 등이 교과목에 포함되지 않았던 것으로 보인다. 전라북도가 오늘날에도 전통예술이 비교적 원형 그대로 보존되고 후대에 전승될 수 있었던 이유가 전주권번에서 보이는 것처럼 전통의 맥이 이어질 수 있는 문화적 토양과 환경이 있었지만 옛것에 천착穿鑿하며 고집스럽게 전통예술을 계승하기 위한 권번의 역할과 기생의 활동이 면면이 남아있기 때문이다.

2) 의례 주제 집단으로의 활약

일제강점이 시작되면서 기생들도 기존과의 다른 환경에 처하면서도 예술교육과 교과과정을 거쳐 새로운 시대적 흐름에 동참하였다. 이전 시대에 신분적 제약으로 천민이었던 기생들은 면천을 거쳐 새로운 시대적 예술인으로 거듭난 것이다. 특히 남원지역을 중심으로 한 기생들은 춘향제라는 의례를 통해 더 이상 천민이 아닌 춘향제의 주인임을 실천해 나갔다. 면천이 되기 전까지 교방에 소속된 악공과 관기는 관찰사의 부임赴任 등에 동원되어 놀이패로 활약하기도 하였다. 이러한 놀이패의 역사적인 모습은 허균許筠(1569~1618)이 지은 『성소부부고惺所覆瓿藁』에 나타난다. 이 고문헌에는 "삼례參禮에서 점심을 먹고 전주로 들어가는데, 판관判官이 기악伎樂과 잡희雜戱로 반마장이나 나와 맞이하였다. 북소리 피리소리로 천지가 시끄럽고 천오川烏, 쌍학雙鶴, 쌍간雙竿, 희환

戲丸, 대면大面, 귀검鬼瞼 등 온갖 춤으로 길을 메우니 구경하는 사람이 성곽에 넘쳤다"[12]-라고 기록하였다. 1610년 허균이 자신의 큰 형 허성許筬이 전라도 관찰사가 되어 가족들을 데리고 전주로 내려갔을 때 모습을 기록한 이 사료는 조선시대에 관찰사 부임 등에 풍성한 전통예술이 연행으로 전개된 것을 증명해 준다.

그러나 조선시대 관기들은 관찰사 부임 등에 동원되어 연희를 전개하였지만 종속적인 신분관계로 인하여 주제집단으로 나서지 못하는 한계에 봉착하였다. 그러나 일제 강점기에는 신분해방을 통해 춘향제와 같은 의례에서 자신들의 존재감을 확인시켜 나가면서 주제자主題者로 참여하는데, 이는 근대적 예인의 면모를 확장시켜 나간 것이다.

남원은 조선 후기까지 교방의 존재 여부가 『호남읍지』에 나타나지 않지만, 활동을 통해서 교방청의 설치 여부는 충분히 가능성이 있으며, 기생의 잔재殘在 또한 풍성하게 남아있었다. 그리고 일제강점기에 들어서서는 기생들을 중심으로 춘향제 주제집단으로 활동의 폭을 넓히면서 기존과는 다른 권번과 기생의 명성을 이어냈다. 1890년 광한루 경내에 있었던 남원기생조합의 후신으로 남원예기권번을 지칭할 수 있다. 1921년 광한루 경내에 설치되었던 남원예기권번은 일제의 통제와 감시 속에서도 전통 예악을 전수하는 기관으로, 그리고 소속된 기생들은 춘향제 주제집단으로 활동하기에 이른다.

남원예기권번의 학습 선생으로는 전주를 떠나 남원에서 잠시 거주하였던 김창조를 비롯해 판소리 김정문金正文과 장득진, 농악 김준팔, 소리와 민요의 유경학 등이 있다. 또 기생으로는 춘향제에 참여하였던 이현순과 이화중선·이중선·조기화·강국향姜菊香·조영숙·한진옥韓振玉·조갑녀 등이다. 이 가운데 남원예기권번의 구체적 실상을 사료와 구술로 알려주는 명인들로는 명창 김정문·이화중선·한진옥과 명무 조갑녀 등을 들 수 있다. 김정문은 남원권번의 소리선생으로 남원이 판소리 고장으로 확고한 위치를 점하게 하는 데 이바지 한 인물이다. 세상을 떠날 때까지 남원 주천면에 거주

12_ 『국역성서부부고』 III(서울 : 민족문화추진회편, 1967), 67쪽. 午飯于參禮入州判官出伎樂雜戲于半程以迎 鼓吹隨天萬舞塞余 天吳雙鶴雙竿戲丸大面鬼瞼 觀者諠郭.

<도판 20> 동경 가는 김정문 명창 일행 『동아일보』 1934. 4.15.

하였던 김정문은 말년까지 남원권번의 소리선생으로 활동하였다. 이처럼 남원은 신흥
도시에 밀리고 교통망의 미발달이라는 당시 사회현상을 극복하고 동시대의 최고 명
인·명창·명무들이 권번의 학습선생과 기생으로 활동하면서 한국 전통예술계의 중
심부를 이루고 있었다.

김용근이 발굴해 학계에 소개한 범죄인명부犯罪人名簿는 김정문에 대한 상세한 기록
이다. 1918년부터 1945년까지 일제강점기에 일본인에 의해서 작성, 관리되어온 범죄
인명부 중 남원군 주천면의 명부에는 "김정문의 본적지와 출생지, 그리고 주소지 및
이명異名·족칭族稱·범죄명犯罪名·형벌刑罰·형기刑期 등 우리나라 국민을 완벽하게 관
리하는 내용이 기록되어 있다." 이 범죄인 명부는 당시 철저한 조사와 내용을 기록
관리하여 통치의 수단으로 활용하였기 때문에, 호적의 내용보다 객관적인 신뢰성을
가지고 있다. 이 자료에는 명창 김정문의 본적이 남원군南原郡 주천면朱川面 고기리高基
里이며 다른 이름은 김대윤金大允이고, 족칭族稱은 상민常民인데, 이는 일제의 민족문화
말살정책의 단면을 보여주는 것으로, 직업란에 '가무사歌舞師'로 기재하여 문화예술인
을 상민으로 취급하였음을 알 수 있다. 범죄부 명부에 그의 죄명이 '모르핀 취체'[13]로
되어 있는 것도 특이하다.

13_ 김용근, 『이야기로 풀어보는 지리산 판소리』(남원 : 지리산판소리문화연구소, 가왕 송흥록가 후손가족회, 2008),
304~305쪽.

당시 시대적 상황으로 볼 때, 협률사의 어린이 관람료가 5원이었으며, 이 돈으로 모르핀 100그램을 구입할 수 있다는 점을 감안한다면 누구나 모르핀에 손을 댈 수 있었던 암울한 시기였다. 특히 이 시기의 전통예인들은 모르핀에 몰두해 형벌刑罰을 받기도 하였다. 따라서 "나라 잃은 설움과 예술인으로서 망국의 한을 달래려고 유행처럼 번졌던 아편에 중독이 되었으며, 김정문 역시 모르핀 복용이란 죄명으로 1926년 남원권번에서 체포되어 광한루에 있는 감옥에서 1개월 15일의 수형생활을 하였다."[14]

이후 상경한 김정문은 〈도판 20〉에서 맨 왼쪽의 인물로, 시에론 축음기상회의 기획으로 〈춘향전〉을 녹음하기 위해 일본 동경에 다녀오기도 하였다. 김정문은 신금홍申錦紅과 〈춘향전〉을 녹음하기 위하여 도일하였는데, 이 때 최순경崔順慶·장명화張明花·김형원金衡瑗이 각각 참여하였다.[15] 이는 동시대에 국악인들이 음반 산업과 같은 매체를 통해 근대 음악을 선도하고 대중들이 무대가 아닌 축음기를 통해 전통음악을 감상할 수 있는 하나의 근대 지향적인 모습에 적극 참여하였다.

또한, 남원권번의 소리선생으로 박중근이 있었는데, 중요무형문화재였던 강도근 명창의 생존 구술에 의하면 "박중근이 1930년 12월 12일에 임실任實에서 남원시 향교동 427번지로 이사를 와서 살면서 김정문과 함께 남원권번에서 소리선생을 하였다. 강도근은 남원권번에서 박중근에게 단가와 〈춘향가〉 초 앞을 공부하였으며 박중근이 자신의 친구인 김정문에게 강도근을 소개해 주어 김정문에게 소리를 배우게 되었는데, 이후 진주로 떠난 박중근은 1936년 진주에서 후손이 없이 사망하였다."[16] 강도근의 스승인 박중근은 송만갑에게 소리를 배워 활동한 소리꾼으로 많은 음반을 남겼을 정도로 기량이 출중한 만큼 남원권번의 위상도 그를 통하여 간접적으로 유추해 볼 수 있다.

그리고 김준팔도 남원권번의 소리선생으로 활동[17]하였고, 이화중선 역시 남원권번

14_ 김용근, 위의 책, 304~305쪽.

15_ 『동아일보』, 1934. 4. 15. 춘향전 취입하러간 시에돌 가수들 : 시에론 축음기상회에서는 금번에 춘향전을 전부 취입하는 동시에 김정문, 신금홍과 서도 민요와 가야금 최순경, 장명화, 김형원이 취입을 위하여 동경으로 향하여 경성을 떠났다고 한다.

16_ 김용근, 앞의 책(2008), 314~315쪽.

17_ 최혜진, 「이화중선의 생애와 예술성」, 『판소리연구』 제15집(서울 : 판소리학회, 2003), 79쪽.

에서 활약한 명창이다. 이화중선은 남원군南原郡 송동면松洞面 태동笞洞마을에 살았던 남원권번 소리선생 장득진에게도 판소리를 배운 것으로 나타난다.[18] 장득진은 남원군南原郡 주생면周生面 내동리內洞里에서 살던 장재백 명창에게 〈춘향가〉와 〈변강쇠가〉를 배우다가 생활이 어려워지자 조선시대 때부터 민간용 부채 제작지로 알려진 남원군 조산리에서 부채 기술을 익혀 남원군 송동면 태동마을에서 낮에는 부채를 제작하면서 생계를 유지하였으며, 저녁에는 남원권번에 나와 이화중선과 이중선을 비롯하여 어린 학생들에게 민요와 판소리를 가르쳤다.

"장득진은 17세의 이화중선을 자신의 호적에 첩妾으로 올려 주었는데, 남원권번에서 소리를 배우고 있을 때 남원지방에서 환갑잔치나 공연 요청이 있으면 권번의 조합장은 이들을 보내어 공연활동을 하도록 해서 그 수입금을 권번 운영자금으로 사용하였다. 그러려면 공연자들은 신분을 정확히 밝힐 호적이 필요하였는데, 일제강점기인 이 시기에는 일본이 전 국민을 상대로 호적을 만들려고 주거 표를 만들기 시작한 때로 호적에 이름이 기재되어 신분을 밝혀 놓아야 제약을 받지 않고 활동을 할 수 있었다. 따라서 장득진은 공연을 위하여 다른 지역으로 이동 중에 일본 헌병의 검문에 대비하기 위하여 이화중선을 자신의 첩으로 호적을 만들어 올려 주었다."[19]

한진옥韓振玉은 해방 후 광주광역시에서 활동하였던 명인이다. "1911년 전라북도 순창군에서 태어나 4세 때부터 옥과玉果에서 성장한 한진옥은 17세 때부터 남원권번에서 춤 공부를 시작하였으며, 스승은 옥과 출신의 이장선李長仙(1866~1939)과 순천 태생인 이창조李昌祚였다. 이장선은 취악吹樂에 능해 궁宮 출입이 있던 사람으로 어전御前에서 참봉參奉을 하사받은 일로 유명하였다. 한진옥이 이장선을 처음 만났을 때에는 환갑의 나이였는데 건강이 좋지 못하여 오래 서 있지를 못하였다. 그에게 춤을 가르칠 때도 힘이 들어서 벽에 자주 기댔고, 어떤 때는 입으로 손짓으로만 가르쳤다. 2년 동안 그 밑에서 공부를 하는 동안 한진옥은 〈검무〉·〈화관무〉·〈범패무梵唄舞〉·〈바라춤〉·

18_ 김용근, 앞의 책(2008), 383쪽.
19_ 김용근, 앞의 책(2008), 392~393쪽.

〈승려무〉·〈학춤〉·〈살풀이〉 등을 배웠다. 이장선에게 배운 〈범패무〉·〈바라춤〉· 〈승려무〉는 모두 승려 복식으로 범패에 나오는 모든 춤을 바탕으로 한 것이다."[20] 한 진옥은 1941년 광주로 거처를 옮기기 전까지 남원권번에서 수학하고 나서 자신의 집 에서 제자를 가르쳤으며 광주에서는 광주국악원·민속예술학원, 그리고 1974년부터 광주시립국악원光州市立國樂院에서 지도위원으로 활동한 것으로 알려졌다.

남원권번 소속이었던 조갑녀는 1923년 1월 22일 남원시 금동錦洞 29번지에서 조기 환과 방성녀의 다섯 자매 중 맏딸로 태어났다. 부친 조기환은 남원권번에서 악기 연 주를 하였던 전문연예인專門演藝人이었고, 고모 조기화 역시 남원권번의 이름난 예기 출 신이었다. 이러한 집안 환경 때문에 조갑녀는 6, 7세쯤 권번 학습을 자연스럽게 받게 되었으며, 남원 권번장으로는 이백삼이 있었고 예능을 담당한 선생은 소리와 춤, 그리 고 기악 등에 있어서 5~6명 정도 있었다.

남원권번 학습생은 약 30~50명이 넘었고 예절교육·악기·소리공부·춤 학습 과 정으로 교육되었다. 조갑녀는 이장선에게 춤 공부를 하였는데, 승무는 독대獨對로 배 웠으며 〈염불〉과 〈타령〉을 가르치고 난 후 〈굿거리〉는 스스로 우러나오는 춤을 추어 보라고 하는 식의 교육이었다. 조갑녀는 1931년 제1회 춘향제에 참가하였으며, 제2회 춘향제와 제3회 춘향제에서는 선배기생들과 〈검무〉와 꽃을 들고 추는 〈화무花舞〉를 추 었다. 제4회에서 제8회까지는 〈승무〉를, 제9회부터 제11회까지는 〈승무〉와 〈살풀이〉 를 추었다. 남원권번은 1938년 주식회사가 되면서 장학제도가 마련되는 등 체계적인 교 육환경을 갖추었을 정도로 규모를 형성하였다.

1938년부터 1940년까지 장학생으로 선발돼 광한루 경내에서 시상식도 마쳤던 조갑 녀는 활발한 공연과 더불어 남원의 주요행사에 참가해 남원권번을 이끌고 가는 수입 원收入源으로 활약하였다. 그 후 결혼과 함께 권번과의 인연을 끊었던 조갑녀는 "남원 권번에서 가장 중요한 학습은 예절교육이었으며, 남원권번에서는 일본어 교육이 없었 고, 철저하고 엄격한 예절교육을 통해 조선인의 자긍심을 느꼈다"[21]고 한다. 또한 춘

20_ 구희서, 앞의 책(1985), 48쪽.

향제 제례의식에는 남자들이 참석할 수 없었다고 하며, 특히 춘향제를 지내려고 한 달 동안 금기사항들을 엄격하게 지키는 규칙도 세우는 등 기생 주도 하에 철저한 준비상황도 전개하였다.

남원권번에서 기악교육은 양금洋琴부터 시작되었고, 전반적인 악기 북·장고·가야금 등을 다룰 수 있도록 하였으며, 소리는 시조·단가·판소리 다섯 바탕을 차례대로 교육받았다. "그리고 춤 학습은 소리와 악기공부를 마치고 춤 장단을 어느 정도 알아들을 때 선택에 의해 〈승무〉와 〈검무〉를 전수받았다. 소리와 악기는 공통과목이었고, 춤은 선택으로 하였으며, 지도비指導費는 개인이 부담하였다. 권번 학습시간은 오전에는 글공부와 예절공부, 그리고 오후에는 예능 공부를 전문적으로 받았다."[22] 이처럼 지방에서 유일한 전통예술교육기관이었던 권번은 체계적인 근대교육기관처럼 교육과목과 학제를 구성하고 있었다.

조갑녀는 남원권번의 교과목 가운데 예절교육이 중요하게 다뤄졌다고 대담에서 강조하였다. 당대 권번들은 일제 식민통치하에 설립된 관계자로 일제에 의해 계획적으로 일어교육을 받고 일본인들의 행사에 예기들이 어김없이 참여한 것은 주지의 사실이다. 그러나 남원권번에서는 일본어교육이 없었으며, 일본인들의 행사에는 참가하지 않았다고 회고하였다. 한글학습으로 듣고 말하는 교육과 용모가 단정한 자세교육으로 일어나는 자세와 앉는 자세, 그리고 걸음을 걷는 자세교육과 몸가짐, 마음가짐 등의 엄격한 교육으로 예기들 자신 스스로 법도를 만들어 실행에 옮기는 등 조선인으로서의 자긍심을 잃지 않은 예기들의 정신은 남다르다고 하였다.

남원예기권번의 교육과정을 요약하면 소리에서 판소리·가곡·단가·시조였으며, 기악으로는 가야금·양금·북·장고·음률, 그리고 춤은 〈승무〉·〈화무〉·〈검무〉·〈범패무〉 등이며, 예절교육과 묵화墨畵, 서예가 학습이 되었다. 남원예기권번은 춘향사 건립의 주역일 뿐만 아니라 춘향제 성립에 재정적으로도 이바지하였다. 열녀춘향

21_ 조갑녀 대담(2008년 6월 10일, 남원시 쌍교동 조갑녀 자택).
22_ 조갑녀 대담(2008년 6월 10일, 남원시 쌍교동 조갑녀 자택).

이 자신과 같다는 동질의식은 기생이 천한 신분이 아니라는 것을 역설한 것으로 보인다. 또한, 창기나 창부로 평가가 절하_{切下}되는 것을 거부했던 기생집단은 춘향의 제사를 통해 신분상승 욕구와 정체성 확립을 공고히 하였으며 의례 주제자로 활약함에 따라 근대지향적인 행동을 실천해 나갔다. 따라서 기생들이 악·가·무만을 습득하고 이를 선보이면서 긍지가 있는 활동 등을 통해 사회인임을 전개해 나갔다. 이는 기생들의 주체성, 정체성이 새롭게 확립되어가는 것으로 이전시대와는 다른 근대성을 지향하고 있었음을 단적으로 보여준다고 할 수 있다.

따라서 이 시기의 기생들은 확고한 신념과 대규모 집단을 형성하면서 춘향제를 직접 주도하면서 예인으로 거듭났다. 이 점은 기생이 직업여성으로서 사회적 화제였던 춘향제를 직접 관장함으로써 다수의 대중이 공감할 수 있는 축제로 거듭나는데 기여한 것이다. 남원권번 소속의 기생은 동시대의 서양음악을 전공한 예술가들이 새로운 것을 추구한 것에 비해, 권번의 교육과정과 내용을 습득한 후 전통음악의 보존과 전승을 담당하면서 춘향제와 같은 의례에 적극 동참함으로서 보수적인 성향의 예인과 사회인의 면모를 지니기도 하였다.

3) 경제도시의 문화예술 주도

제2장에서 살펴보았듯이 조선후기의 전국 8도의 교방은 행정중심지에 위치해 있었다. 그러나 일제강점기를 거치면서 기생조합과 권번의 전승과정에 있어 이러한 행정중심지의 틀이 변화된 것을 밝힌바 있다. 즉 행정중심지에 설립된 교방은 일제강점기에 들어서면서 변화를 맞았고, 결국 경제와 상업중심지에서 새로운 교육기관이 기생조합과 권번이란 이름으로 설립되기에 이른다. 『조선미인보감』에는 서울에 4권번, 경북 3권번, 경남 1권번, 전남 1권번, 평남 2권번, 경기에 3권번, 인천 1권번, 충남 1권번이 운영되었다고 기록돼 있다. 이러한 권번은 조선 8도의 교방을 전수한 곳도 있지만 신흥도시로 부각되는 인천·연기·안성·수원 등지에 조합이 설립된다. 이는 신흥도시, 즉 경제중심에서 조합과 권번이 등장하는 계기가 바로 경제와 밀접한 관계가 있

다는 것을 시사한다. 경제중심도시經濟中心都市의 탄생은 인구와 경제, 산업 등에서 괄목할만한 발전을 거듭하며 일제강점기에 새로운 중심도시로 건설되었다.

이와 마찬가지로 군산지역에도 새롭게 권번이 설립된다. 군산지역은 일제강점이 시작되면서 근대적 도시로 탈바꿈되었다. 이러한 배경에는 풍부한 물산 등의 지리적 요건으로 인해 일제가 수탈의 목적으로 신흥도시를 세우면서 시작되었다. 군산에는 조선 후기까지 교방이 없었으며, 1899년 개항되면서 도시 형태로 급격한 발전이 되어 1914년 『조선전라부군면리동명칭일람朝鮮全羅府郡面里洞洞名稱一覽』에는 전라북도에서 가장 큰 '군산부群山府'로 기록되기도 하였다. 이처럼 군산지역은 일제강점기에 신흥도시로 탈바꿈되면서 권번이 설립되었다. 군산은 교방의 전통도 없었지만, 일본인들의 거주에 따라 다른 지역 권번보다 활발한 양상을 띤다. 왜냐하면, 신흥 경제도시에 따라 물산이 풍부하고 수요층이었던 일본인들이 거주함에 따라 명인·명무·명창이 이주하기 때문인데, 일제강점기 치옥제도가 설치되었던 군산은 1924년 전국의 기생 60명[23]을 모아 권번이 설치되었다.

이러한 시대적 배경 속에 탄생한 군산소화권번의 학습 선생으로는 소리의 장판개·배설향裵雪香·송업봉·이기권과 〈승무〉, 〈살풀이춤〉의 신고주, 〈굿거리 춤〉과 〈동살풀이 춤〉을 담당하였던 도금선覩錦仙 등이 활약하였다. 그리고 기생으로는 김유앵(전북도립국악원 교수를 역임했던 김유앵과 동명이인)·김애정·한금자·진채옥·심소련·성운선 등이 있었다. 그러나 확실하게 군산소화권번의 사료는 김원술金原述과 장금도에서 나타났다. 1921년생인 김원술은 20여 살 때 군산권번에 가서 이기권에게 〈숙영낭자전淑英娘子傳〉 전 바탕을 배웠다.[24]

그리고 1928년에 태어났고 12세에 군산소화권번에 입적하여 29세까지 춤을 추었던 장금도 명인은 군산소화권번에서 활동하였던 현존하는 인물로, 이명곤·김창용·이기원에게 각각 단가를 배웠으며, 이기원에게 시조, 민옥행·이명곤·김창룡·김춘섭

23_ 『조선일보』, 1932. 1.21.
24_ 문화재관리국 문화재연구소, 『판소리유파』(문화재조사보고서 16, 서울 : 문화재관리국, 1992), 119쪽.

등에게 소리를 익혔고, 가야금은 이운주로부터 배웠으며, 춤은 김백룡金白龍·도금
선·최창윤 등에게 공부하였다.[25] 이 가운데 경상도 출신이었던 도금선은 권번 출신
으로 군산 일대를 주름잡던 명무로, "최승희가 〈기러기 춤〉을 배우려고 군산에 찾아
올 정도로 실력자였다. 군산소화권번에서 춤 선생으로 있던 도금선에 발탁된 장금도
는 본격적으로 〈살풀이춤〉을 배우기 시작하였으며, 19세 때 도금선의 안내와 소리하
는 선배 조금화·이연행·김미화金美華 등의 추천으로 전국에서 제일 유명한 명월관,
국일관, 금정 등 서울 일대에서 2~3년간 활동하였다.[26] 두한수 역시 군산소화권번의
춤 선생이었던 김백룡과 도금선에게 춤을 배운 것"[27]으로 나타났다.

군산권번의 또 한 명의 춤 명인은 최금앵이다. 최금앵의 부친은 이름을 알 수 없지
만 군산 일대뿐만 아니라, 남도南道까지 알려진 유명한 권번 춤 선생으로 특히 〈승무〉
에 출중하였으며, 모친은 이름난 당골네였다. "최금앵은 춤을 비롯하여 기악 전반과
소리 등에 두루 재능이 있었고, 그의 오빠 최한용 역시 국악인으로서 활동범위가 넓었
다. 이명곤은 당대의 소리꾼으로 이름난 이기권의 조카이기도 하며, 김창룡은 충청도
태생으로 아버지가 명창이었다는 말은 있으나, 정확하지 않은 것"[28]으로 밝혀졌다.

군산소화권번의 학년제는 4학년으로 학년이 올라가려면 반드시 일정수준의 실력을
갖추어야 했으며, 이를 가늠하기 위해 1년에 한 번씩 시험을 실시해 평가하는 제도를
시행하였다. 이 같은 시험을 통해 평가하는 제도는 오늘날 국악단체와 무용단체들이
1년, 혹은 2년에 한 번 정도 오디션을 통해 단원들의 실력을 검증하고 평가하는 제도
와 유사하다. "권번은 지금의 학교와 같은 체계로 운영되었고, 기숙제도는 별도로 없
었다. 수업은 오전과 오후로 나뉘어서 진행되었는데, 오전에는 학년별로 수업이 진행
되고, 오후에는 배운 것을 연습할 수 있도록 자유연습시간을 줬다. 이외에도 권번에
서 하루에 1시간씩 일본어를 배웠으며, 소화권번의 예능 사범은 춤·기악·소리 등

25_ 장금도 명인의 증언은 2007년 함한희가 군산에서 인터뷰한 내용을 발췌, 정리한 것이다.
26_ 송미숙, 「소화권번의 장인 장금도에 관한 연구」, 『대한무용학회논문집』 제43호(서울 : 대한무용학회, 2005), 305쪽.
27_ 구희서, 앞의 책(1985), 83쪽.
28_ 어조동실주인, 「조선광대의 사적 발달과 및 그 가치」, 『판소리연구』 제8집(서울 : 판소리학회, 1997), 323쪽.

전공별로 있었고 일본어를 가르치는 선생"[29]-도 별도로 존재하고 있어 기생들이 기본적으로 일본어를 수학할 수 있었다.

또 장금도를 통해 군산소화권번의 교육과정을 알 수 있다.[30]- 군산소화권번은 총 4년 동안의 교육 과정을 마쳐야 하는데, 1학년 때 테스트를 통과하면 다음 학년으로 진급進級할 수 있었다. 대부분 권번의 선생들은 남자였으며, 한 달에 한 번씩 수강료를 냈고, 소리는 단가를 처음 배우는데, 단가 한 마디를 떼면 바로 판소리에 들어갔다. 당시 완창完唱이라는 것이 없었던 관계로 판소리는 한바탕을 다 하는 것이 아니라, 토막소리를 익히고 보통 30분 정도 하는데, 이 소리를 배울 때 써 놓으면 머리에 들어가지 않는다고 노랫말을 적어 주지 않아 암송하는 형식이었다. 시조와 단가는 오전에 배우고 오후에는 연습하였으며, 마지막에는 일본선생이 일본노래를 가르쳐 주었다. 군산소화권번에서는 유행가를 부르면 작부라고 여겨 유행가는 하지 않았으며, 〈청춘가靑春歌〉라는 노래를 배워 온 친구에게 그 유행가를 배우다가 선생님에게 꾸중을 받은 일도 있었다.

또 김애정金愛貞도 군산소화권번에서 활동한 명창이었다. "마산馬山 남선권번南鮮券番에서 기·예능을 공부한 김애정은 1940년대 초반 군산소화권번으로 옮겨 송만갑의 조카였던 송업봉에게 〈적벽가赤壁歌〉를, 신고주에게 〈승무〉와 〈살풀이춤〉을, 도금선에게 〈굿거리 춤〉과 〈동살풀이춤〉을 각각 배웠다. 이밖에 군산소화권번에는 현금자·진채옥·한매화가 활동"하였다.[31]- 군산소화권번 역시 근대적인 교육과목과 학제學制를 통해 근대적인 교육양상을 띠게 되었다.

매달 열리는 삭회는 풍기문란風紀紊亂을 막는 군기교육軍紀敎育과 춤·소리·시제詩題를 겨루는 자리로, 권번장의 주관 하에 일본인 경찰서장·시장·군수·큰 기생 등이 참석하여 실력을 평가받았다.[32]- 따라서 삭회는 모든 조합원들이 참석해 의결사항을 듣고, 선후배간에 조언을 나누었던 모임이었던 만큼 자치체적 성격을 토대로 하고 있다.

29_ 성기숙, 『한국 전통춤 연구』(서울 : 현대미학사, 1999), 494~496쪽.

30_ 장금도 명인의 증언은 2007년 함한희가 군산에서 인터뷰 내용을 발췌, 정리한 것이다.

31_ 정범태, 『명인명창』(서울 : 깊은샘, 2002), 294~295쪽.

32_ 송미숙, 앞의 글(2005), 301쪽.

그리고 기생조합과 권번이 통제와 착취의 대상임과 동시에 외부 권력에 저항하는 토양을 또한 제공하기도 하였다.

권번은 철저한 예술교육을 바탕으로 다양한 교양도 배울 수 있었던 공간임과 동시에 일제의 통제 하에 철저하게 관리되었던 기관이었다. 권번에서는 매년 한 차례씩 시험을 거쳐야 했는데, 시험을 칠 때에는 밖에 대기하고 있다가 한 명씩 방으로 들어가서 순서대로 시험을 보았으며, 이때의 대화는 모두 일본말로 하였다. 처음에는 걸어가는 것, 앉는 것 등의 예의범절과 다음으로 시조·단가·판소리·춤 등 전공별 시험이 이어졌다. 전공시험은 약 30분 정도 진행하였으며, 시험에 합격해야만 소위

〈도판 21〉 승무, 1920년대
『사진엽서로 떠나는 근대기행』(민속원, 2009)

'놀음'에 나갈 수 있는 자격을 줬다. 영업을 할 수 있는 일종의 자격증인 허가증은 군산경찰서에서 발급해 주었는데, 이 허가증을 소유한 사람들에 한해서 '놀음'에 나갈 수 있었다. 요릿집에서 요청이 들어오면 그곳에서 보내준 인력거를 타고 나가거나 권번의 인력거를 타고 나간다. 당시 군산에는 죽서동에 위치한 명월관이 번성했고, 그 다음으로 영화동에 있는 만수장이 유명하였다. 당시 명월관이나 만수장에 드나들던 부류는 돈 많은 지역의 유지들이었는데, 이들은 예술에 조예가 깊었을 뿐만 아니라, 한두 가지씩 장기를 갖고 있기도 하였다. 권번의 기적妓籍에 오른 명단을 토대로 '놀음'에 참가해 달라는 요청이 들어왔으며, 때로는 친분이 있는 권번 선배들의 추천으로 '놀음' 참여의 기회가 들어오는 경우가 있는 관계로 동료나 선후배 사이의 친분관계도 중요하며 '놀음'에서는 용모가 예쁘면서 나이가 어리고 젊을수록 인기가 있었다.

'놀음'을 놀아주고 나면 그 대가로 화대花代를 받았는데, 화대를 다른 말로 '놀음차', 또는 '해웃값'이라고도 하였다. '놀음'의 대가로 받은 화대는 권번과 나누었는데, 보

통 7대 3, 6대 4 정도로 분배하였으며, 매달 한 번씩 계산을 하였다. 이처럼 권번 소속 기생들이 '놀음' 나가는 것은 기업인 그 자체로 기생들의 중요한 예기로서의 활동이었다. 이러한 '놀음'을 통해 얻은 수익금의 배분 문제는 권번과 기생의 사이에서 전개되는 풍경으로, 오늘날 연예기획사에서 벌어지는 소속 연예인과 기획사의 배분과 매우 유사하다. 즉 권번은 기생을 관리하고 요릿집에 소개하면서 수익금을 예인들과 배분하였다. 군산소화권번 예기들이 화대를 받거나 놀음을 나가는 그 자체가 시대적인 상황으로 말미암아 배고픔에 시달리던 사람들에게는 예기와 미美를 바탕으로 돈을 버는 기생들의 모습이 부러움의 대상이기도 하였다. 그러므로 자연스럽게 권번 기생들이 '놀음' 나가는 모습은 보통 사람들에게는 큰 관심거리이기도 하였다.

권번에서는 매월, 한차례 씩 마지막 주에 친목계 형식의 모임이 있었다. 이때에는 권번 소속 기생 중 누가 제일 돈을 많이 벌었는가를 1등에서 5등까지 점수를 매겨 엄격한 감시를 받기도 하였다. "평소에도 권번장이 밤 9, 10시경까지 군산시내를 돌며 권번생들이 배회하지 않는지, 품행이 단정한지, 학교에서 생활지도 하듯이 한차례 씩 순회하면서 관찰하였다. 만약 이때에 권번장에게 걸리게 되면 호된 꾸지람을 들었으며, 몇 번 반복해서 걸리거나 그 정도가 심하면 허가증을 압수하는 예도 있었다."[33] 이 같은 모습은 권번에서 기생들이 엄격한 관리를 받고 교육에 임한 것을 보여준다.

군산소화권번의 교육과정은 소리에 판소리·단가·시조·가곡이었으며, 춤에는 〈승무〉·〈검무〉·〈포구락〉·〈화무〉·〈살풀이춤〉이며, 예의범절과 가극歌劇, 그리고 일본어와 일본노래도 학습이 되었다. 군산은 식민시기에 전라북도에서 가장 번창한 근대도시였다. 미곡창출 기지로 말미암아 일본인이 거주함에 따라 권번도 번성할 수 있었으며 권번에 소속된 기생들은 일본인을 상대로 한 일본어 교육과 일본노래 등도 배우게 되었다. 따라서 새로운 경제도시의 문화예술을 시류에 편승하면서 기생 스스로가 적극적으로 예술계를 주도하고 전개해 나갔다.

새로운 도시에 설립된 권번은 확실한 대중들의 선호에 따라 크게 번창하면서, 기존

33_ 국립문화재연구소, 앞의 책(1996), 154~155쪽.

시대의 교방과는 다른 환경에서 근대도시에 설립되어 그 지역의 문화예술을 주도하면서 확고한 위치를 점하게 된 것이다. 특히 전라북도에서 일제강점기 경제중심도시로 성장한 지역에서의 권번은 크게 융성할 수 있었다. 그 근저에는 경제발달에 따른 부의 축적으로 그만큼 문화예술을 선호할 수 있으며, 그 선호도를 따라 기생들은 다양한 교육과정과 내용을 통해 대중들에게 부응한 것이다. 이는 권번의 교육을 받은 기생이 근대적인 의식과 활동으로 시대에 적합한 예술성을 보유하고 있었다는 것을 시사한다.

4) 행정도시의 전통문화 산실

일제강점기 정읍도 군산과 같이 근대도시로 탈바꿈하고 있었다. 조선 후기까지 예악을 담당하였던 교방이 설치되지 않았던 정읍은 1914년 4월 고부古阜와 태인泰仁 두 군을 합쳐 군청소재지가 되었고 호남선이 통과하면서 정읍역이 설치돼 경제적, 사회적인 발전을 이루었다. 또 1924년 서울에서 목포까지 국도가 개설됨에 따라 행정, 교통중심지가 되었으며, 이와 더불어 은행설립에 따른 근대화로 빠른 속도의 성장을 이룩한 신흥도시다. 이처럼 신흥도시로 변한 덕분에 일본인 농장 설립과 일본인의 거주도 증가하였는데, 이러한 경제 부흥으로 말미암아 예인들도 정읍으로 몰리게 되었다. 명인·명무·명창이 몰리는 시대적 상황 속에서 1928년 정읍에 예기조합이 설립되었다.[34] 정읍예기조합에는 판소리의 정정렬, 이기권이 소리선생으로, 정자선과 전계문 등이 춤 선생으로 활약하였고, 또 기생으로는 김여란·장월중선·성운선 등이 활동하였다.

정읍예기조합의 교육양상은 문화재관리국에서 펴낸 『승무·살풀이』에 보인다.[35] 1918년생인 박영선朴泳瑄과의 대담으로 구성된 앞의 글에서 박영선은 우리나라에서 가

34_『중외일보』, 1928. 8. 20.
35_『승무·살풀이』 전남, 전북편(서울 : 문화재관리국, 1990), 20쪽.

장 규모가 컸던 정읍권번에 드나들며 춤의 대가이자 권번 기녀의 춤 지도자로 있었던 정자선으로부터 〈승무〉, 〈살풀이〉를 배웠다. 전주대사습놀이보존회와 국악협회 고문으로 재직했던 박영선은 24세 때 정읍권번에서 기녀들의 학습이 끝나고 틈틈이 춤과 시조, 기악을 배웠다.

정읍권번은 반드시 부모의 허락을 받고 부모의 입회하에 보증을 받아 입학금을 받고 나서 학생을 받았으며, 학생은 보통 7, 8세에 입학을 하여 10년 정도는 계속해서 배웠고, 적어도 5년은 배워야만 '놀음'을 내보낼 만큼 여러 가지 종류의 예술분야를 가르쳤다. 정읍권번은 성격상 정악회正樂會와 권번, 두 기관으로 구분되어 있었는데, 정악회는 권번과 비교하면 학생일 때, 갑종 요릿집이 아닌 을종에 갔을 때 회원으로서의 자격이 박탈될 정도로 학칙이 엄격하였다. 정악회는 정음正音을 주로 많이 지도하였다. 이 점은 앞으로 연구가 요구된다. 왜냐하면 조선 후기까지 관아와 풍류방에서 연주되었던 정악 갈래의 음악이 권번에서 부분적이나 전승되었음을 암시하고 있기 때문이다. 정읍예기권번의 정악회는 비록 연주한 곡목과 자세한 공연활동 양상은 알 수 없지만 지금까지 민간단체의 기생에 의해서 지방에서도 그 일부가 전승된 사실을 간접적으로 유추해볼 수 있다. 정읍권번에서는 주로 재담才談을 많이 가르쳤고 판소리·악기·〈승무〉·〈살풀이〉 등을 두루 지도하였다. 박영선이 정읍권번을 다닐 당시 정자선은 정악회의 교사로 있었으며, 〈승무〉와 〈살풀이〉는 오전, 오후반으로 나누어 가르쳤고, 춤뿐만 아니라, 시를 잘 짓는 제자로 임실 강진면江津面에 사는 이화춘과 정읍에 사는 박홍삼 이었다.

기생이 '놀음'을 나갈 때에는 자격을 보아 허락이 있어야 나갔다. 기생의 머리를 얹을 때에는 머리를 얹는 사람이 권번에 큰돈을 쓰고 기생에게는 패물佩物을 해주었다. 머리를 얹고 살림을 차리면 머리 얹어준 사람의 요구에 따라 '놀음'을 그만두게 되는 경우가 대부분이었다. 그러나 허락이 되면 '놀음'을 나갈 수도 있었는데, 이른바 일제 강점기의 기생의 분류인 유부기의 모습을 보여준다. 그리고 본처가 죽고 후처後妻로 들어가는 경우도 많았다. 정악회와 권번의 건물은 따로 있었는데 통틀어 100명이 훨씬 넘었으며, 정악회의 춤 선생이었던 정자선의 춤사위가 뛰어났기 때문에, 전국 각지에서 춤을 배우려는 사람들이 찾아왔다. 1964년 중요무형문화재로 지정되었던 김여란은 "고창군高敞郡 심원면心元面 고전리高田里출신으로 어려서부터 음악적 재질을 가지고 있어 부친이 일찍부터 소리교육을 시켰으며, 6세 무렵에 국악에 입문하여 조홍련에게 〈육자배기〉를 배웠고, 김비취에게 가곡・가사・시조・아쟁・가야금 등을 공부했다."[36] 1926년에는 정정렬을 독선생으로 모시고 경상북도慶尙北道 영천永川에 있는 은혜사銀蕙寺로 가서 100일 동안을, 계룡산 갑사로 옮겨 200일 동안 이어서 금강산에 들어가 2~3년 동안 판소리를 공부하였다. 그리고 전라북도무형문화재였던 성운선成雲仙 역시 15세 때 정읍권번에서 이기권에게 5년 동안 〈심청가沈淸歌〉와 〈춘향가春香歌〉를 배웠다.[37] 장월중선張月中仙의 증언에 의하면 "자신도 숙부叔父인 판소리 명창 장판개와 고모 장수향張繡香 밑에서 춤과 소리를 연마하던 중 정자선이 춤과 장단, 소리에 빼어나다는 소문을 듣고 정읍권번 사범으로 있던 정자선 문하에 입문하여 춤을 배웠다"[38]고 한다.

이와 같이 정읍예기조합은 춤 분야도 뛰어났던 것으로 보인다. "전계문全桂文은 당숙인 전도성의 수행 고수로 활동한 인물로 북 뿐만 아니라, 춤과 정악・양금・가야금・거문고에 이르기까지 두루 능통했는데 〈한량무閑良舞〉가 일품이었다. 한성준韓成俊(1874~1942)이 일 년에 한두 번씩 정읍에 내려가 보름 정도 머물며 전계문에게 북 가락과 춤사위를 배웠다."[39] 이 같은 사실은 이보형李輔亨이 유명 고수였던 태인 출신의 송영주宋榮柱에게 대담한 결과 한성준이 전계문에게 태인泰仁으로 내려와 배운 사실을 직접 확인되었다.[40] 이처럼 정읍예기조합은 동시대에 최고의 기량을 가진 예인들이 학습 선생으로 활동하였던 관계로 전국적인 명성이 높았다. 따라서 정읍예기조합의 교육과정은 판소리가 강하였으며, 춤에서는 〈승무〉・〈살풀이〉・〈한량무〉가 교육되었다. 특히 전라

36_ 최혜진, 앞의 글(2003), 400쪽.
37_ 문화재관리국 문화재연구소, 앞의 책(1992), 129쪽.
38_ 국립문화재연구소, 앞의 책(1996), 134쪽.
39_ 성기숙, 「근대 전통춤의 거장, 한성준의 삶과 예술」, 『한국 전통춤의 연구』(서울 : 현대미학사, 1999), 418쪽.
40_ 문화재관리국 문화재연구소, 앞의 책(1992), 119쪽.

북도 권번에서 지도하지 않은 재담도 정읍예기조합에서 교육된 것으로 나타난다. 정읍 예기조합은 호남선이란 철도와 대규모 농경지에 따른 상업적인 공간, 그리고 관공서 등의 밀집을 통해서 근대도시로 탈바꿈됨에 따라 식민지하에 근대 예술기관으로 거듭 났다. 근대도시로의 이행을 통해 예술과 풍류, 재담 등이 예기조합을 통해 만개滿開하며 신흥 행정도시의 전통예술의 요람搖籃으로 태어났다고 할 수 있다.

이밖에 이리예기조합의 소리선생으로는 윤두尹斗가 활동하였는데, 1923년 3월 9일 출생인 강종철姜種喆은 "자신의 나이 17세 때 전라북도 김제군金堤郡 성덕면聖德面 모산茅 山에서 윤두에게 판소리를 배웠으며, 윤두가 전라북도 이리예기조합 사범으로 자리를 옮겼기 때문에 이리에 가서 판소리를 익혔다."[41] 최난수 또한 8세 때 이리권번에서 이기권에게 8년 동안 〈춘향가〉·〈심청가〉·〈홍보가興夫歌〉를 학습하였다.[42]

정읍은 근대도시 형성된 새로운 행정도시다. 신흥 행정도시의 면모를 갖춘 정읍은 전국의 예인들이 몰리면서 문화예술의 도시로 성장하였다. 새로운 행정도시의 형성은 기생의 교육과정과 내용에도 변화가 있었으며 이러한 실례는 재담과 같은 새로운 종 목으로의 발전과 '놀음'이라는 것에서도 발견된다. 정읍예기조합은 재담을 정규과목에 편입시켜 시대적인 예술사조藝術思潮에 부응하였다. 이는 기생들이 근대성을 확보하고 실천한 것이라 할 수 있다. 또한 '놀음'에서도 기생과 권번은 7대 3, 또는 6대 4정도의 대가를 나누어 가졌다. 그러나 이런 기준이 모든 기생들에게 부여된 것이 아니었고 기생들의 미모나 재능에 따라 각각 달리 상정됨에 따라 철저한 능력제 방식을 취한 점에서 기생들에게 이른바 직업인으로서의 프로의식을 갖게 한 것이라고 할 수 있다.

이상과 같이 전라북도의 조합과 권번에서 활동하였던 예인과 교육과정은 일제강점 기 전북의 전통문화예술계를 풍성하게 하였다. 특히 사설기관이었던 권번은 근대적이 고 체계적인 교육 과정을 통해 공식적인 예술기관으로 거듭났고, 기생 역시 교육과정 과 예술 활동을 통해 신여성으로 거듭났다. 이러한 신여성의 기생들은 전통예술의 주

41_ 위의 책, 19쪽.
42_ 위의 책, 131쪽.

도자로 다채로운 활동을 이어나가는 발판을 권번에서 확보한 것이다. 기생들은 결국 철저한 교육체제 아래에서 교과목을 이수하며, 예인으로 거듭났다. 특히 본인들의 예술역량도 필요했지만 권번이란 교육기관에서 다채롭고 심도가 있는 교육과정을 이수함으로써 명기名妓로 태어날 수 있었다. 따라서 기생은 철저한 교육과정을 거치면서 자신의 기·예능을 보다 깊고 넓게 연마하면서 새로운 대중적인 스타로 등극하기에 이른다.

그러면 전라북도의 각 권번의 교육과정을 표로 정리하면 〈표 9〉와 같다.

〈표 9〉 전라북도 소재 권번들의 교육과정

종목 권번명	소리	기악	춤	기타
전주권번	판소리·단가·잡가·시조	양금·가야금·거문고	승무·검무·북춤·입춤(살풀이)	서화·구연극·예절교육
남원예기권번	판소리·가곡·시조	가야금·양금·북·장고·음률	승무·화무·검무·범패무	예절 교육·묵화·서도
군산소화권번	판소리·단가·시조·가곡		승무·검무·포구락·화무·살풀이	일본어·일본노래·예의범절·가극
정읍예기조합	판소리		승무·살풀이·한량무	재담

전라북도 권번의 교육과정을 살펴본 결과, 소리·기악·춤, 그리고 서화와 예절 교육 등의 학습이 이루어졌다. 이러한 교육과정은 전라북도 권번에서 대동소이했지만, 권번별로 특징 있는 교육 종목도 있었다. 전주권번과 군산소화권번, 남원예기조합, 정읍예기조합에서는 판소리를 필수적인 교과목으로 선택하여 교육하였으며, 춤에서도 〈승무〉·〈검무〉·〈살풀이〉·〈화무〉 등이 전수되었다. 또 기악에서는 가야금·거문고·양금·북·장고 등이 다양하였다. 그러나 특징 있는 교과목을 보면, 전주권번은 서화와 예절교육에서 학습 선생을 직접 배치할 정도로 관심을 보여 예인들이 지켜야 할 덕목을 보다 세분화하였다.

군산소화권번은 일본인의 거주에 따라 일본인들을 위한 일본어 교육을 집중적으로 실시하였지만, 남원예기권번은 춘향제 주제집단이라는 민족의식의 발로로 일본어 교육이 시행되지 않았다. 또한, 정읍예기조합은 기생에게 특별하게 재담을 교육해 종합예술인의 면모를 갖추게 하였다. 따라서 권번이란 교육기관이었지만 권번별로 특징이 있는 교육과정이 있었음을 알 수 있었다. 이는 권번을 찾아오는 손님들에게 동시대에 요구하는 예술장르를 보유해 선보임으로써 근대지향적인 예술세계를 전개한 것이다. 따라서 일제강점기 권번은 전통적인 예술분야를 지키면서 시대적 상황에 맞는 예술장르를 개척하는 등 스스로 문화적 근대화에 참여하였다고 할 수 있다. 근대적 공연양상의 하나였던 재담 등을 권번에서 교육하고 도입한 것은 근대적 공연물을 적극적으로 수용한 것이었다.

2. 다양한 종목의 전개와 수용

1) 필수종목이 된 판소리

전통적으로 전라북도는 조선시대까지 판소리사에 있어 중요한 역할을 하던 지역이었다고 앞에서도 밝혔다. 이는 조선 전, 후기 8명창과 근대 5명창에 선정된 인물 가운데 전북인들이 대거 포진해 있다는 사실로도 뒷받침 된다. 이러한 명맥은 일제강점기에도 권번이란 교육기관에서 기생으로 전승되었다. 전주권번에서 전개된 성악은 판소리와 단가·잡가·시조 등으로 분류할 수 있으며, 군산소화권번 역시 판소리·단가·시조·가곡 등이었다. 남원예기권번은 판소리·가곡·시조 등이며, 정읍권번도 중점적으로 판소리를 지도하였다. 그러나 전주권번은 구연극도 선보여 레퍼토리가 다채로웠다. "구연극이란 용어는 두 가지의 의미로 사용되었는데, 즉 장안사長安社는 신연극의 대칭되는 용어로 사용되어 판소리나 창극을 의미했고, 단성사의 경우를 보면 구연극은 판소리, 민요, 재담, 민속무용 등의 전통연희를 뜻하는 용어로 사용"[43]되었다. 전주권번의 구연극은 당시 기생들의 활동을 통해서 추론할 수 있듯이 창극과 판소리 등으로 이해된다. 따라서 전주권번 소속 기생들이 구연극과 같은 폭넓은 레퍼토리를 가진 것은 그만큼 기생들이 당시 문화의 선두주자로 다양한 프로그램을 확보하고 있었음을 증명해준다.

그러나 전라북도 권번의 소리 수업 가운데 가장 중요했던 종복은 판소리였다. 남원권번의 경우 조갑녀의 증언처럼 권번 입소 후 제일 먼저 배운 것이 판소리며, 판소리학습을 하고 나면 각자의 능력에 따라 다른 음률과 춤을 배울 수 있었다. 이와 함께 정남희의 전북협률사·김제의 김옥진 협률사·이리협률사·남원협률사는 당시 권번과도 밀접한 관계가 있는 것으로 보인다. 왜냐하면, 당시 포장布帳을 치고 공연을 하였던 협률사는 공연이 없으면 직, 간접적으로 자연스럽게 권번의 선생으로 자리를 잡았기 때문이다. 이를테면 1908년 남원협률사에서 활동하였던 송만갑 단장을 비롯해 구성원으로는 김정문·이동백·김창룡·유공렬·이선유·장선오·한성준·장판개·김광순·강소향姜小香이 참여하였는데, 공연이 없었을 경우, 일시적이나마 남원 예기조합과 권번에서 선생으로 활동하였다. 그리고 김정문 같은 명창도 협률사를 마치고 남원권번 선생으로 자리를 잡음으로써 이들 명창과 권번의 관계는 자연스럽게 설정된다.

일제강점기 성악부분에서 다양한 갈래의 교육과정을 전개했던 권번소속 기생들은 〈표 9〉에서와 같이 권번마다 판소리를 모든 교과목의 중심부에 두었다. 이는 그만큼 판소리에 대한 기생들의 교육과 이를 선호하는 대중들이 있었기 때문으로 추론된다. 따라서 전통예술사에 있어 기생들의 공헌도는 일제강점기에 판소리를 오늘날까지 전승할 수 있었던 가교역할을 한 것이며 멸실滅失 위기에 처했던 판소리를 적극적으로 펼쳐냄으로써 당대 예인으로 확고한 위치를 점하였다고 할 수 있다.

2) 여류 연주자의 등장

일제강점기 권번에서는 철저한 성악과 기악·춤의 교육내용과 교육을 기반으로 해

43_ 유민영, 『한국근대극장변천사』(서울 : 태학사, 1998), 128~129쪽, 157쪽.

서 완성도가 높은 예인으로 기생들을 성장시켜 나갔다. 전주권번은 가야금·거문고·양금·퉁소 등을 교육하고 전수하였으며, 남원권번에서는 가야금·양금·북·장고 등을 가르쳤다. 이 두 권번과 관련된 기록을 보면, 명인과 기생들이 악기선생으로의 역할을 하였다는 사실과 이들이 공연무대에서 연주자로 활약하였다는 것을 알 수 있다. 김창조는 1916년 당시 전주권번 이전의 연행공간이었던 전주예기조합과 전주퇴기조합에서 음악 활동을 펼쳤다. 또한, "이 시기에 안기옥은 전주에서 악기 선생으로 재직하였다."[44] 이는 전주에서 김창조가 안기옥에게 가야금을 전수하였으며 김죽파金竹坡도 전주에서 스승이자 조부였던 김창조에게 가야금을 사사 받았다고 회고하였다. 이와 함께 동아일보사 전주 본사 신사옥 낙성식을 기념하기 위해 전주권번 기생들의 다채로운 활약상이 나타나는데, 이 가운데 연주곡목 가운데 기악으로는 풍류양금·현금·가야금 등의 프로그램이 소개되어 있어 당시 기악의 연주상황을 상세하게 보여준다.

남원권번의 기악학습은 양금부터 시작되었고, 전반적인 악기 북·장고·가야금 등을 다룰 수 있도록 체계적인 교육을 실시하였다. 남원권번이 가무歌舞를 가장 기본적인 학습과정으로 설정하였지만, 음률이 학습화 된 것은 그 당시 무용 공연을 할 때는 모두 생음악으로 기생들의 공연이 이루어졌기 때문으로 생각되고 이 또한 타 권번에서도 적용되었으리라 추론된다. 그러나 타악기인 장구나 북이 학습과목이라는 증언도 있지만, 판소리를 배우면서 자연스럽게 학습되었던 것으로 보인다. 기생들은 대부분 현악기인 가야금과 거문고, 양금을 배웠으며, 이전까지 대부분 남자연주자가 맡았던 역할을 점차 기생들이 학습을 통해서 역할을 분담하기 시작하였다. 판소리 영역에서 남성들이 독점하던 시기가 끝나고, 기생이 중심이 되어서 판소리를 하기 시작했던 것과 마찬가지로 기악연주에서도 여성연주자들이 등장하였다. 일제 초기에는 기생들이 기악연주자로 성장하기에는 사회적 여건이 영세零細하고 관심도 부족하였지만, 점차 기생들은 권번을 통해서 현악絃樂 중심인 가야금과 거문고 등을 공부하면서 각종 무대

44_ 양승희, 「김창조에 관한 남북한 자료 및 문헌고찰에 의한 고증」, 『산조연구』(전남 : 가야금산조현양사업추진위원회, 2001), 75쪽, 96쪽.

에서 공연하게 되었다. 이로써 본격적인 여류연주자로 성장하는 발판이 마련되었던 것이다.

　결국 일제강점기 기생은 이전시대 기악의 중심부에 서 있었던 남자와 동등하게 사회적으로 인정받으며 기악분야에서 예인으로 적극적인 활동을 펼쳐 나갔다. 특히 기악에 있어 당대 기생들은 20세기 전후의 여성기악인과 음악유통에 있어 기존의 남자 중심으로 연행에서 벗어나 본격적인 여성연주자로 올라섰다는 점에서 근대 한국음악사에 끼친 영향은 지대하다고 할 수 있다. 따라서 권번에서 일제강점기 기악연주를 익힌 기생은 음악발전에 공헌도가 높다고 평할 수 있다.

3) 정재의 수용과 민속무의 확대

　조선후기까지 교방에서 연희되었던 춤은 정재呈才였다. 선상選上되었던 기녀들이 낙향落鄕해서 가르쳤던 춤은 정재가 대부분이었기 때문이다. 그러나 일제강점기의 권번에서 시행된 춤은 대부분 일부 정재가 포함되어 있지만 민속무에 가깝다고 할 수 있다. 비록 교방에서 시행되었던 〈검무〉의 전통은 전승되었지만 〈승무〉와 〈살풀이〉, 〈입춤〉과 같은 즉흥성을 강조한 춤이 권번의 주요 교과목이었다. 춤은 장소와 춤꾼 수의 제약이 적은 〈살풀이〉와 〈승무〉는 각 권번에서 기본 레퍼토리였다.

　전주권번의 춤은 〈살풀이〉에 해당하는 〈입춤〉과 〈승무〉·〈북춤〉·〈검무〉 등으로 나타났다. 특히 전주검무의 전통은 조선 영·정조 시대까지 거슬러 올라간다. 조선 영·정조 때 문인이었던 신광수申光洙가 1749년에 지은 「한벽당寒碧堂」 12곡에서는 전라북도의 검무 일면一面이 소개되어 있는데, "전주 색시들은 남장을 잘하자, 한벽당에서 검무춤 한창이네, 유리 빛 푸른 물에 그림자 떠돌아, 머리 돌려 추는 춤 서릿발 같네"로 표현하였다.[45] 당시에도 여자들이 남장하고 〈검무〉를 추었다. 이처럼 전주에서의 검무는 오랜 역사를 통해 이어져 왔으며, 감영이 있었던 곳인 만큼 관아와 교방에 소속

45_ 신광수, 「한벽당 12곡」(全州女兒學男裝 寒碧堂中劍舞長 轉到溜璃看不見 滿回首氣如霜).

된 기생들이 위엄 있는 〈승무〉·〈검무〉·〈북춤〉을 함께 연행하였다.

일제강점기에 정읍권번과 이리권번을 거쳐서 전주권번으로 옮기어 춤을 지도했던 정자선의 춤 전통이 1930년 이후에도 전해졌다. 정자선은 소리·기악은 물론 춤에 뛰어난 인물로 정읍에 거주할 당시 부근 지역인 전주·남원·이리·광주 멀리는 경상도 지역으로부터 춤을 배우려고 기생들이 모여들어 정자선의 춤을 배워갔다.

남원권번은 춤 분야에 있어 〈승무〉·〈화무〉·〈검무〉를 시행하였다. 남원권번에서는 〈승무〉를 주로 추었고, 짝수로 춤을 추는 〈검무〉는 〈승무〉에 비해 연행 횟수가 적었다. 춘향제 주제집단인 남원권번은 의례를 위한 〈화무〉가 매우 중요하게 취급되는데, 남원권번에서 〈화무〉가 등장하는 이유는 현재까지도 춘향의례 때 헌화獻花하는 형식이 전수되고 있어 그만큼 〈화무〉가 중요시되었던 것으로 보인다.

군산소화권번은 〈승무〉·〈검무〉·〈포구락〉·〈화무〉·〈살풀이〉가 전수되고 연희되었다. 혼자서 추는 춤인 〈승무〉를 먼저 배우고 무리를 지어서 추는 춤인 〈검무〉·〈화무〉·〈포구락〉을 차례로 배움으로써 춤을 통해 기생들 간의 호흡을 맞출 수 있도록 했던 것으로 보인다.

정읍권번은 〈승무〉·〈살풀이〉·〈한량무〉를 전수받았으며, 기타 종목으로 재담을 배우기도 하였다. 그리고 정읍권번은 한국 무용계에서 주목받아야 하는데, 이를테면 일제강점기 한국 전통춤과 창작무용의 새로운 장을 연 한성준 명무가 정읍에서 전계문에게 북 가락과 춤사위를 배웠다는 점이다. 이 같은 사실은 정읍권번의 무용선생이 그만큼 뛰어났다는 사실을 보여줌과 동시에 전국적으로 춤을 배우려고 정읍권번을 찾았다는 것을 입증한다. 정읍권번 교육과정 중 가장 큰 특징은 춤과 더불어 재담이다. 정읍권번은 타 권번과 달리 재담을 가르쳤는데, 기생들이 찾아온 손님을 웃기려고 집중한 것으로 추측된다. 이 점은 기생이 단순하게 전통예술을 습득하고 공연하는 양상에서 벗어나 시대적으로 손님을 웃기고 울리는 사례라 할 수 있다.[46] 이와 같은 양상

46_ 『매일신보』, 1914.10.29. 광무대, 심청가 산옥 옥엽의 한량무 사랑가 관소리 검선 영월의 쌍승무 법고 웃음거리 담배장사 성주리 기타.

은 기생들이 선대로 이어온 전통예술뿐만 아니라 당시 인기가 높았던 분야를 선보였던 것으로 추론된다. 이는 시대를 선도하는 기생들이 신예술로 평가받는 재담을 무대화시킨 것은 예술의 근대적 공연방법에 대한 개방성을 보여준다고 할 수 있다.

결국, 전라북도 권번의 춤 전승구조는 입춤 의 경우 정자선 계열의 정형인 〈굿거리춤〉, 전주지역 권번 기녀들의 〈입춤〉과 군산에서 전승된 도금선 계열의 장금도 〈입춤〉[47]과 그리고 남원에서 전수되고 있는 이장선 계열의 조갑녀 〈입춤〉으로 요약할 수 있다. 이 시기의 춤은 다양한 갈래 양상을 보이며, 시대적 흐름에 동참하는 새로운 춤 개발에 기생들이 적극 나서게 되었다. 결국 전통춤을 내적으로 보존 계승하고, 외적으로 새로운 춤 사조를 적극적으로 수용하며 레퍼토리에 있어서도 다양해지는 양상을 보여주었다.

따라서 조선 후기까지 교방의 제한된 공간에서 전개되었던 춤은 일제강점기 권번을 통해 보다 풍성해지고 다채로워졌다. 권번에서 기생들에 의해 선보였던 춤은 극장식 무대와 다양한 공연형태를 통해 대중들에게 확산되었다. 전라북도 권번소속 기생들의 춤 갈래는 전통춤의 폭을 더욱 확장시키고 대중화하는데 일조를 하였다고 할 수 있다. 전통적으로 내려오는 정재와 민속무를 전개함으로써 지방에서도 다양한 갈래의 춤이 시행되는 계기가 된 것이다.

지금까지 조선시대에서 대한제국 말기까지 전승된 여악의 전통이 일제강점기 중앙을 중심으로 전승되어진 것으로 알려져 있으며, 민간단체에 소속된 기생에 의해서 그 일부가 전승된 사실을 간과해왔다. 예를 들면 전라북도 권번에서 전개된 일부 정재는 그 정재의 전통을 교육과정과 무대예술의 한 공연종목으로 발전시켰다는 것이다. 이처럼 권번은 궁궐宮闕에서만 연행되던 정재를 대중에게 보여줌으로써 전통공연예술의 보급과 전승에 중요한 몫을 담당하였다는 점을 소홀히 할 수 없다. 마찬가지로 민속무의 경우도 전통을 통해 보다 탄탄하게 내용을 습득한 후 대중들 앞에서 연희함으로써 민속무의 재창조에 크게 기여하였다.

47_ 국립문화재연구소, 앞의 책(1996), 26쪽.

3. 근대 예술교육기관으로의 정착

전라북도 기생들이 권번에서 받았던 교육과정은 각 권번마다 조금씩 차이는 있었지만, 판소리·〈승무〉·〈살풀이〉·그리고 수신修身에 해당하는 예절교육 등은 유사하였다. 생존에 구술자료를 남긴 조병희趙炳喜에 의하면 전주에도 엄격한 권번, 즉 기생학교가 존재한 것으로 나타난다.

> 남문부근에 권번이라고 허지, 권번, 근대 걔들 늘 학교도 가보고 그랬는데, 참 엄격해요. 권번학교가 전주에 있었지요. 엄격해요. 잘못헐 것 같으면, 종아리를 꽝꽝 때릴 것 같으니, 예전에 우리가 술 먹고 놀것 같으면, 기생이 와서 절 허고 옷 바로 입히고, 예절만은 철저했어요. 요새는 그런 게 아니니까. 철저했어요. 서화도 하고, 서화 잘허는 애들도 여러명 있었어요. 송진주라고, 임식(?)이 작은 마누래, 잘 혔어요. 권번위치가 남문 옆에도 있고 여기도 있었는디, 근디, 그 집은 다 없어진 걸로 알고 있는디, 권번을 그렇게 우리가 생각 허는 맹키로 여자가 함부로 노는디가 아녀요. 참, 예절은 예절대로 배우는 디예요. 잘못 헐 것 같으면 큰일 나요.[48]

이처럼 전주에서도 기생을 교육하는 권번이 설립되어 운영되었으며, 기생들은 예능과 더불어 예절교육과 서화 교육 등을 받았고 그동안 저급하다는 인식과 달리 예인으로 품위品位를 지키며 살아갔다. 이와 같은 권번 교육은 평양기생학교平壤妓生學校 교육과정[49]과 비슷하다고 할 수 있지만, 변별력도 있었던 것으로 보인다. 예컨대 대부분 권번에서 일본어와 일본노래를 교육과정에 포함하고 있지만 남원권번에서는 일본어 교육이 시행되지 않았다. 그리고 군산소화권번과 남원권번, 정읍권번은 4년과 5년 교과과정을 각각 통해 단계별로 교육과정이 지정되어 있었고, 보통 교육을 받고 난 이

48_ 『이야기로 듣는 전주, 전주사람들』(전주 : 전주백년사편찬위원회, 2001), 25쪽.
49_ 김문성, 「잡지『삼천리』고 – 우리음악 관련기사와 글을 중심으로」, 『한국전통음악연구』 제13집(서울 : 한국전통음악학회, 2002), 9~38쪽.

후 자격을 줄 정도로 엄격하고 체계적이었다.

일제강점기 전라북도의 권번에서는 우선적으로 판소리를 가르쳤다. 판소리를 배우고 난 다음에 다른 예능을 배우도록 하였는데, 판소리는 전라북도에 산재해 있었던 권번에 기본적인 학습과목이었으며, 권번에 들어오면 꼭 배워야 하는 필수 과목이었다. 판소리를 배우고 나면 각자 자신의 능력에 맞게 기, 예능을 하려고 나뉘어 교육을 받았다. 판소리 외에 소리과목에서 나타나는 종목이 바로 단가다. 그러나 단가는 현재에도 판소리를 부르기 전에 목을 푸는 분야인 만큼 판소리를 배우면서 자연적으로 익혀지는 것으로 이해해야 한다. 이와 더불어 시조를 배우는 곳도 많았는데, 그러한 이유에는 시조가 전통 성악곡이기도 했지만, 호흡을 길게 해주려고 하였기 때문이다. 즉 소리를 내야 하는 기생들에게 시조는 기본이었던 것이다. 예절교육은 기생의 기본적인 필수 조건이었다. 기생은 손님들을 접대하는 일은 '놀음'의 일부분이었기 때문에, 손님 접대 예절을 철저하게 배운 것이 사실이다. 따라서 권번의 학습 내용 중에서도 기생의 예절교육은 명기가 되기 위한 하나의 필수과정 이었으며, 진정한 예기가 되려고 기·예능을 익힐 때의 필수 조건이었다.

이렇듯 전라북도의 권번들은 기·예능만을 익히는 학습장소를 뛰어넘어 예기로써 당연히 지녀야 할 악·가·무와 더불어 여러 가지 예절과 서화, 재담까지 교육하였던 학교 겸 학원이었다. 권번이 오늘날 예술교육기관과 흡사하다는 것은 당시 서양인이나 잡지에 '권번'이라는 고유명사를 사용하지 않고 'Kisaeng School'이라는 명칭을 사용하였다. 당시 서양인에게 비친 권번의 실체는 화류계 여성들의 모임이 아닌 교육기관이었다.

앞에서 열거한 사료들을 종합하여 볼 때, 전라북도 소재 권번들에서 이루어진 학습은 악·가·무이며 판소리가 중심에 있었다. 이후 여러 단가와 〈살풀이〉·〈입춤〉·〈검무〉·〈화관무〉 등의 춤, 그리고 음률에 해당하는 가야금과 거문고, 양금과 예절교육과 서화, 그리고 시대적인 흐름에 맞추어 일본어와 일본노래도 학습하였음을 알 수 있었다. 또한 춤 교육에서는 정재무보다 〈승무〉와 〈검무〉·〈살풀이〉 등 민속 무용을 중심으로 가르쳤으며, 가야금·가곡·가사·시조 등도 교육되었다.

이와 함께 기생과 학습 선생들은 전통문화의 맥을 잇는 주체세력이었고, 전통음악과 전통춤을 교육하고 또 공연을 하는 활동공간이 바로 권번이었다. 결국, 권번 소속 기생들은 조선시대 이후 우리나라 근대 연희 전승의 주체였고, 권번은 전문 예인을 양성하고 교육하였던 중심 교육 기관이다. 물론 이 과정에서 일제강점기라는 시대 상황의 특수성이 많은 영향을 끼친 것도 사실이다. 예로부터 명기가 되려면 뛰어난 용모와 기예에 탁월한 재능을 지니고 있어야 한다. 일제강점기에 들어서 궁중의 예속에서 벗어난 기생들은 자유로운 신분이 되었다. 그러나 기생들은 상품적 가치를 높이려고 기예를 연마하고, 예기로서 자질을 닦았으며, 예기로서의 영예를 유지하려면 뛰어난 가무를 요구받았던 것이다.

이밖에 일제강점에 따라 제도 개편은 음악계에서도 예외가 아니었다. 일본식 창가의 이식이 음악계 전반에 걸쳐 진행되었다. 특히 1906년 대한제국은 제1차 학교령으로 근대교육을 시작하였으며, 이때 교육편제教育編制에 음악교과목이 제도화된다. 이러한 관·공립학교 음악교과목의 설치는 정상적으로 생각될 수 있지만, 실제로 한국의 전통음악이 사멸死滅에 몰릴 위기에 처할 환경으로 이어졌다. 이러한 환경 속에서 권번의 교육과 제도적 위치는 전통음악을 전수하는데 결정적인 역할을 하였다.

앞에서와 같이 권번의 교육과정과 예술양상을 열거한 결과 권번의 지방에서 전문교육기관이었으며, 기생들 역시 전통예술을 보존하는 데 일익을 담당하였다. 따라서 이 시기의 권번의 교육과정과 교과목은 운영방식과 교육내용에 있어서 일반학교의 운영 시스템을 부분적이나 추구하고 있다는 점이 근대 전통예술의 제도화 과정에서 식민지 근대성의 구현이 한층 강화된 의미 있는 사례라 할 수 있을 것이다.

4. 소결

본 장에서는 전라북도에 있었던 권번의 교육과정과 특징을 고찰하면서 그 역사적인 의미를 새겨보고자 하였다. 당시 전국 각 권번의 교육과정은 비슷했지만 자체적으로 특장의 교육프로그램을 운영하고 있었다. 전라북도 권번의 교육과정은 기생이 예인으로 성장할 수 있도록 소리·기악·춤, 그리고 서화·예절 교육 등의 학습이 이루어졌다. 특히 기·예능 등의 전통적인 악·가·무와 서화와 예절교육 등이 교과목으로 포함될 만큼 강도 높고 엄격한 교육지도를 받은 후에 기생으로 성장할 수 있었다. 이러한 교육과정은 전라북도 권번에서 대동소이했지만, 권번별로 특징 있는 교육 종목도 있었다. 본 장에서 살펴본 전라북도의 권번의 교육내용은 크게 세 가지의 특징을 보여준다. 첫째, 전주권번과 군산소화권번, 남원예기조합, 정읍예기조합에서는 판소리를 필수적인 교과목으로 선택하여 교육하였으며, 춤에서도 〈승무〉·〈검무〉·〈살풀이〉·〈화무〉 등이 전수되었다. 또 기악에서는 가야금·거문고·양금·북·장고 등으로 다양하고 심도 있게 지도하였다.

둘째, 기·예능과 더불어 각 권번별로 특징 있는 교과목을 보면, 전주권번은 서화와 예절교육에서 학습 선생을 직접 배치해 예인의 전인교육에 더 큰 관심을 보였다. 군산소화권번은 일본인의 거주에 따라 일본인들을 위한 일본어 교육을 집중적으로 실시해 시대적 조류에 부응하는 근대적인 모습을 보였다. 남원예기권번은 춘향제 주제 집단이라는 민족의식의 발로로 일본어 교육이 시행되지 않아 전통적인 요소에 강한 의지를 나타냈다. 또한, 정읍예기조합은 기생에게 특별하게 재담을 교육해 종합예술인의 면모를 갖추게 하였다.

셋째, 전라북도 권번의 교육과정은 악·가·무에서 궁중정재의 일부와 민속음악과 춤이 강하게 나타났다. 비록 지방에서 선상되어 내려왔던 일부 기생들에 의해 궁중정재와 음악이 전승될 수 있었고, 지방 교방에서 연희되었던 예술 양상이 권번으로 전승되었지만, 일제강점기에 이르러 권번을 중심으로 펼쳐졌던 예능은 민속 음악과 춤의 색채가 비교적 강하였다. 이 같은 이유는 장악원이나 아악부 출신의 교사들이 없었기 때문에 자연히 지역에서 연희되었던 음악과 춤에 더욱 치중하고 발달하였음을 알 수 있었다. 그러나 교과목에서 학습 선생들의 출신과 전공들이 다양하였던 것처럼 권번에서의 교육내용도 다양한 갈래를 보여주었다. 전라북도에 있었던 권번은 각 권번 소속의 기생들이 특색 있는 기량을 배울 수 있는 교육과정을 마련해 두고 있었다. 아울러 지역 권번의 역사적인 의의는 악·가·무를 중심으로 전통적인 예악 교육을 전승하는 종합예술교육기관이다. 현재까지 권번과 기생에 대한 평가는 일제의 강제적 정책으로 말미암아 저급문화, 즉 일본문화에 예속隸屬된 것으로 보고 있었다.

그러나 본 장에서 열거했듯이 지역마다 다채로운 교육과정과 예술양상을 통해서 예인으로 닦아야 할 예술과 소양을 배우고, 이를 통해서 자신들이 천민이 아닌 예술가임을 분명하게 선언하였다. 또한, 권번에서 기생은 오늘날 예술학교처럼 체계적으로 교양과목과 전공과목을 이수하였다. 더욱이 교과과정의 개편을 통해 관, 공립학교들이 전통음악과 춤을 교육하지 않았던 상황에 비추어 전통예술이 명맥을 유지할 수 있었던 것은 권번이 존재하였기 때문이다. 권번에서 구연극, 일본노래, 재담 등의 신식교육이 이루어지고 있었다. 권번의 교육방식과 교육내용은 일반 학교의 운영시스템을 일부 도입하고 있다는 점도 밝혔다. 이는 전통예술을 제도화하는 과정에서 근대적 교육시스템을 받아들이고자 했던 모습을 알려주는 예이다. 또 기생들이 다양한 교습을 받을 수 있도록 개방되었다. 그래서 대부분의 남자 연주자들이었던 전 시대에 비해 여류연주자들의 참여가 시작되었고 증대되었다.

기생들은 권번에서 체계적인 교육과정과 예인의 길을 가려고 입학금과 교육비를 지출하면서 기생교육과정을 습득하며 예인이 갖추어야 할 교과목을 이수하였다. 이처럼 권번은 일반 보통 여학교와 같이 일정한 체계에 의해 운영되며 학년마다 시험을 통과해야만 진급할 수 있었다. 졸업식 때는 졸업증서를 받아야만 졸업을 허락하였다. 엄격한 제도를 운영하면서 교육이 진행되었고, 그 결과 기예의 수준이 유지될 수 있었으며 정확도도 뛰어났다. 또한, 교육생들은 월사금과 입학금을 냄으로써 일반 교육기관과 다를 바가 없음을 보여주었다.

이처럼 전라북도에 존재하였던 기생조합과 권번은 기생들의 전통예능을 전문적으로 교습하는 주체적인 움직임을 보였는가 하면, 운영방식과 교육내용에서는 일반학교의 매우 유사한 형태로 전개되었다. 전라북도의 권번들은 이중성을 견지하면서 전통예술교육을 제도화시키면서도 대중문화 예술기관으로 자리 매김을 하였다. 이러한 권번의 조직과 운영은 식민지적 근대성의 특징을 잘 보여주는 예라고 말할 수 있다. 따라서 이 시기 권번의 교육활동과 프로그램 등은 기존의 봉건주의 사회에서의 일방적

교육 형태가 아닌 다양한 교육과정을 통해서 스스로 예인의 면모를 다져나갔다고 할 수 있다. 식민지 근대성을 통해서 기생들은 기존과 다른 예인으로 위치를 확고하게 점하였다고 볼 수 있다.

악·가·무 등 기생 본연의 교육과정을 이수한 기생들은 예인으로 발돋움할 수 있는 각종 전인교육을 배운 후 명기로 성장할 수 있었다. 특히 일제강점기 기생들은 엄격한 교육과정을 습득해 다양한 종목의 전개와 수용을 통해 판소리를 적극적으로 전승하였으며, 여류 연주자로 등장했고, 춤 갈래에 있어서도 다양한 전개양상을 보여주었다.

결국, 일제강점기 권번의 교육과정을 습득한 기생들의 활동은 전통예술적인 관점에서 보면 큰 의의를 지닌다고 할 수 있다. 국가의 재정적 후원도 없이 기생 스스로가 권번에서 교육과정을 습득 한 후 예인으로 성장하면서 자신의 생계문제를 책임지고 해결해 나가면서 공연활동을 전개하였다는 사실이 이전 시대와 구분지을 수 있는 근대성의 한 양상으로 평가할 수 있기 때문이다. 그리고 권번과 기타 극장을 통해서 전통예술의 보급과 전파에 기생이 크게 공헌한 사실도 전통예술사적 측면에서 근대성의 의미를 지닌다고 하지 않을 수 없다.

따라서 일본과 서구의 문화 이입과 함께 투영된 근대 예술세계 속에서 기생들은 심도 있는 교육과정을 이수하면서 한편으로 전통예술을 보존하고, 또 한편으로는 시대에 맞는 예술종목의 변용과 창조를 통해서 근대성을 구축해 나갔다.

기생의
활동에 나타난
근대성

05 ——————

근대적 연예산업의 형성과 구축
새로운 정체성 형성과정에서의 갈등과 도전
소결

　조선후기 교방과 관기의 전통은 일제강점기에서도 기생조합과 권번, 그리고 기생들에 의해서 전승되었다. 권번은 앞선 시대의 여악을 양산養山하고 관리한 궁중의 장악원과 지방 교방과 같은 공적 기관의 역할을 대체하는 새로운 운영 구조였다. 그동안 전라북도 지역에서는 권번의 존재 여부가 명확하게 밝혀지지 않았던 것이 문제였다. 하지만 신문자료와 문헌, 구술 자료 등을 통해서 살펴본 결과, 조선 후기까지 행정중심지로 구성된 교방과 관기의 전통을 전주와 남원의 권번이 이어받았으며, 새로운 경제발달에 따라 신흥 경제도시로 형성되었던 군산·이리·부안·정읍 등지에서 기생조합과 권번 등이 신설, 운영되었다는 사실을 밝힐 수 있었다. 따라서 일제강점기 전라북도 권번의 설립은 행정중심지의 교방을 전수받은 곳과 경제중심지로 떠오른 지역에서 새롭게 건립된 곳으로 요약된다.

　권번과 기생이 일제강점이라는 특수상황에서 전통문화를 전승하였던 기관과 주체가 존재했었다는 사실을 여러 가지 자료를 통해서 재확인하는 것이 본 장의 목적이다. 권번 등에 소속된 기생들은 전통예술뿐만 아니라 사회활동을 전개하며 예인과 사회인으로서 면모를 다져나간다. 기생들은 이 과정에서 사회적인 차별과 대중연예인으로서 인기를 얻는 이중적인 잣대에서 고민하였다. 또한, 권번의 보호를 받기도 하고 권번으로부터 착취를 당하기도 한다. 이는 식민정책의 하나로 기생들에 대한 통제가 가해지는가 하면, 새로운 근대적 환경에서 교육을 받고 전위적 예술인으로 시대를 앞서 나가는 등 양면성兩面性을 보여주었다. 이러한 과정에서 기생들의 근대적 주체성, 정체성이 어떻게 형성되었는지를 보다 상세하게 고찰하는 것은 기생의 당대 위치를 자세하게 살펴볼 수 있는 사료가 된다.

따라서 본 장에서는 전라북도 기생의 활동상을 구체적으로 분류, 검토해 악·가·무뿐 아니라 다양한 활약을 펼쳤던 기생의 모습을 찾아보는 것이 첫 번째 목적이다. 즉, 기생들의 예술 활동 가운데 국내공연과 외국공연의 출연, 경연대회 참가, 라디오 방송 출연 및 서화書畵의 전개 과정을 비롯하여 중앙으로 진출했던 사실을 각종 신문과 관련 사료 등에서 살펴보겠다. 이는 기생들이 면천 이후 다른 환경에서 어떠한 의식을 가지고 전통예술을 전승하였으며, 어떠한 활동으로 전통예술의 대중화에 이바지하였는지를 살필 수 있기 때문이다. 더욱이 활동상에 1차적 원전으로 활용할 신문과 같은 인쇄매체는 기생들이 변화해가는 모습을 살펴볼 수 있는 좋은 사료가 된다. 당시 신문의 출현은 정신의 진보進步를 추종하였고, 의사소통 체계에서도 변화를 초래하였다. 신여성으로 대표되던 기생들은 신문기사에 자주 등장하는 대상이 되었고 이들의 공연소식은 신문광고新聞廣告와 기사를 통해 대중적으로 확산되었다. 신문사는 연이어 기생들의 공연을 후원하는 등 언론홍보言論弘報의 전면에 내세우기도 하였다.

두 번째로는 『조선미인보감』에 나타난 전라북도 출신의 기생 등을 통해 전라북도 기생들의 중앙 및 타 지역 권번의 진출상황과 특기분야特技分野를 살펴보고자 한다. 이는 전라북도 기생들의 예악이 뛰어나서 다른 지역 권번과의 교류와 소통이 가능할 수 있었기 때문에 기생의 다양한 활약상을 살필 수 있다. 더욱이 이들의 중앙무대 진출은 기생이 본격적으로 다른 지역의 이동을 통해서 예술성의 방향타方向舵를 결정할 수 있는 요인이 되었으며, 근대 초기 연예산업의 형성과 구축에도 일정부분 기여를 하였다는 점에서 살펴볼 수 있는 자료들이다.

세 번째는 여전히 저급인식에 따라 최하위층으로 인식되었던 기생들이 통념적 장벽을 넘어서서 사회적 활동을 활발하게 펼쳤던 모습과 또 사회적인 차별 및 식민정책에 따른 불이익에 고민하기도 하고 반항하며, 갈등하는 상황을 다양하게 찾아볼 것이다. 단연과 토산품의 애용운동 전개와 형평사와의 갈등을 정면 돌파한 점, 그리고 주권운동의 확산과 여성예술인의 신분 상승 등의 사회적 활동 등을 추구하였으며, 이밖에 전라북도에 거주하였던 기생들도 해주海州와 수원水原, 통영統營의 기생들처럼 3・1 독립운동에 참여하면서 정치활동을 펼친 점도 고찰하겠다.

　본 장의 큰 틀은 전라북도 기생의 활동을 크게 예술활동과 사회활동으로 구분해 논고하는 것으로 구성된다. 이는 기생이 악・가・무를 배우고 전승하면서 다양한 문화예술과 함께 자주적인 의식과 행동으로 신분상승을 위한 노력과 사회참여에 적극적이었다는 점을 밝혀주기 때문에 기생들에 대한 기존의 저급한 인식을 상당 부분 높일 것으로 기대된다. 이러한 예술과 사회활동을 통해서 자신의 근대적 주체성을 강화하고 정체성을 확립하게 되었다. 일제강점기 기생들의 순수예술에 대한 적극성과 저급인식을 벗어나 사회인 영역으로의 확장은 이전과는 다른 기생의 존재양식을 보여준다.

　본 장은 일제강점기 전라북도 기생의 활동을 고찰하고 기생들의 변화 움직임을 포착하여 기생들의 목소리가 갖고 있는 근대성의 의미를 밝혀보고자 한다. 또한, 기생의 예술 활동과 사회활동은 시대적 배경에 따른 제약制約 아래서도 자신들의 입지를 세우면서 전통예술을 전승해 나갔다는 점에서 시사하는 바가 크다고 할 수 있다. 이러한 맥락에서 본 장에서는 기생들의 다양한 활동을 통해 일제강점기 전통예술을 견인하는 데 중요한 역할을 담당한 모습들을 사료로 제시하고 이러한 활동을 통해 식민지 근대성을 살펴보겠으며, 이와 같은 기생의 존재방식과 다양한 활동을 자세히 분석해 보고자 한다.

1. 근대적 연예산업의 형성과 구축

1) 공연예술로의 입지 확보

　일제강점기 전라북도의 기생조합과 예기조합, 권번에 소속되어 있었던 기생들은 공연을 적극적으로 이어내면서 자신들의 예술적 입지를 확보해 나갔다. 기생들의 예술을 동반한 입지 확보는 국내·외 공연을 통해서 보다 선명鮮明해지고 극대화되었다. 이와 같은 국내·외의 공연 참가는 권번이 지역을 근거지로 하면서 예술적 기량을 보다 적극적으로 알리는 계기와 일제강점기란 특수상황에서도 종합 예술인으로 자리를 잡는 데 결정적 요인이 되었다. 특히 기생의 박람회 참가는 일제의 권유와 회유에 의해 참여하였지만 공연 예술을 통해 기생 자신들의 존재감을 확연하게 드러내는 또 다른 하나의 방안이었다. 1915년 9월 11일부터 10월 30일까지 서울 경복궁景福宮에서 조선물산공진회가 개막되었는데, 조선물산공진회는 각 지역에서 생산된 특산물이나 제품을 한자리에 진열해 놓고 일반인들을 관람시켜 우열을 품평하거나 사정査定하는 모임으로, 현재 무역박람회와 같은 성격의 행사다. 기생들은 박람회에 참가하기 위하여 막바지까지 연습을 하면서 박람회를 통해 자신들의 기량을 최고점으로 올리고, 동시에 박람회를 통해 자신들의 입지도 확보해 나갔다. 전주예기조합이 공진회에 출연하기 위한 모습을 다룬 『매일신보』 기사이다.

> 공진회와 전주기, 공진회에 출연 : 전주예기조합에서는 공진회에 출연하기 위하여 갑반의 명기 향란·능주·우순·월향·하월, 능운·옥선·채선·옥주·초옥 능선의 열두 명을 뽑아 가무 및 구 연극은 한 달 이전부터 연습하는 중이더니, 이번에 준비가 다 되어 말일 경에 서울로 출발한다더라.[1]

전주예기조합 기생들은 예술적 완성도에 따라 등급等級이 나누어질 정도로 상호 경쟁은 물론 규모면에서도 확대되어 가는 양상을 띠었다. 또 박람회에 참가하기 위해 기생들은 오랜 기간 연습에 정진하였으며, 공연 종목에 있어서도 노래와 춤은 물론 구연극까지 올림에 따라 공연 내용에 있어서도 다양성을 확보하였고, 한 달 이상의 연습은 더욱 뛰어난 실력을 갖추어 무대에 나서기 위한 노력의 일환이며 실천이기도 하였다. 그렇지만 "박람회 참가를 일제가 강제적으로 추진함으로써 제국주의 시선視線

1_ 『매일신보』, 1915. 9. 8.

<도판 22> 전주예기조합 기생이 참석해 공연한 조선총독부시정5주년기념관, 1915년대 『사진엽서로 떠나는 근대기행』(민속원, 2009)

장치에 적극적으로 참여한 것으로 보는 주장"[2]-도 있다. 그러나 기생이 비록 일제의 주도적인 지휘 하에 박람회란 특수 공간에서 다양한 기·예능을 보여준 것은 기존에 특정 공간에서 일부 주류층만을 상대로 활동해 왔던 기생들이 이제는 박람회라는 열린 공간에 적극적으로 참여함으로써 자신들의 기·예능을 더 많은 대중에게 보여줄 기회로 삼았던 일례—例로 근대성을 포함하고 있다. 또한, 공진회 공연은 전통 가무의 계승과 구연극과 같은 새로운 분야가 공존할 수 있는 기회를 부여함으로써 시대적 조류潮流에도 탑승搭乘할 수 있는 계기가 되었다. 이와 같이 기생의 박람회 참가는 기존의 전통 가무를 서구식 극장형식에 맞는 새로운 개량의 차원으로 진일보하여 본격적인 레퍼토리 확보라는 의미를 지니고 있어 전통의 고수와 개량, 또는 새로운 예술성 추

2_ 이상현, 「일제강점기 무대화 된 민속의 등장 배경과 특징」, 『비교민속학』 제35집(서울 : 비교민속학회, 2008), 588쪽.

구라는 활동 노선을 보다 분명하고 확연하게 드러내기에 이른다.

또한, 전주기생들은 다른 지역 공연을 통해 자신들의 예술을 공개함으로써 기생조합의 위상을 확고하게 다지고 타 지역 권번과의 연합공연을 통해 우수성도 확인해 나가는 등 이전 시대와 분명한 공연양상을 통해 자신들의 이해를 도모하고 조직적인 구성원을 확인하기에 이른다. 전주예기조합 기생들은 당대 대명창이었던 송만갑 등과 합동공연을 광주光州와 목포木浦에서 열어 호평을 받게 된다. 『매일신보』가 독자들을 위해 전주예기조합을 초청해 연 이 공연에서 "전주예기조합 기생들은 춤과 풍류, 송만갑의 독창"[3]으로 인기가 높았으며, "광주와 목포에서 독자위안회를 개최하였는데, 광주에 묻혀 있는 기생들이 자신의 고을 위안회慰安會에 타관他官 기생이 출연케 되는 것은 부끄러운 일이라야 하야 …(중략)… 전주기생은 다년多年 학습한 가무歌舞가 막힐 것이 없으나 광주기생은 준비가 없는 까닭에 따르지 못하였으며 …(중략)… 또한 이 원인은 조합이 없는 까닭"[4]이라며 광주에 조합설립이 시급하다는 판단을 내리게 된다.

전주권번은 광주보다 앞서 설립되어 시대의 흐름에 합승하는 예술적 경지도 이어나갔으며, 다른 지역에서 공연할 정도로 기량 또한 월등했다는 것을 알 수 있다. 이 시기에 전주권번의 기생들이 다른 지역으로 가서 공연하였다는 기록을 『매일신보』에서 찾아볼 수 있다.

> 본사 전남지국 주최 무등산 탐승회는 돌아간 19일에 대성황을 이루었는데 …(중략)… 오찬회를 열었으며 동 오후 3시로부터 동 5시까지 전주예기 계화, 채선의 10명의 청가묘무가 있어 일반회원은 한번 유쾌히 놀았고 동 5시에 증심사를 출발하여 동 7시에 광주좌 앞으로 돌아와 산회 하였더라.[5]

> 본보 목포지국 주최 전조선 남녀 명창대회 10월 23일부터 5일간 : 본보 목포지국에서는

3_ 『매일신보』, 1917. 5. 29.
4_ 『매일신보』, 1917. 6. 17.
5_ 『매일신보』, 1918. 5. 23.

월간 잡지 호남평론사와 연합 주최로 10월 23일부터 5일 동안 목포 역전 가설극장에서 전조선 남녀 명창대회를 개최 한다는 바 동 대회에 출연할 명창은 경성을 비롯하여 대구, 전주, 군산, 광주, 목포 기타 등지에서 가장 성명이 높은 일류 명창만이 다수 참가하기로 결정되어 주최 측에서는 만반 준비에 분망 중이라는데 일반은 대성황을 예고한다고 한다.[6]

앞에서 열거했듯이 전주예기조합 소속 기생들은 주요 활동지역이었던 전주를 벗어나 타 지역으로 진출해 예술성 높은 작품을 올리면서 예인으로의 입지와 대중성을 확보하기도 하였다. 1918년 5월 19일 『매일신보』 전남지국全南支局이 주최하는 무등산 탐승회探勝會에 참가해 〈청가묘무淸歌妙舞〉 공연을 하였는데, 〈청가묘무〉는 '맑은 노래와 매우 잘 추는 춤'이란 뜻으로 전주예기들이 소리와 춤에서 탁월한 역량을 소유하고 있었음을 보여준다. 그러나 〈청가묘무〉가 춤이라고 단정하는 해석[7]도 있지만 〈청가묘무〉는 한문에서 알 수 있듯이 노래와 춤을 알려주는 사자성어四字成語로 청아한 노래와 묘한 춤을 뜻하고 있어 소리와 춤을 모두 포함하는 것으로 해석된다.

1936년 목포에서 열린 전조선 남녀경창대회에서도 전주와 군산출신 기생들이 참가한다. 월간잡지 호남평론사湖南評論社가 주최해 5일 동안 목포 역전 가설극장假設劇場에서 열린 이 대회에서 전주와 군산기생들은 대구·광주·목포 등지에서 온 기생들과 함께 일류명창이란 평가를 받았다. 전주와 군산의 일류 명창이 타 지역의 공연에 참여한 것은 당시 권번 소속안의 지역에서만 예술을 추구한 것이 아니라, 초청을 통해 자신의 기량을 뽐내고 예술적 완성도를 표출하며 평가받게 된다. 이 같이 전주기생이 다른 지역 권번의 기생보다 기·예능이 뛰어났다는 일례는 전주조합 기생들의 가무에 자극받은 광주지역이 조합 설립을 추진한 것에서 쉽게 설명된다. 광주에서 조합설립을 적극적으로 추진한 것은 기생들을 예술인으로 보기 시작한 것이며, 당시 전주의 예술수준이 광주, 목포 등 행정도시와 상업도시와는 비교할 수 없을 만큼 앞서 있었

6_ 『조선일보』, 1936.10.12.
7_ 최윤영, 「1910년대 기생들의 춤 교육과 공연양상 연구」(경기 : 중앙대국악교육대학원 석사학위논문, 2009), 60쪽.

다는 것을 입증한다.

전라북도 기생들의 다른 지역으로의 공연인 이른바 원정공연遠征公演은 교방의 관기가 권번 기생으로 이어지면서 궁중 밖, 세상 속으로 깊숙이 투입되었다는 사실 또한 보여준다. 이처럼 기생들의 활동방향의 다양성은 기존의 특정 층이 아닌 일반인들과의 예술적 소통이란 점에서 근대성에 있어 각별한 의미를 함축하고 있다. 또한, 지방 관아에서 연희를 담당하였던 관기에서 권번 소속 기생으로 변화되면서 기생의 대중연예인화 과정을 의미하기 때문이다. 이러한 타 지역 공연은 기생들이 권번에 소속되어 있었지만 자신들을 원하는 초청공연을 통해서 기존과는 다른 방식으로 자주적인 대중연예인으로 발돋움하는데 결정적인 무대로 이어졌다. 특히 이와 같은 공연양상은 부富의 축적과 자신을 알리는 최고의 창구가 되었다.

그리고 전라북도 권번 기생들은 서양음악의 도입에 따라 쇠잔衰殘해져 가는 고악기古樂器 연주대회를 기반으로 전통음악의 부흥에도 앞장섰다. 기생들이 고악기 연주에 있어 기량이 뛰어났다고 하는 점은 전주예기권번의 기생들이 연주회나 공연을 하면 '대성황'을 이루었다는 기사를 통해서도 확인된다.

고악기(연주대회) : 전주 동업 동광신문사에서는 오는 25일 오후 7시부터 전주공회당에서 조선 고유의 음악연주회를 개최하리라는 바, 당일은 전주의 일류 명수를 위시하여 전주권번의 총출연이 있을 것이므로 일찍부터 성황을 예기하는 터이라 한다.[8]

형형색색形形色色의 기념소식紀念消食, 음악, 연주, 라디오 : 본사 신사옥 낙성식을 기하여 본 신문 전북 전주지국에서도 이를 의미 있게 기념식을 행하고자 본 지국에서 주도로 연주회를 개최한다 함은 이미 알린 바와 같이 지난 30일 오후 8시부터 전주공회당에서 본 지국장 박노수朴魯洙씨의 사회 하에 개회를 선언하고 바로 이어 식사를 마치고 김지수金智洙씨의 본사 유래와 공사工事 상황을 보고한 후에 조선일보 전주지국장 이용기李龍基씨와 임○룡씨의 축사에

8_ 『조선일보』, 1931. 4. 25.

들어가 …(중략)… 25만원이라는 공비工費로 신○함은 우리의 기쁨이라는 의미와 앞에로는 거리낌 없이 나감을 축하한 후에, 이어서 연주회를 개최하고 흥행을 하였다는데, 전주권번 예기는 총 출연하여 프로그램 순서에 따라 승무, 검무劍舞, 풍류양금, 현금, 가야금伽倻琴, 만고 영웅萬古英雄, 만고강산萬古江山, 소상팔경, 창가, 잡가독창, 잡가, 일동이 이상과 같이 흥행할 때 에 애독제위愛讀諸位와 일반 남녀 유지有志는 이번에 여지없이 입장하여 대성황을 이루었다하 며, 심순애沈順愛의 창가 독창은 박수로 재청까지 있었으며, 청중의 기쁨은 장내에 충만하였 었는데, 오후 12시 경에 대성황으로 폐회하였다더라.[9]

전주권번 소속 기생들이 전통예술을 보존하기 위한 노력에 대해 청중들도 뜨거운 반응으로 화답和答하였는데, 이 같은 사실은 기생의 존재감을 더욱 부각시키며 대중연 예인으로 명성을 얻게 되는 계기가 되었다. 기생들은 악·가·무 등 폭넓은 레퍼토리 와 완성도 높은 프로그램으로 당시 전통예술을 주도해 나갔는데, 1931년 4월 25일 동 광신문사 주최로 전주공회당에서 열린 조선 고유의 음악연주회는 전주권번 기생들이 '일류一流 명수名手'라는 찬사를 받고 큰 성공을 거둔 것에서 단적으로 증명된다. 또 기 생들은 1927년 5월 3일 동아일보사 전주 본사 신사옥新社屋 낙성식落成式을 기념하기 위 해 다채로운 활약상도 보였다. 기념식에 이어 연주회가 개최됐는데 전주권번 예기들이 총 출연하여 프로그램 순서에 따라 〈승무〉·〈검무劍舞〉·〈풍류양금風流洋琴〉·〈현금〉· 〈가야금〉·〈만고영웅〉·〈만고강산〉·〈소상팔경〉 등의 단가와 창가, 독창, 잡가 등을 차 례대로 올렸다. 심순애의 창가 독창은 앙코르까지 있어 청중들의 큰 호응을 받았다. 또한 행사에만 4시간이 소요된 이 공연은 전주권번이 단가·기악·춤 등에 걸쳐 선보 임으로써 다양한 공연 종목을 확보하고 있었음을 보여주며 공연상황에 맞추어 전통예 술 연행방식과 레퍼토리를 적절하게 운용하고 있었다. 이러한 다양한 레퍼토리의 확 보는 본격적인 연예인으로 들어서는 단초端初를 제공해주며, 이전 시대와는 전혀 다른 환경에서 대중적이며 근대적인 연예인으로 올라서는 의미를 지니고 있다.

9_ 『동아일보』, 1927. 5. 3.

일제강점기 전라북도 소속 권번 기생들은 중앙무대에 진출해 경성 부민관府民館과 단성사 등에서 연주회를 열기도 하였다. 이는 지방에 거주하였지만, 중앙무대에 적극적으로 진출해서 소속 기생들의 기량을 선보여 주목을 끌기 시작한 것으로, 이러한 중앙무대의 진출은 자신의 기량을 통해 중앙으로의 이동 등으로 이어질 수 있었으며, 보다 인기있는 기생으로 성장할 수 있는 발판을 구축한 것으로 보인다. 이러한 정황을 비교적 자세히 드러내는 아래의 『매일신보』 내용은 전라북도 기생의 중앙으로의 진출 사실을 더욱 분명히 밝혀준다.

전주권번全州券番 홍군紅裙 중앙中央에서 연주회演奏會 : 전주권번에서는 향토예술을 널리 중앙무대에 소개하기 위하야 17일 오후 7시부터 경성부민관京城府民館에서 연주회를 개최키로 되었다 함은 기보한 바이어니와 일행 20명은 동 지배인 최병철崔柄㬚씨 인솔 하에 16일 아츰 경성에 도착 양옥여관梁屋旅館에 려장을 풀고 즉시 본사를 내방하였는데 일행 중에는 노래로 유명한 장채선張彩仙과 서화書畵에 조예가 깊은 송진주宋眞珠도 참가하여 당일의 성황을 예기케 한다고 한다.[10]

명창은 각지서 속속 상경 중 독자 할인권 사용에 특히 주의 전조선명창대회 박두 : 오는 20일부터 3일간 시내 단성사에서 전조선명창대회를 개최한다 함은 이미 보도한바 이거니와 입장료는 계상階上 1원, 계하階下 70전으로 본보 독자에게 한해서는 각등 20전씩 오는 19일까지 시내 화신상회에서 판매하리라는데 대회 당일에는 비상히 복잡하여 할인권을 거절하겠으므로 될 수 있는 대로 19일까지 미리 사둠이 좋겠다 한다. 금 18일까지 각 지방에서 입경한 출연자는 다음과 같이 투숙하였다고 한다. …(중략)… 군산소화권번 : 김유앵 외 1인).[11]

위의 신문기사들은 1930년대 권번의 활동이 활발하고 근대적이었음을 잘 보여주고

10_ 『매일신보』, 1936. 5.17.
11_ 『조선일보』, 1932. 4.19.

있다. 기생들은 자신의 예술적 기량을 더욱 효과적으로 홍보하기 위해 지방 무대뿐만 아니라 중앙무대로 진출하였으며, 특히 전주권번의 경우 '향토예술'이라는 명칭으로 소개함으로써 전주만의 변별력辨別力이 있는 공연 레퍼토리를 확보하고 무대화하였다. 또 예찬회가 주최하고 중앙일보 경성지국이 후원해 1932년 4월 20일부터 22일까지 서울 단성사에서 열린 전선명창대회全鮮名唱大會에는 군산소화권번·진남포권번·해주 예기조합이 함께 참여하였는데 조선의 무너져 가는 가곡을 부흥시키려는 목적으로 경 성과 전국의 기생들이 참가하였으며, 군산권번은 김유앵 외 1명이 참가한 것으로 확 인되었다. 최고의 권번과 기생을 자랑하는 평양 기성권번에서는 장학선·한경심·조 은파·박창근·김용건 등이 참가하여 태욱여관에서 거주했으며, 진남포 삼화권번에 서는 김산옥·김추월·안종간 등이 공연을 위해 금옥여관에서 여장을 풀었다. 또 해 주예기조합에서는 박옥소선·김매화·임소홍 등이 전동여관에서 거주했으며, 군산소 화권번에서는 김유앵 외 1명이 참가했지만, 숙소는 나타나지 않았다. 앞의 신문기사 에서 알 수 있듯이, 당시 전통음악이 쇠퇴의 길로 접어들 때 권번 소속 기생들은 전통 음악의 부활을 위해 적극적으로 나섰다. 이는 당대 기생문화계가 향유층의 기호嗜好에 따라 다채로운 변모를 띠고 있는 상황임을 감안하면 기생들이 고유한 기예 레퍼토리 를 유지하기 위해 더욱 노력하고 있었다. 1936년 『매일신보』의 기사는 '연주회'라는 명칭을 붙였는데, 이는 권번의 음악이 주요 행사 뒤의 여흥에서 그치는 것이 아니라, 분명히 공연의 형식을 취한 것이었음을 알 수 있다.

이 시기 경성에는 무수無數한 극장과 요릿집이 세워져 있었고, 이곳에서는 기생들이 기량을 닦으며 전통예술을 보존하고 있었다. 이들의 기·예능 기량을 대중들에게 널리 알리는 일은 바로 연주회를 통해서 가능하였다. 서울에서 열린 행사에는 서울의 권번 들이 각종 행사를 주도했고 각 지역의 행사가 열릴 때면, 그 지역의 권번들이 적극적으 로 참가해서 연주회를 하였다. 또 각 지방의 권번에서는 서울행사에 출연해서 각기 예 술적 기량을 다지며 자신들이 소속된 권번의 우수성을 알리고 대중적 인기구도에 진입 하였다. 이러한 중앙무대 진출은 지방권번소속의 기생이 경성의 유명 권번으로 자리를 옮기는 또 하나의 창구가 되기도 하였다.

예로부터 명기에 오르려면 반드시 뛰어난 용모와 기예에 탁월한 재능을 지니고 있어야 한다. 경술국치 이후 궁중의 예속에서 벗어난 기생들은 자유로운 신분이 되었지만, 이러한 신분의 위치는 자신들의 존재감을 위협해 왔다. 따라서 기생들은 스스로 상품적 가치를 높이려고 부단한 노력을 기울여야만 하였다. 명기, 즉 유명스타로 명예를 유지하려면 그만큼 뛰어난 가무를 요구받았던 셈이다. 이와 같은 사실은 기생들이 각종 공연을 통해 전통예술을 보존, 계승하고 새로운 극장식 공연무대에 서면서 근대적 공연방식을 적극적으로 수용하는 등 근대성을 확보한 모습이다.

이밖에 권번들은 연합무대聯合舞臺 등을 통해 예술을 매개로 결집력도 보여준다. 이는 기생들이 예술을 통해 소속감과 연대감을 확보하였다는 점을 알 수 있는 요소다. 연합무대를 통해서 자신들의 입지를 강화시킨 사례도 당시의 『동아일보』에 등장한다.

기생연주 성황 : 거월去月 19일과 20일 양일에 군산○○○공동조합 주최로 본보 및 조선일보 양 지국 후원으로 명성이 자자한 조성曹成, 군산 양예기권번 연합으로 신극, 구극으로써 군산좌에서 공연케 되었는데, 정각인 밤 8시부터 입추에 여지없이 대성황을 이루었는데 (하략)….[12]

군산에 있었던 두 곳의 예기권번은 연합으로 1926년 1월 19일과 20일 양일간 신극과 구극을 동시에 군산좌群山座에서 올림으로써 대성황을 이룬다. 군산의 두 권번에서 공동으로 연출된 레퍼토리는 신극과 구극으로, 기생들이 다양한 기·예능을 소유하고 있어 대중들의 선호에 따라 무대 종목을 선도하고 있었다. 그리고 기생들이 전통예술과 더불어 시대적 흐름인 새로운 예술에도 높은 관심을 나타내고 있었다. 이는 상업적인 공연공간에서 다양한 계층 인사들의 기호와 요구를 적극 받아들이게 되었다. 또한, 권번 자체가 연주회 장소로도 사용되었다는 것은 큰 의미를 남겨준다. 왜냐하면,

---

12_ 『동아일보』, 1926. 2. 4.

대형 극장을 빌리지도 않고 자체적인 공간에서 공연을 개최함으로써 일반인들을 권번 안으로 끌어들일 수 있었기 때문이다. 이러한 활동 양상은 기존의 기생과 달리 근대 기생들이 공간 활용을 통해 매우 적극적이고 진취적인 모습으로 예술을 선도하였다는 것을 의미한다. 군산소화권번 기생들은 자신들의 기량을 직접 알리려고 무용가곡대회를 기획하였다. 자신들의 기량을 본격적으로 소개한 것과 동시에 전통예술의 대중화에 크게 이바지한 이 같은 사례는 기생들이 대중 연예인으로 확고한 자리를 점하는 계기가 되었다. 또한, 조선시대 교방에 소속되어 수직적으로 수행하였던 관기들의 예술 연행과는 다르게 권번에 소속된 기생들은 다른 권번 소속 기생들과 상호 협력 속에서 기·예능을 선보임으로써 기존시대와 확연하게 다른 양상을 띠면서 근대적인 공연을 선보였다.

> 군산소화권번의 무용가곡대회, 신춘 이전 기념 흥행으로 : 군산 화류원의 소화권번의 예기 40여명은 평소 ○○○기技○○ 가곡을 사계의 태두수泰斗數씨를 초대하여 이二○○ 연습한 결과 오는 18일 밤 7시 반부터 군산권번에서 신춘 조선무용가곡대회를 개최한다고 한다. 입장료는 대인 20전, 소인은 10전 균일로 되어 있다고 한다.[13]

> 군산 무용가극회 40예기 총출연 : 군산에 있는 소화권번에서는 다년 연구하여 오던 무용과 가극을 널리 일반 인사에게 관람시키고자 18, 19 양일 밤에 당지 군산극장에서 무용가극대회를 열기로 되었다는데 당야에는 활동하기로 되었다는 바 그 춤과 그 노래가 모두 조선의 정조를 자아내리라고 하여 일반 인기가 자못 비등하는 터이라고 한다.[14]

군산소화권번 소속 기생 40여 명은 평소 기량을 닦은 가곡을 신춘조선무용가곡대회新春朝鮮舞踊歌曲大會란 이름으로 서양식 극장에서 입장료를 받고 올렸다. 유료공연이

13_ 『매일신보』, 1932. 1. 8.
14_ 『조선일보』, 1932. 1.21.

었지만 관람객들로부터 환영을 받는 등 당대 최고의 예술가로 인정받기에 이른다. 군산소화권번은 판소리와 남도민요는 물론 무용과 가극歌劇을 주요 프로그램으로 확보하고 무용가극대회를 열어 인기를 누렸다. 이날 소개된 노래와 춤은 조선의 정조情操를 선보이는 종목으로, 예기 40여 명이 무대에 설 정도로 방대한 규모도 연출하였다. 이러한 공연양상은 군산소화권번 기생들이 극장식 무대에서 국악의 대중화에 적극적인 모습을 보여주는 사례다. 다시 말하면 근대의 기생들은 당시 공연 문화계가 특정층이 아닌 일반 대중들을 향수층으로 하는 만큼 새로운 문화욕구를 충족시켜야 하는 의무를 띠게 되었다. 전통시대의 관기와 달리 근대의 기생들은 이전시대처럼 운명에 의한 것이 아니라, 자발적인 선택에 따라 예인으로 성장하였는데, 기생은 스스로 작품을 구상했고, 창조하였으며, 예술 환경의 변동을 주도할 수 있는 내재적인 근대성을 확보하고 있었다.

그리고 예기조합의 설립을 통해 자축自視의 장도 마련되었다. 1939년 예기조합을 창립하는 기념연주회가 이리에서 개최되었는데, 기생들은 물론 인근 지역의 기생들도 축하해줌으로써 기생조합들이 다른 지역과 연대성을 통해 자신들의 입지를 공고히 해나가며 동시에 완성도가 높은 예술세계를 보유하고 있었다. 이리예기조합의 창립을 축하하는 기사가 『동아일보』에 나온다.

예기 연주회 : 전북 이리읍에 금번 새로 성립된 예기조합에서는 동 조합이 새로 탄생된 기념을 하기 위하여 동 간부의 열성적인 지방 유지의 후원으로 오는 6월 2일부터 이틀간 당지 극장 이리좌裡里坐에서 연주대회를 개최하게 되었다는데, 동 대회에는 신참 예기들은 물론 인근 각지의 권번에서도 크게 성원하리라 하여 대성황이 예기된다고 한다.[15]

이리 예기 연주회 대성황 속에 종료 : 이미 보도한 바와 같이 이리에 새로 생겨난 예기조합에서는 자축의 의미로 지난 1일 저녁 이리극장에서 제1회 연주대회를 공연하였다. 인근

15_『동아일보』, 1939. 5. 27.

각지에서도 응원이 있었고 지방에서도 크게 성원하여 입추의 여지가 없을 만큼 성황을 이루었다 하며 초회의 공연임에도 불구하고 예기들의 기술이 숙달하다 하여 호평이 자자하다 한다. 동 조합의 유치에 노력하는 인사를 소개하면 다음과 같다 (하략)···.[16]

첫 번째 기사는 이리예기조합의 탄생을 기념하는 연주대회의 예고豫告이며, 두 번째 기사는 새롭게 출범한 예기조합의 무대를 대대적으로 보도한 사례다. 지방의 한 예기조합의 탄생을 예고와 연이어 개막 기사로 다룬 점으로 미루어, 당시 예기조합에 대한 일반인들의 관심도를 단적으로 반영하였다고 할 수 있다.

이와 더불어 권번이 존재하였던 지역이 아니지만, 요릿집으로 추정되는 곳에서 활약한 기생들도 중앙 진출을 통해 전라북도를 대표하는 기생으로 활약하였다. 신태인新泰仁에 있었던 성산호주成刪瑚珠는 전라도를 대표하는 기생으로 전국 명창 30여 명과 함께 1938년 5월 3일과 4일 이틀간 전조선 향토연예대회에 참가하였다. 이 대회에는 조선권번·한성권번의 기생들과 전국의 기생들이 참가하는데 각 도의 특별한 민요와 가무 및 기타 그 지방의 특색 있는 노래를 뛰어난 자신들만의 장점으로 무대화하기도 하였다.

전조선 향토연예대회 총람 고악가무 대 퍼젠트(3) : 팔도의 정설 여인 예술부대 팔도 여류 명창 경연대회. 조선소리라면 판소리를 제일치고 그 다음은 남도잡가, 서도잡가, 경기입창 등을 들 수가 있다. 그러나 금번 본사 주최인 향토연예대회에 있어서는 특별한 조선 전도의 이류 여류명창을 불러 각도의 독촉한 민요와 가무와 기타 그 지방의 특색 있는 노래를 듣기로 하였다. 이 팔도 여류명창 경연대회가 곧 이런 취지에서 개최되는 것이다. 그리하여 조선 전도에 산재해 있는 일류명창을 초청하여 오는 동시 경성에 와 있는 각도의 대표적 여류명창을 일당에 모아 오는 5월 3일, 4일 이틀 동안 시내 부민관 대강당에서 명창대회를 열기로 되었다. 지방에 있는 인사의 노력과 경성의 조선권번, 한성권번의 성원으로써 이 대회는 다

16_ 『동아일보』, 1939. 6. 9.

시 두 번 볼 수 없는 호화판을 이룰 것이다. 여기 출연하는 여류명창이 30여명에 달한다. 입장 요금은 역시 일반 50전, 독자 35전으로 되어 있다. 오는 5월 3, 4일 이틀 밤을 통하여 조선팔도의 독특한 노래를 불러 주실 이에 대한 소개를 간단히 하려한다. …(중략)… 전라도 : 이소향, 김란옥, 성산호주 - 원래 전라도는 경상도와 한가지로 남도소리로 유명한 곳이다. 과연 이번 대회에 나오는 이들이 얼마마한 노래를 부를 것인가, 그 중에서 이소향씨는 남도 가야금을 탈 것이요, 남은 두 분은 노래부르기로 되었는데 성산호주는 신태인에서 이번 대회를 위하여 일부러 상경한다. …(중략)… 지방에서 출연한 명창 : 이번 여류명창대회를 위하여 특별히 각도 대표로 지방에서 상경하게 된 분은 다음의 열분이다. 신태인 - 성산호주, 함흥 - 김순희, 부산 - 김화선, 신의주 - 김벽도, 평양 - 김춘황, 원산 - 김분환, 진주 - 김소희, 사리원 - 엄명화, 대전 - 홍금화, 평양 - 김벽화.[17]

판소리가 가장 우수한 조선 소리로 평가되었던 전조선향토연예대회全朝鮮鄕土演藝大會에서 전라도 대표로 신태인에서 올라온 성산호주는 특별하게 소개되어 있어 전라도 기생 가운데 전라북도에 대한 남다른 관심도를 보여준다. 그러나 신태인에는 일제강점기에 권번이 설립되지 않았기 때문에 성산호주의 소속은 권번이 아닌 요릿집 또는 소규모의 기생조합으로 추론된다. 신태인은 비록 작은 지역이었지만 일제강점기에 대규모 일본인 농장 등이 포진하고 있었기 때문에 요릿집의 설치와 이를 애용하는 사람들은 많았을 것으로 보인다.

이처럼 자주적인 예술가를 확보하기 위한 기생들의 노력은 일제강점기에 언론매체와 공동 주최를 통해서 이어졌다. 기생들은 경연대회와 명창초청 대회란 명칭을 통해서 전통음악 대중화의 선봉에도 섰다.

인기의 초점인 명창경연대회名唱競演大會 : 일반 독자 우대, 본보 전주지국에서 새 해의 새 선물로 본보 독자의 위안을 주로 하고 아울러 일반시민들의 열광적 요구에 순응하기 위하여

17_ 『조선일보』, 1938. 4.24.

조선에서 이미 정평이 높은 이화중선, 박금향 및 임방울 등 남녀명창들이 내전함을 기회하여 음력 오는 10~11일 양일 밤을 연하여 전주극장에서 열리는 명창경연대회를 기회로 하여 입장료를 할인케 하였다.[18]

　명창대회 개최 : 본보 군산지국에서는 금번에 매일신보 군산지국, 전북일보 군산지국 등 공동주최로 명창 정정렬, 박녹주朴綠珠를 초청하여 오는 4월 10일부터 독자위안 명창대회를 개최할 예정이라 한다.[19]

　『동아일보』와 『조선중앙일보』는 독자들을 위해 명창을 초청하여 국악의 대중화에 나섰다. 이들 신문은 독자 위안을 목적으로 당시 최고의 명창이었던 이화중선·박금향·임방울·정정렬·박녹주 등을 초청하여 공연을 열었다. 초청된 명창들이 대부분 당대 판소리 명창인 것은 1930년대 판소리에 대한 청중들의 관심이 최고의 절정을 이루고 있음을 시사해준다.

　일제강점기 각종 신문사에서는 "문화주의를 내세우고 있었으며, 1930년대 이후에 증면增面 경쟁을 통하여 오락이나 부인문제·체육·예술·문화 등에 치중하여 후진한 생활개선, 윤택한 삶을 지향"[20]하였다. 그리고 명창대회를 개최하거나 연주회를 홍보하는 등 전통문화계를 지원하여 국악과 무용문화의 발전에도 많은 영향을 끼쳤다. 더욱이 조선일보사와 동아일보사가 자체적으로 명창대회를 개최하고 신문지상에 대대적으로 광고를 낸 것은 문화주의 영향도 있었겠지만, 현실적으로 신문사 간의 경쟁에서 촉발되었던 점도 있었다. 또한, 근대 인쇄매체의 하나인 신문은 계몽啓蒙을 견인牽引하는 한편, 예술과 대중을 매개하는 의사소통意思疏通 체계로서 공공성公共性을 확대하는 데 이바지하였다. 근대 신문을 통해 공론公論의 장이 형성됨으로써 권번과 기생은 전통예술의 교육기관과 주체자로서 계몽과 개화의 한 방편으로 인식되면서 주체와 타자

18_ 『동아일보』, 1930. 2. 8.
19_ 『조선중앙일보』, 1936. 4.13.
20_ 윤병석 외, 『한국근대사론』 Ⅲ(서울 : 지식산업사, 1978), 379쪽.

간의 상호 소통이 더욱 원활해지게 되었다.

근대 신여성을 구체적으로 표상하였던 기생들은 신문에 본격적으로 등장함으로써 대중적인 스타로 발돋움하는 기틀을 마련하였다. 기생들의 공연은 신문에 기사화가 되기도 하고, 광고를 냈으며, 신문사들의 후원을 받는 등 당시 지면紙面의 중심부에 섰다. 즉 근대의 신문매체는 문명개화와 계몽을 주도하고, 공론화를 통해 여론을 형성하여 예술의 발전에 이바지하면서 기생들의 활동에 힘을 실어주기도 하였다. 이렇듯 신문의 기능은 근대기생들의 근대성을 성취해 가는데 간과할 수 없는 중요한 요소가 되었다. 1920년대 후반기부터 전라북도의 권번 소속 기생들을 앞세운 명창대회와 각종 공연은 신문사의 공연 홍보를 통해 구독자 확보의 수단으로 쓰였다. 이 같은 요인은 『동아일보』와 『조선일보』 등 신문사의 공연 관련기사 대부분이 신문 독자들에게 특별할인特別割引 혜택을 준다는 선전宣傳으로 마무리되는 것을 통해서 알 수 있다.

이밖에 당대 명창은 공연을 통해서 사회사업에도 공헌하였다. 배설향裵雪香과 같은 일제강점기 최고의 명창들도 전북을 대표하는 명창으로 공연활동을 펼쳐 화제를 모았다. 말년에 전주를 중심으로 소리활동을 전개하였던 배설향은 부산의 진수학원進修學院 교사 신축공사의 건축비 충당을 위해 열린 공연에서 전라북도의 대표로 참가하였다. 『동아일보』에 나타난 배설향 관련 기사 내용이다.

> 동아 여류 명창대회 : 부내 진수학원에서 박간迫間씨에게 300여 평의 부지의 무상 배부를 받아 학원교사를 신축하면서 있는데, 동 건축비의 부족을 충당시키고자 동학원 후원회 주최로 오는 23, 24 양일간에 조선여류명창대회를 부산공회당에서 개최한다는데 당일에 참가할 예기는 경성 조선권번에서 김여란, 조산옥, 김연수, 조금옥, 전북 배설향, 전남 권금향 등과 부산에 봉래권번, 동래권번 등의 예기들도 참가한다고 하는데 동학원을 위하여 일반은 많은 동정을 하여 주기를 바란다고 한다.[21]

21_ 『동아일보』, 1936. 5.15.

이 기사에서 배설향裴雪香이 예기로 소개되고 있는 만큼 당시 명창들이 활약하였던 곳은 권번이므로, 배설향 역시 전라북도의 권번 소속이었을 것으로 추론할 수 있다. 이처럼 유명기생有名妓生, 즉 예인들의 공식 행사의 참가는 공연 성공으로 이어졌고, 성 공은 모금 활성화로 각종 사업에 보탬이 되었다. 따라서 신문사에서 명창을 정면에 내세운 것은 각 신문사의 이익과 홍보를 위한 것도 있지만 기생들의 예술을 극대화시 키는 하나의 창구가 된 것으로도 볼 수 있다. 이러한 국내 공연에서 다양한 활동으로 예술가의 면모를 다져나갔던 기생들은 나라 밖으로도 눈을 돌려 활동하기에 이른다. 전주기생들은 한국 무대를 벗어나 일본에서도 적극적인 활동을 하였는데, 비록 일본 에 의해 강제적으로 동원된 요소가 강하게 나타나지만, 기생들이 자신의 예술을 통해 해외에 거주하는 동포에게 예술로 위안을 주게 되었다. 이러한 기생들의 해외공연은 기생들이 국가와 교방에 소속되었던 전 시대와는 다른 환경, 즉 자유롭게 다른 지역 공연과 중앙무대 진출, 그리고 해외공연을 통해 자신의 예술성을 보다 적극적으로 전 개하여 진보적인 예인의 모습을 지향하였다.

전주 기생이 일본에 순회연주 : 도일노동동포度日勞動同胞를 위안慰安 코저, 약 1개월간 예정 으로 : 지난 6일 전주 예기권번에서는 일본에 있는 공익계公益稧의 초대에 응하여 기생 11명은 같은 날 오전 9시 10분 열차로 전주를 출발하여 일본으로 향하였다는데, 일본으로 간 목적은 앞에 쓴 공익계에서 재일본동포위안 연주대회를 조직하여 대판, 신호, 경도, 동경 등 여러 지방을 순회 연주하리라는데, 약 1개월 후에 귀국하리라더라.[22]

전주권번 내홍발발內訌勃發, 경찰의 간섭 개시 : 지난 7일 아침에 전주 경찰서에서는 수십 명의 권번 기생으로 구내 회의실에 때 아닌 꽃밭을 이루게 되었다. 이제 그 내막을 듣건대, 지난 7월 6일 전주권번 기생 11명이 일본日本 대판大阪 공익계共益稧의 초대를 받아 도항渡航하 였다 함은 이미 보도한 바이어니와 40여 일 동안 대판, 경도, 유명 고옥古屋 등지를 순회하면

22_ 『중외일보』, 1929. 7. 11.

서 많은 쓰림과 고통도 많았으며 각기 자기의 부모에게서 별별 편지가 계속되어 기생들을 놀라게 하였으나 단체로 간만큼 임의로 귀국하지 못하던 차에 그동안 1,970원이란 거대한 체금을 남겨 두고 부산을 거쳐 대구를 구경하고 지난 음력 8월 추석에야 겨우 전주에 도착하였다. 결국 천여원의 부채를 어찌할 수 없어 권번에서는 할 수 없이 엄기생 시간에서 이를 보충하려고 하여 도항 여부를 불문하고 전주에 있는 기생이면 전부 책임을 지게 하였다, 도항하지 않은 기생들 사이에는 비난이 자자하던 바 도화선桃花仙이란 기생은 이에 굴복하지 않겠다는 의미로 권번을 탈퇴하는 등 일대 내란이 연출되어 경찰서에서는 장부까지 일일이 검사한 후 지난 7일에는 내막을 조사하며 이를 말로 타일러 원만히 해결할 예정으로 기생 전부를 호출한 것이라 한다. 일반은 매우 흥미 있는 문제라 하여 그 결과에 주시하는 모양이라더라.[23]

전주권번 소속이었던 기생 11명이 일본에 있는 공익계公益稧의 초청으로 일본에서 순회공연을 가졌는데, 이들 기생은 1929년 7월 6일 오전 9시 10분 전주에서 기차를 타고 일본으로 향하였다. 이들이 간 목적은 공익계에서 재일본동포위안在日本同胞慰安 연주대회演奏大會를 개최하기 위해 초청한 것으로 오사카大阪·고베神戶·교토京都·도쿄東京 등에서 약 1개월간 장기공연으로 이어졌다. 그만큼 당시 전주예기권번의 활동은 국내를 벗어나 해외에서도 예술과 기량을 인정받은 것이다. 그러나 이러한 도일공연은 일본의 강제적인 취지로 이루어졌으며, 경찰의 간섭으로 말미암아 파장波長 또한 만만치 않았던 것으로 나타난다. 특히 기생들은 경찰의 간섭에 불만을 품고 권번 탈퇴는 물론 시위를 벌이는 등 자주권을 행사하였다. 이처럼 제국주의 시대 식민통치국植民統治國이었던 일제는 전라북도 기생에 대해서도 자국의 노동자를 위해 해외공연을 주문할 정도로 강제적이었고, 통제적이었다. 그러나 이러한 여건 속에서도 기생들은 자신의 권익을 위해 막강한 단체행동을 펼치면서 자신의 당위성을 표출하기도 하였다. 이러한 상황 속에서도 각종 국, 내외 공연을 통해 활동한 기생들은 '경연대회'라

23_ 『중외일보』, 1929.10. 9.

는 명칭을 통해 자신들이 예술인이라는 존재감을 확연하게 드러내고 대중적인 인지도를 높여 나갔다.

일제강점기 기생들의 공연 양상에서 '대회大會'란 명칭이 자주 등장하는 데, 이때의 '대회'는 지금과 같은 경연대회 형태도 있지만, 공연을 올리면서 관객들의 이목을 집중시키기 위해 '대회'란 명칭도 사용한 것으로 보인다. 예컨대 동아 여류명창대회·무용가극대회·전조선 남녀경창대회·전조선 향토연예대회·전조선 남녀경창대회 등은 경연이 아닌 공연 형태를 보여주고 있기 때문이다. 즉 대회라는 경쟁의 장을 통해 기생들의 고하高下를 나름대로 관람객들로 하여금 평가하였던 것으로 보인다.

근대기생들은 신문사의 각종 대회에 참가해 대중의 기호에 맞는 다양한 공연양상을 보였다. 이는 근대적 의미의 예술가로 성장함으로써 가능하였다. 한편, 기생들은 자신의 예술을 근거로 공연활동을 전개해 주민들을 돕는 사례도 나타난다. 일제강점기 사회 전반적으로 기생이 활발한 연주활동을 펼쳐나가는 것은 주로 기아구제飢餓救濟와 재민구제災民救濟, 대한재구제大旱災救濟, 대화제大火帝 구제救濟, 수해이재민구제水害罹災民救濟 등으로 요약된다. 그리고 퇴기들도 행려병인行旅病人 구조소救助所 설립을 위해 적극적으로 나서는가 하면, 국외의 구제활동에도 적극적인 입장을 추진해 나간다. 이 같은 내용은 『동아일보』·『시대일보』·『매일신보』 등에 상세하게 나온다.

> 기생도 구아救餓에 발분發奮 연주회 열어: 전주군 기아구제회가 조직된 각 방면의 동정이 이어지고 있는 가운데 전주예기조합에서는 동회의 사업을 원조키 위하여 22일부터 3일간 전주좌에서 기아구제자선음악회를 개최하였더라.[24]

> 전주권번에서 예기일동 수해이재구조연예 전주좌에서: 금년 홍수 이재는 도처가 모두 그러하나 유독 전북이 심하여 사람과 가축의 사망은 다시 말할 필요가 없으니 가실의 유실이 지극하여 (하략)….[25]

24_ 『동아일보』, 1929.12.12.

이리지국 후원 구제 연주대회 한성관 예기총출 : 금번의 삼남 대수재는 우리로서는 일찍이 본적도 기억한 적도 없는 대재난 일 것이다. 삼남 일대는 각각으로 중수되어 토막집으로부터 모조리 휩쓸어 가버렸으니 이 수난 중에 부모도 형제도 혹은 사랑하는 그 사람도 행방을 모르고 가로에서 방황하며 올 곳 갈 곳 조차 없어 불행한 자신의 운명을 저주하며 울고 있는 가엾은 신세의 소유자가 과연 얼마일 것인가? 우리는 매일 같이 신문을 통해서 잘 알 수 있다. 그 뿐이랴 이 재난 때문에 희생을 한 숫자는 벌써 천이 훨씬 넘었다고 한다. 이야말로 문자 그대로 목불인견 것이다. 이때를 당하여 본보 이리지국에서는 이리 한성관 예기 일동의 뜨거운 동정 하에 재민구제 연주대회를 열어서 다소라도 소득이 있다면 이 가엾은 재민을 구호하려고 한다. 뜻이 있고 동정이 있는 인사는 여기에 찬동하여 주기를 바라며 방금 준비에 분망 중인데 자세한 것은 일차 결정 나는 대로 다시 발표하리라고 한다.[26]

　　남원에 연주회 : 전북 남원 지방에는 작년 대한재로 인하여 군내 2만 여의 생령生靈이 기근에 빠져 각 일각으로 귀중한 생명이 위태하여 가는 참담한 상태가 절정에 달한 요즘, 절대로 이를 묵과할 수 없다는 생각 아래 동아일보 남원지국에서는 남원권번과 상의하여 지난 음 4월 초 8, 9일 이틀간 남원한재기근구제대연주회를 합동 주최하기로 하고 만반의 준비를 하여 첫날 밤 이틀 밤 할 것 없이 연주장 앞에는 정각 전부터 인산인해를 이루어 순식간에 장내는 대만원이 되어 공전의 대성황을 이루었다. 각 방면 인사로부터 예상 이상의 다수한 동정금 들어왔는데, 그 성명과 금액은 아래와 같으며, 수지에 대하여는 추후하여 곧 발표한다더라.[27]

　　기생동정 : 남원기생조합, 남원권번 일동은 이번 구례 화재의 참상을 듣고 지난 23일 밤에 구례 화암사에서 구례 대화재 이재민 구제 후원 연주회를 열고 대성황의 연주를 한 결과, 현금 149원과 기부금 63원을 수합하여 구례 화재 이재민 구제부로 넘기었다고.[28]

25_ 『동아일보』, 1920. 8.27.
26_ 『동아일보』, 1936. 8.31.
27_ 『동아일보』, 1929. 5.21.

전주퇴기의 미학. 교풍회를 위하여 연수회를 열었다 : 전주 교풍회 사점으로 행려병인 구조소를 설립한다 함은 이미 보도한 것과 같거니와 이 행려병인 구조 사업의 비용을 보조하기 위하여 요사이 퇴기 ○○○들은 지난 11일부터 일주일간 여정으로 연수회를 열고 조선 명창 송만갑을 초빙하여 흥행한다 하니 이는 전주의 한 기운이라더라.[29]

전주권번 자선연예 : 전주권번 예기 일동은 과반過般 일본 동경 지진 피해를 입은 사람들 구제를 돕기 위하여 지난 2일부터 3일간 전주 자리에서 자선연주회를 개최하여 성황리에 이루어졌으며 다수의 후원금이 모였다더라.[30]

재만동포在滿同胞 옹호의연답지擁護義捐遝至 : 군산에서는 재만동포 옹호 단체가 조직된 후 동포방 인사에게서는 동포를 위한 후원금을 서로 다투어가며 보내었다는데, 이번에도 군산권번에서도 후원금이 와서 경성으로 보내었으며, 성명은 원편과 같다더라. 김산호주金珊瑚珠, 최금○崔錦○.[31]

전라북도의 권번과 기생조합, 퇴기조합은 소속 기생들과 함께 어려운 여건에 처한 동포들을 위해 구제음악활동을 구체적으로 계획하고 실천해 나갔다. 전주군 기아구제회饑餓救濟會가 조직되어 각 방면의 동정同情이 이어지는 가운데 전주예기조합은 이들 단체의 사업을 지원하기 위해 3일간 전주좌에서 기아구제 자선음악회를 열었다. 전주권번 예기 일동이 연예대회에서 어떠한 방법으로 이재민을 도왔는지는 구체적으로 나오지 않지만, 기생들이 수해이재민 구조를 위해 적극적으로 나선 것으로 확인된다.
　이어 이리 예기들도 수재민을 위한 일에 참가한 상황도 발견된다. 조선일보사 이리 지국은 이리 한성관 예기 일동들을 참여시킨 가운데 어려운 사람을 돕기 위해 재민

28_ 『시대일보』, 1926. 4.29.
29_ 『매일신보』, 1917. 7.15.
30_ 『동아일보』, 1923.10.11.
31_ 『중외일보』, 1928. 2. 6.

구제 연주대회를 열어 수재민을 위한 일에 적극적인 입장을 표방하였다. 기생들이지만 사회의 어려운 처지에 손수 참여해 자신의 기예를 통해 구제활동에 참여한 것으로, 신문사와 권번의 밀접한 관계를 통해서 개최하였다. 마치 지금과 같이 언론매체가 천재지변天災地變이 발생한 지역을 위해 유명 연예인을 출연시켜 돕는 사례와 매우 유사한 모습이다. 이와 더불어 동아일보사 남원지국과 남원권번은 상의相議하여 1928년 대한재大旱災로 인하여 남원군내 2만여 살아있는 사람들이 기근에 빠진 것을 보고 절대로 이를 넘겨버릴 수 없다는 생각으로 남원한재기근구제대연주회南原旱災饑饉救濟大演奏會를 합동으로 주최하였다.

　권번 소속기생들과 남원지국 사람들은 철저한 준비를 통해 크게 성황을 이뤄 공연이 성공을 거뒀다. 또 남원기생조합, 남원권번 일동은 전라남도 구례 화재의 참상을 듣고 이재민을 구제하기 위해 후원 연주회를 열어 큰 호응을 거뒀으며, 연주 결과, 현금 149원과 기부금 63원을 모아 이재민 구제부로 전달하였다. 이밖에 기생들이 행려병자를 위해 구조소 설립에 적극적인 견해로도 이어졌는데, 전주권번의 퇴기는 행려병자를 위한 구조 사업의 비용을 지원하기 위해 일주일간 조선 최고의 명창이었던 송만갑을 초빙하여 공연을 해 크게 성공을 거둔다. 뛰어난 기·예능을 보유한 현역 기생이 아니고 나이가 들어 은퇴한 퇴기임에도 각종 사회활동에 적극적으로 참여해 자신의 예능을 통해 사회에 동참한 것이다. 이처럼 기생들은 자신들의 공연 또한 초청공연을 통하여 기량을 이웃에 돕는데 사용함으로써, 사회인으로의 선언을 본격화하게 된다.

　이와 같이 자국에서 불우한 이웃에 이른바 '재능 기부'로 도움을 주었던 기생들은 해외의 구제활동에도 적극적으로 참여해 활약하였다. 전주권번 기생들은 일본 동경의 어려운 소식을 듣고 전주에서 자선연주회를 개최하였으며, 다수의 후원금後援金을 보냈다. 전주권번에 이어 군산권번도 군산에서 재만 동포 옹호단체가 조직되고 동포를 위한 후원금 모집 소식을 접하고 후원금을 경성으로 보냈다. 이처럼 자선 공연을 통해 기생들은 자발성과 적극성을 발휘하며 자신들이 가졌던 민족의식과 당시 사회의 당면한 문제를 해결하고, 사회의 발전에 이바지하기 위한 일을 하였다. 따라서 기생들의 사회참여를 위한 각종 대회와 공연은 기생들이 단지 예능인으로서 공연활동에 참여하는 것을 넘어서 자신들이 보유하는 기예를 통해 구제공연활동에 참여함으로써 사회와 민중에게 충분히 이바지했음을 보여준다. 이처럼 기생들은 자신들의 기예를 극장의 무대를 통해 사회에 환원하였다. 이는 기생들이 공연활동을 통해 공공公共의 이념을 위해 복무服務하였다는 것으로 보아야 마땅하다. 결국 이전시대에 천민이었던 기생들이 공연을 통해 사회의 일원이 되었으며, 타인을 도울 수 있다는 공공의 이익을 도모한 것으로 볼 수 있다. 기생들이 이전시대와 달리 공익을 위해 자신의 책임을 다할 수 있었던 점은 근대기생의 한 특징으로 평가받을 수 있다.

그 당시 기생들의 공연 활동은 한 종목만을 고집하지 않고 각종 춤과 소리를 두루 익히고 연행하는 것이 일반적이었다. 결국, 기생들의 국내, 외 공연은 자신의 기·예능을 최대한 활용해 대중의 감성感性과 기호嗜好에 호소하는 적극적인 예술 역량의 집약이라고 할 수 있다. 따라서 특정층이 아닌 일반층을 대상으로 전통예술만을 고집하지 않고 당대 기호와 욕구에 부응하며 공연계를 선도한 인물이 바로 기생들이라고 칭할 수 있다.

일제강점기 식민체제라는 특수 상황에서 기생들은 일제의 직, 간접적인 공연예술을 요구받았지만, 이를 통해 자신의 예술성을 인정받고 확대해 나가는 통로로 삼았다. 앞서 지적한 것처럼 조선 후기까지 특정인을 대상으로 한 공연형태를 넘어 불특정 다수에게 전통예술을 누리게 하는 밑거름이 되었다. 특히 전라북도 기생들은 이전시대에 관아와 교방에서만 전개되었던 예술을 일제강점기에 이르러서는 대중에게 전함으로써 자신의 입지를 견고하게 다지게 되며, 전통예술을 알리는 전령사傳令士로 거듭나게 되었다. 기생들은 새로운 환경, 즉 일본에 의해 도입되었지만, 서양식의 조명과 음향을 갖춘 공연장에서 관람료를 지불한 익명匿名의 관람객들에게 자신의 예능을 통해 전문 예술가로 거듭났다. 따라서 기생들은 전통예술의 전승자로서, 또는 새로운 창조자로서 근대 공연예술을 적극적으로 구현하였다. 그런 점에서 기생은 식민지배 아래서 전통예술담당 주체로서 소임을 다하였다고 할 수 있다. 따라서 이전시대와 확연하게 차별화 된 문화환경에서 기생들은 스스로 전통문화의 주역임을 인식하고 새로운 예술을 적극적으로 전개하면서 당대 전통문화예술의 리더로 확고한 위치를 점하게 되었다.

2) 전문 예술인으로의 발전

전통예술인들의 경연대회 참가는 외적으로 소속 권번과 아울러 자신의 기량을 소개한 것이며, 내적으로는 자신의 기량을 점검하고 평가받았던 자리였다. 권번 소속과 요릿집 기생들도 적극적으로 경연대회에 참가해 자신의 예술성을 점검받고 인정받는 상황을 맞게 되었다. 전라북도 기생들이 참여한 대회는 크게 중앙의 경연대회와 지역 경연대회, 그리고 전라북도였지만 전국대회로 열린 경연대회, 궁술弓術과 연계한 대회와 농악대회 등으로 분류할 수 있다. 특히 동시대에 공연 형태를 보면 흥행을 높이려고 권번에 소속되어 있는 기생들을 공연의 중심부에 두고 홍보 전면에 내세우는 경향이 짙게 나타났다. 그리고 때로는 판소리와 기악, 구연극 등의 다양한 공연종목이 삽입된 협률사와의 공연과 비슷한 성격을 보여주었다. 그리고 이들 공연은 사회단체의 주최로 기획되었는데, 예를 들면 1920년대 후반부터 1930년 초에 군산의 극장에서 열렸던 명창대회에서 알 수 있다.[32]

또 홍정택洪正澤, 김유앵(1931~2009)과의 증언에 따르면 "호남권에서는 전라북도 김제 지방에서 조직된 김옥진 협률사와 같은 소규모 협률사가 종종 공연 활동을 전개하였으며, 1950년대 이후까지도 계속되었지만, 그 규모는 작은 것"[33]으로 나타났다. 당시 전문적인 예인들은 한 지역에 정착하지 못하고 자신들의 기량을 더욱 확대하기 위해 타 지역을 순회하며 활동 반경을 넓혀가기도 하였는데, "한성태는 1930년대 서울 조선권번으로 진출하기 전 함흥·원산·전주·이리·군산·목포·광주 등에서 활동"[34]한 바 있다. 이 같은 예인들의 활동 영역은 전라북도 전통예술문화의 외연外緣을

32_ 『동아일보』, 1926. 2. 4. 기생연주 성황, 거월(去月) 19일과 20일 양일에 군산○○○공동조합 주최로 본보 및 조선일보 양 지국 후원으로 명성이 자자한 조성(曹成), 군산 양예기권번 연합으로 신극, 구극으로써 군산좌에서 공연케 되었는데, 정각인 밤 8시부터 입추에 여지없이 대성황을 이루었는데 (하략)….; 『조선일보』, 1930.12. 8. 군산유아원 주최로 지난 3일부터 군산극장에서 명창대회를 주최 하였다는바 연일 다 대성황을 이루었다 하며 특히 동유아원을 위하여 좌가 양씨의 ○○이 있었다 한다. 일금 50원 ○○팔, 일금 10원 이소○ (李小○).

33_ 홍정택, 김유앵 대담(2009년 1월 25일, 전주 홍정택 자택).

34_ 박황, 『판소리소사』(서울 : 신구문화사, 1974), 129쪽.

넓혀주는 계기가 되었다.

1910년 이후 많은 남자 판소리 창자들은 권번 선생으로 자리를 잡고 기생 신분의 여자 제자들을 키우게 되는데, 권번에서 양성된 기생들은 1930년대 다시 판소리 명창들의 예술성 여부가 중요하게 여겨지기 전까지 남성 명창들보다도 더 인기를 얻으며 공연 활동을 벌였다. 이 시기에 권번을 통하여 배출된 여성 창자들은 짧은 학습기간에 토막소리를 배워 공연을 시작하는 경우가 대부분이었는데, 이처럼 일제강점기를 시작으로 기생들은 전문 여성예술인으로 확고한 자리를 점하게 된 것이다.

서론에 밝혔듯이 일제강점기 전라북도 기생은 조선후기 전라북도 교방의 관기와의 관계가 깊다고 지적한 바 있다. 전라북도 고창 출신의 신재효 문하였던 진채선과 허금파가 서울에서 판소리를 불러 명창이 되기도 하였다. 당시 판소리를 연창할 수 있는 여자의 신분은 기생뿐이었다. 그리고 전주의 기생이었던 농월은 박효관·안민영 등 당대 최고의 음악가들과 함께 민간음악계에서 활동하기도 하였다. 따라서 기생들은 천민의 신분임에도 어전과 풍류방에서 동시대 최고의 가객이었던 인물들과 교류하며 전통문화의 중심부에 서게 된다.

한국 최초의 공식 여류 명창으로 지칭되는 진채선의 삶과 업적은 일제강점기 전라북도의 기생사를 연구하는데 매우 중요한 실마리를 제공한다. 왜냐하면 고창출신의 진채선은 대대로 무업에 종사한 집안 출신으로, 진채선의 등장과 활동은 이후 판소리를 지망하는 여성 연창자, 즉 기생들에게 많은 영향을 주었기 때문이다. 여성도 남성과 대등하게 판소리명창이 될 수 있다는 인식은 여성들의 판소리 학습에 결정적인 촉매제觸媒劑 역할을 한 것으로 볼 수 있다. 20세기 이전에 활동한 유일한 여성 명창이란 칭호가 따라다니는데, 진채선은 신재효 문인들과의 경복궁景福宮 낙성식落成式에 참가해 대원군大院君의 총애를 받은 여류명창으로 20세기 이후 여성 음악가 등장에 적지 않은 영향을 끼쳤기 때문이다.

"허금파 역시 경상도 출신이지만 10살에서 20살 사이에 전라북도 고창으로 오게 되었고 이 시기는 신재효의 생전이므로 말년 신재효의 가르침을 받았을 가능성이 크다고 할 수 있다. 그리고 허금파가 관기의 신분으로 경기도로 가고 이에 따라 30세 중반에

협률사의 단원으로 활약할 수 있게 되었다. 초창기 협률사의 단원으로 유부기가 중심이 되었다는 점"[35]을 감안할 때 허금파는 당시 유부기로 1902년에 아들을 낳고 다시 활동한 것으로 보인다. 따라서 말년에 전라북도 권번에서 기생의 음악문화에 진채선과 허금파는 직, 간접적으로 영향을 끼쳤던 여류명창이었다는 추론이 가능해 진다.

기생들이 공연을 토대로 다양한 기량을 선보임으로써 권번의 소속감과 자신의 기·예능을 상품화하였다면, 경연대회는 기생으로서 확고한 위치를 점하고 최고 예술인으로 가는 하나의 첩경捷勁이었다.

중추가절에 열릴 팔도명창대회 전조선 각도 대표 가수 전부 참가 당야 이채 띄울 순천거사 출연 향토가요 일제 발표 : 본보 경성 서부지국 주최의 제2회 팔도명창대회가 오는 21일부터 3일간 시내 조선극장에서 개최된다 함은 이미 보도한 바 이거니와 전선에 널려 있는 각도의 대표가수는 하나도 빠지지 않고 전부 참가되었으며 특히 이번 대회에 이채를 띄울 것은 순전한 남선 악기로써 조선가요에 마치는 등 그의 여러 가지 자태로 조선음률계에 있어서 전후 신기록을 돌파할 10여 년 동안이나 문 닫고 연구 중이던 순천거사도 출연케 되었던바 과연 그들의 기예는 어디까지 발휘될 것인가 전선을 통하여 각 지방의 향토가요는 전부 발표될 것이며 각 권번에 재적한 예기들은 오래 전부터 연습에 골몰 중 이라는 바 출연할 각도 가수는 아래와 같다. …(중략)… △전라도 군산소화권번 : 김유앵 외 1명.[36]

고전과 전통의 계승자들 오늘 밤 정열의 경차, 본사 주최 조선소리 경창대회의 호화편 현대음악에 지친 이들아, 오라(조선일보 주최 제1회 조선소리현상경창대회) : 오늘 밤에 열리는 조선소리 콩쿨이야말로 고전을 발전시키려는 갸륵한 노력의 표적으로 천하 문화인의 성원과 아울러 묻혀있던 명창들의 등용문의 13도의 이야기 거리가 되고 있다. 출연하는 각 명창들은 각 고장의 영예를 걸고 착실히 닦고 가다듬은 기량과 예술가다운 정열을 묶어 가

35_ 백현미, 『한국창극사연구』(서울 : 태학사, 1997), 37쪽.
36_ 『조선일보』, 1931. 9. 16.

지고 이 밤을 기다렸으며 오래 동안 현대음악에만 지쳐있던 청중들에게 새로운 경이를 가져

올 것이다.[37]

위의 자료들은 전라북도 기생들이 중앙에서 열린 경연대회에 참가했던 사실을 비교
적 상세하게 알려준다. 『조선일보』 경성 서부지국이 전국 각지의 명창을 초청해 마련
한 제2회 팔도명창대회가 1931년 5월 21일부터 24일까지 조선극장에서 개최되었는데
전라도 대표로 군산소화권번 소속 김유앵 외 1명이 참가하였다. 이 기사는 당시 전국
적으로 존재하였던 권번과 소속 기생들의 이름을 비교적 상세하게 열거하고 있어 권
번의 실상까지 보여주는데, 조선의 각 권번과 대표 기생이 빠지지 않고 참가하였으며,
예술적 성숙도 함께 알 수 있는 자료이기도 하다. 이 대회에서 강원도는 무소속이며,
경상도 대구 달성권번 · 충청도 공주예기상조회 · 평안도 평양 기성권번 · 함경도 원
산권번 · 황해도 해주권번이 각각 출전해 기량을 겨루었다. 군산소화권번은 전라도 대
표로 참가하였는데, 이 같은 경연대회는 단순하게 발표무대를 제공하는 것에서 나아
가 각 도를 대표하는 특장特長 종목을 통해 서로 경쟁의 장으로 이어졌다. 예컨대 군
산권번에서는 남도민요와 판소리 같은 종목으로 참여함으로써 군산소화권번의 예술
적 특징을 발휘하기에 이른다. 팔도명창대회는 경성방송국의 중계방송을 통해 더욱
주목을 받는 대회로 자리 잡게 된다. 그만큼 기생들은 음성적인 위치가 아닌 대중매
체를 적극 활용하면서 동시대 대중적인 예인으로 거듭났다.

남원예기조합 조연옥趙蓮玉은 조선일보가 주최한 조선소리 경창대회에 참가하였지
만, 3등까지 수상하는 결과에는 들어가지 못하였다. 13개 도의 대표적 명창을 초청해
콩쿠르 형식으로 열린 이 대회는 각 지역 명창들의 대회참가를 통해 각 지역의 명성
을 선보였으며, 현대음악에 반대되는 전통음악을 부흥하기 위한 자리로 기생들이 현
대음악의 적극적인 전개를 의식하고 전통음악을 고수하는 노력을 능동적으로 보여준
다. 그동안 국악과 같은 전통음악이 도외시되었음을 알 수 있으며, 기생들이 당시 전

37_ 『조선일보』, 1939. 5. 13.

통음악을 부흥시키기 위한 노력이 지속적으로 전개되었던 것 또한 확인되었다. 그리고 전라북도 기생들은 중앙 경연대회가 아닌 지역 경연대회에도 출연하였는데, 마산부신정정회馬山付新町町會의 주최로 1939년 10월 3일과 4일 공락관에서 개최된 전조선 명창대회에서 전주와 남원권번 출신의 기생이 참가하였다.

마산부신정정회馬山付新町町會의 주최로 금일 3, 4 양일 부내 공락관共樂館에서 개최된 전조선 명창대회는 멀리 경성, 대전, 전주 등 조선각지에서 40여명의 예기가 참가하여 대성황리에 종료하였는바 그 입선발표는 5일 오후 한시 반부터 역시 공락관에서 다음과 같이 열었는바 심사위원은 서상원徐相源(마산), 정종근(鄭鐘根, 진주) 양씨가 하였다 한다. □입선자 △1등 강산홍 △2등 경성 김옥련, 하동 조계선 △3등 남원 강국향, 순천 김소옥, 통영 박채련 △4등 남원 조영숙, 고성 방국향 통영 김중선, 하동 강순금 △5등 대전 김복득, 하동 장난향, 전주 김봉선, 창령 김월림, 진주 조애란 △6등 창녕 장국향, 전주 박해옥, 진주 정난희, 대전 양영자 △등외 특등 통영 김강남월.[38]

전조선 명창대회에서 1등은 강산홍, 2등은 경성 김옥련, 하동 조계선이 차지하였으며, 3등에는 남원권번 소속의 강국향姜菊香이 순천 김소옥, 통영 백채련과 공동으로 수상하였다. 또 남원권번의 조영숙曹永淑은 4등, 전주 김봉선金鳳仙과 박해옥朴海玉은 각각 5등에 올랐다. 신문사의 각종 경연대회 개최는 판소리와 기악, 무용 등의 인물 발굴과 흥미로운 출연진의 구성으로 흥행을 유도하였다. 그리고 국악공연이 조선시대 사대부들에게 심신단련의 기예였던 궁술과 짝을 이루면서 과거 조선의 전통적인 연희를 재현하는 일도 심심치 않게 있었던 것으로 보인다.

정읍 궁술 명창회 : 전북 정읍에서는 오는 19일부터 21일까지 3일간 필야정에서 전조선궁술대회를 개최하고 밤에는 당지 극장 추산좌에서 19, 20 양일간 남녀명창대회를 개최하리라 한다.[39]

38_ 『동아일보』, 1939. 10. 8.

앞의 기사는 일제강점기에도 현재의 전주대사습놀이와 춘향제의 모습과 같이 판소리와 궁술대회가 한자리에서 함께 열린 것을 보여준다. 정읍 필야정必也亭과 추산좌秋山座에서는 전조선 남녀궁술, 명창대회가 열렸다. 궁술대회가 3일간 정읍 필야정에서 개최되었으며, 명창대회는 추산좌에서 이틀간 열린다는 이 기사는 당시 궁술과 판소리와의 관계를 알 수 있는 사료다. 이는 현재 전주대사습놀이 경연 종목에 궁도를 포함하는 것이 이와 같은 전통에서 유래하였다고 하는 것을 간접적이나마 시사한다. 궁술과 판소리가 함께 행해졌다고 하는 이 둘의 관계는 전주 다가정多佳亭·읍양정揖讓亭·군자정君子亭 사장射長 도임到任 등에서도 궁술대회와 각종 음악과 춤이 동반된 점에서도 알 수 있다. 홍현식洪顯植은 당시 광경을 상세하게 소개하고 있는데 "사장도임 행사 때 쾌자를 입고 전립을 쓴 기생이 말을 타고 행렬한 것이 이채로웠으며, 기생들의 풍류 음악은 '호중呼中소리'였는데 화살이 관중貫中을 하였을 때 '지와자 지와자 얼씨구 지와자'라는 사설을 소리로 불렀으며, 늦은 자진모리 장구 장단에 맞추어 젓대·피리·해금 등 음악의 반주와 더불어 화창和唱하였다."[40]

춘향제에서도 궁술은 판소리 등의 전통음악과 더불어 주요 종목으로 시행되었다.

〈도판 23〉 전주 청양정 사원, 1930년대(좌) 전주역사박물관
〈도판 24〉 기생의 궁술, 1920년대(우) 『사진엽서로 보는 근대풍경』 6권(민속원, 2009).

39_ 『동아일보』, 1935.10.15.
40_ 홍현식, 「남도의 민속풍류 - 대사습 답사를 중심으로」, 『문화재』 제8호(서울 : 국립문화재연구소, 1974), 64~76쪽.

1807년 현재 남원초등학교 부근에 분위정奮衛亭이 건립되어 이곳을 중심으로 궁도가 열렸다. "일제강점기에 이 사장射場은 남원군청의 묘포장으로 강제 전용되어 폐정廢亭 되기도 하였으나, 1922년 이현순이 사장으로 돌려받아 궁도를 활성화"[41]-하였다. 당시 남원에는 부산관을 비롯해 칠선옥·일홍관·남산관·장충관·금천관 등의 요릿집이 있었으며, 각 요릿집은 기생을 2~3명씩 두고 있었다. 이들은 춘향제의 궁술행사에 참여해 풍악과 동반해 호종놀이를 하면서 소리를 불렀다. 궁술과 판소리가 함께 연행된 것처럼 농악도 판소리, 가곡, 줄타기 등의 공연으로 자리 잡았다.

> 상후리上後里 농악대회農樂大會 : 전북 완주군 삼례면 상후리 농촌진흥회에서는 금번 중추가
> 절을 이용하여 농악의 율律을 발휘하기 위해 전선에 유명한 농악선수와 일류명창, 명기 수
> 십 여명 초빙하여 농악·가곡·줄타기·땅재주 기타 여러 가지 흥미진진한 농악대회를 추
> 석날부터 5일간 개최한다.[42]-

1937년 일류 명창, 명기 수십 명은 전라북도 완주군 삼례면 상후리 농촌진흥원에서 개최된 중추가절 농악대회에서 유명한 농악인들과 함께 가곡·농악·줄타기·땅재주 등 기타 여러 가지 흥미진진한 연희도 선보였다. 일제강점기 기생들은 공연과 경연대회를 통해 전문예술인으로 발전해 나가며 자신들의 입지도 더욱 다져 나갔는데, 권번이란 기관이 있었기 때문에 가능하였던 상황이었다. 권번은 학습과 생계, 예술 활동을 실질적으로 보장해주는 공간이었기 때문이다. 따라서 권번 소속 기생은 경연대회를 통해 예인으로 올라서게 되는 기틀을 마련하였고 경연대회는 새로운 레퍼토리를 배우고 익힌 것을 시험할 수 있었으며, 기존의 기량을 더욱 강화할 수 있었다. 따라서 대중적인 인기를 구하려고 각종 경연대회 통과가 필수적이라고 해도 과언이 아니다. 또한, 기생들의 공연활동은 대중적 명성과 수익의 확보로 기생의 대사회적 위치를 더

41_ 김기형, 「동편제 명창과 남원의 판소리 전통」, 『음반으로 보는 남원 동편소리의 전통과 세계』(『민속음악자료
집』 제2집, 남원 : 국립민속국악원, 2002), 52쪽.
42_ 『동아일보』, 1937. 9.24.

욱 강화시켰을 것으로 보인다.

일제강점기의 공연예술은 "전대보다 가속화된 불특정 다수의 예술 생산자와 예술 소비자 사이의 익명성으로 인하여 예술의 상업화와 통속화"[43]를 확산시켜 나갔다고 할 수 있다. 이처럼 권번과 기생은 당대 예술계의 흐름을 가장 극명하게 반영하는 집단이었다. "예술의 통속화와 대중화로 말미암아 새롭게 등장한 대중적 공간과 미디어의 중심에 항상 기생들이 있었으며, 이러한 공연예술계의 변화 때문에 수요와 공급의 증가를 충족시켜 줄 수 있었던 예인집단이 기생이었다."[44] 특히 일제강점기 이전까지 활동하였던 기생과 같은 여성 예술가들은 신분상 차별을 받기도 하였다. 1894년 갑오개혁甲午改革으로 공사노비제도公私奴婢制度가 폐지되면서 관기는 법적으로 관에 메인 천민 신분을 벗어버리고 궁중과 풍류방의 여악을 근간으로 존재하게 된다. 특히 1910년대 기생은 신문기사에 등장할 만큼 성공을 거둔다. "예단일백인藝檀一百人"에 소개된 예술가들은 모두 일류예술가 89명으로 대부분 여성이고 이 여성 모두 기생이었다. 따라서 1910년대에 여성이 예술가로서 활동하는 길은 기생이 되는 방법이 유일하였다.[45] 이처럼 기생들은 일제강점기 최고의 대중스타로 자신의 존재감을 확인하고 확대시켜 나갔다.

원래 조선 후기까지 존재방식 자체가 특수하였던 기생은 식민지배 아래에서 신분해체에도 불구하고 이들을 대하는 특수한 존재방식은 크게 달라지지 않았다. 그러나 기생들은 일제강점기에 이르러 새로운 사고思考와 사상思想을 쉽게 접할 수 있는 사교장社交場인 요릿집 등을 통해 근대적인 삶의 본질에 쉽게 다가설 수 있었다. 요릿집은 지식인과 부르주아의 거점으로서 새로운 문화가 파생되고 펼쳐지는 장으로서의 권번과 매개 되었고, 이러한 구도의 중심부에는 바로 기생이 위치하였다. 따라서 기생들은 각종 공연과 연주를 통해 전문예술가로 확고한 위치를 점하게 되었고, 이 시기의 기생은 공연예술을 활성화 시키는 주체로서의 역할을 하였다, 그리고 기생들은 공연물

43_ 윤선영, 『한국대중문화의 근대적 구성과정에 대한 연구』(서울 : 고려대 대학원 박사학위논문, 1992), 19~25쪽.
44_ 오현화, 『예단 일백인을 통해 본 1910년대 기생집단의 성격』(서울 : 고려대 대학원 박사학위논문, 2004), 318쪽.
45_ 권도희, 앞의 논문(2003), 70쪽.

을 체계화하고 새롭게 창작하여 공연물을 풍성하게 만드는 임무도 수행하였다. 이런 점에서 전문예술가로 기생들은 중요한 의미를 지닌다. 더욱이 요릿집을 비롯해 기생들이 활동할 수 있었던 공간들은 일반인과 소통할 수 있는 자리란 점에서 기생들이 근대라는 물결에 더욱 편입될 수 있었다.

3) 대중적인 스타로 성장

전주권번 기생들은 KBS 전주 방송총국全州放送總局 전신前身으로 1938년 10월 1일 개국된 이리 방송국裡里放送局을 축하하기 위해 1939년 1월 26일 특별공연을 하였다. 권번 기생 이름과 당시 연주하였던 곡목은 상세하게 알 수 없지만, 개국을 축하하는 전주권번 소속 기생들의 흑백사진이 남아있다.[46]

〈도판 25〉 이리방송국 출연 전주권번 연예인 『전주방송총국 50년사』

'이리방송국에서 연주를 마친 전주권번 소속 연예인'이란 이름으로 소개된 이 사진에는 〈도판 25〉에 나타나듯이 마이크와 장고가 사진의 정면에 위치해 있으며, 기생으로 추정되는 여성 4명과 권번 선생, 또는 권번 관계자로 추정되는 4명의 남자도 함께 소개되어 있다. 이처럼 당시 권번은 사회의 중심부에서 예술을 담당하며 신기술로 주목받았던 방송국에도 직접 출연해 연주활동을 가졌다.

제1기 전조선방송망계획全朝鮮放送網計劃에 따라 "1938년 10월 1일 이리방송국이 단일 방송국으로 개국되었는데, 다른 지방은 거의 도청소재지에 방송국을 세웠으나, 전라

46_ KBS 전주방송총국, 『전주방송 50주년사』(전주 : KBS 전주방송총국, 1988), 250쪽.

북도만은 이리에 방송국을 세워 다른 지방과 색다른 면이 있었다.”[47] 이리에 방송국이 세워진 첫째 이유는 일본인 등이 전주보다 이리에 많이 살고 있었고, 둘째는 중일中日전쟁이 발발하여 중국을 겨냥한 지리적 여건이 적합하였던 것이 요인으로 풀이된다. 또 호남지방의 쌀을 비롯한 농산물의 집산지이며 군산항과 근접해 있었기 때문이었다. 이와 같이 일제를 위해 설립된 방송국의 방송내용도 제1방송으로 일본어 단일 방송국이었다.

이처럼 방송국에 권번 기생들의 지속적인 출연은 공영방송매체 등을 통해 자신들의 기량을 발표하며 전통문화 보급의 한 축을 담당한 단면을 보여준다. 권번이란 공간 안에서 예술활동을 전개하였던 모습에서 벗어난 기생들은 적극적인 대중매체를 통해 전통예술 기량을 선보였으며, 일반 대중에게도 확산시키는 예인들이었다. 이 같은 방송매체 출연은 권번 소속 기생들이 최고의 연예인으로 대중들에게도 관심을 받았기 때문이다.

1939년 이리방송국의 개국은 전통문화를 대중에게 심어주는 역할도 하게 된다. 이를테면 “이리방송국 개국을 기념해 김무규金茂圭(1908~1994)·김용근·신쾌동을 초청해 국악 연주회”[48]를 연다. 이들이 연주하였던 음악 장르가 풍류라는 점을 고려한다면 이리방송국의 음악 프로그램도 다채로웠을 것으로 보인다. 더욱이 이리방송국이 개국된 직후에는 라디오 수신기 보급과 청취료 징수에 방송업무의 태반太半을 할애하였고, 자체 프로그램은 주 1회씩 어린이 합창, 국악 시간, 강연 등이 15분씩 방송되었다.[49] 이 당시 국악방송國樂放送은 생방송이었으며, 음반자료실이 없었으므로 음악가들을 섭외하였는데, 국악 시간이 대부분 남자 명창과 권번 기생들에 의해 진행되었을 것이다. 이처럼 기생들은 권번을 벗어나고 당시 방송이란 첨단 매체에서 자신의 기량을 적극적으로 펼쳐나가 여성예술가로서 위치를 점하고 대중적인 스타로 올라서게 된다.

일본방송협회에서 발간한 잡지 『방송放送』 1939년 5월호에 실린 ‘조선인 청취자는

47_ 위의 책, 77쪽.
48_ 이규원, 『우리가 정말 알아야 할 우리 전통예인 백사람』(서울 : 현암사, 1995), 39쪽.
49_ KBS 전주방송총국, 앞의 책(1988), 85쪽.

무엇을 듣는가'라는 주제하의 기사에는 조선총독부朝鮮總督府 체신국遞信局에서 실시한 라디오 청취자 기호조사가 실려 있다. 조선인 라디오 가입자에게 보도, 교양, 위안, 실황, 어린이 등 각 종목의 청취율聽取率과 기호 상황을 조사하기 위하여 배포한 4,000개의 조사표에 2,954명, 즉 74%가 대답했는데, 조사방법이나 설문 문항 등이 자세하지 않아 한계가 있지만, 해방 이전의 조선인 청취자 선호도 조사로서는 거의 유일한 자료다. 이 자료를 보면 조선인 청취자의 위안, 즉 연예오락 프로그램에 대한 선호도에서 조선음악 (11,091명, 37%)이 가장 높은 순으로 나타났다.[50] 이를 뒷받침하는 자료 역시 『동아일보』 1939년 3월 2일 자에 나온다.

> 어학강좌는 정말 싫고 조선음악이 좋소 : 현대인의 총애를 한 몸에 받고 있는 라디오가
> 문화 취미 향상과 밀접한 관계가 있음은 누구나 잘 알고 있는 바이다. …(중략)… 현대는
> 정치, 경제, 기상 혹은 운동 방송보다도 음악방송과 드라마, 그 중에서도 양악보다 조선 고대
> 음악을 가장 요구한다는 현대인의 기호 성격이 판명되었다.[51]

"신문, 잡지와 같은 문자문화가 중산층 이상의 지식, 문자계층을 중심으로 전파되었다면 라디오·유성기留聲機·활동사진活動寫眞과 같은 매체는 특별한 지적 능력이나 문자 해독력이 요구되지 않으므로 대중적 오락으로 급속하게 자리"[52]를 잡을 수 있었다는 해석처럼 라디오를 통한 권번 기생의 활동 보급력은 상당하였고 침투력도 또한 대단히 높았다.

따라서 라디오방송은 조선의 대중들에게 계급을 초월하여 강력한 정서적 공감대를 갖게 하는 예술적 형태를 창조하고 유지함으로써 일본에 저항하는 문화적 토대를 만들어내는 하나의 통로 역할을 하였다. 또한, 기생 자신의 여러 기예를 일반인들에게 보여줄 좋은 기회를 마련함과 동시에 일반인들에게도 기생의 다양한 장르의 음악을

50_ 『방송』(일본 : 일본방송협회, 1935), 17쪽.
51_ 『동아일보』, 1939. 3. 2.
52_ 김은영, 『한국 '전통음악'의 형성과 근대성 연구』(경북 : 동아대대학원 박사학위논문, 2008), 41쪽.

청취할 수 있게 하였다. 이러한 맥락 속에서 기생들은 방송매체와 같은 새로운 대중적인 매체를 통해 자신들의 기·예능을 상품화하면서 대중문화의 주인공으로 자리를 잡게 되었으며, 서양음악과 비교하면 쇠퇴일로衰退一路를 겪고 있던 전통음악의 부활과 그 이전의 시기에 보통 사람들이 쉽게 접하기 어려운 전통음악을 대중화시키는 데 큰 역할을 하였다. 이러한 모습은 근대성을 지향하는 단적인 모습이라고 할 수 있다. 비록 이 시기의 라디오방송이 일본제국주의의 식민지 동화정책同化政策을 위한 도구로 활용되었지만, 또 다른 한편으로는 식민지 사회 속에 전통문화를 생산하고 유통하는 근대적 대중 매체로서의 성격을 지니고 있었다고 할 수 있다. 따라서 기생의 방송출연은 전통문화를 부분적으로 전승하고 대중화하는데 견인차 역할을 할 수 있었고, 그 결과로서 문화적 측면에서 근대성의 형성에 기여를 할 수 있었던 것이다.

이처럼 기생들은 대중매체를 통해 자신의 전통예술 기량을 선보이고, 나아가 고유 문화예술들을 일반 대중에게도 확산시키는 역할을 수행하였다. 당시 최고의 연예인으로 권번 소속 기생들이 대중매체를 통해서 일반 대중들에게도 주목을 받게 되었다. 이 무렵 라디오의 영향력은 일반 대중에 대단한 것으로 주목받았는데, '라디오가 음악을 보급시키고 라디오에 의하여 여러 사람의 귀는 길러지고 그 뒤로 레코드가 팔려가는 것'[53]으로 보고 있었다. 즉, 라디오를 통한 음악의 소개와 보급으로 레코드 판매가 촉진되면서 라디오의 대중적 파급 효과와 영향력이 평가되기 시작한 것이다. 라디오라는 새로운 매체를 통해 기생들은 대중연예인으로 변화해 가면서 대중매체의 속성을 이해하고 적응해 나갔다. 이러한 과정을 통해 판소리를 부르고 가야금 등의 국악 연주를 하던 기생이라는 신분의 여성과 광대로 취급되었던 권번의 학습 선생들이 방송을 통해 대중 연예인으로 자신들의 입지를 본격적이고 적극적으로 확보해갔다. 이러한 양상은 앞의 〈도판 25〉'이리방송국 출연 전주권번 연예인'이란 자료에서도 확연하게 드러났다.

당시 국악방송은 생방송이었던 관계로 대부분의 남자 명창과 권번 기생들에 의해

53_ 『동아일보』, 1933. 11. 5.

진행되었을 것이다. 전라북도 소재 권번 가운데 전주권번의 이리방송국 출연은 이미 조합과 권번에서 노래와 춤을 익힌 터라 별도의 훈련을 거치지 않더라도 음악녹음이나 생방송이 가능하였기에 방송국의 선호를 받았던 것으로 이해된다. 이같이 일제강점기 전라북도에서 권번의 예기에 의한 여러 가지의 전통음악이 이리방송국의 전파를 타고 계속해서 방송되었다는 사실은 음악 수용층의 확대에 결정적인 영향을 미친 결과라고 할 수 있다. 그래서 라디오방송은 물론이고, 그 방송에 출연한 기생의 역할은 한국 근대음악의 발전에 크게 공헌하였던 주인공이 되었다.

〈도판 26〉 기생 조연옥의 광한루원 편액
연대미상, 필자촬영

이처럼 기생들의 라디오방송의 출현은 기생의 음반 산업 참여에 절대적인 영향을 끼쳤으며, 전통예술의 대중화에 크게 이바지하였다. 기생들이 가지고 있던 전통음악의 레퍼토리를 방송 공연이란 예술 활동을 통하여 선보이면서 자연스럽게 조선 음악에 대한 장려와 부흥운동을 실천하였음을 알 수 있다. 기생들은 대중적인 스타로 성장하려면 자신의 기·예능뿐만 아니라 예술인이 갖추어야 할 수신과 서화 등은 물론 기생의 존재감을 부각하기 위해 춘향 입혼식 등에서 주체세력으로 등장하고 참여하였다.

권번은 기생들이 단순하게 기·예능만을 학습하는 곳이 아니라 서화와 기본예절 등을 교육하며 상호 교류하는 장소였다. 예컨대 기생이 악·가·무를 담당했을 뿐만 아니라, 서화 등 연예인이 갖추어야 할 인접 예술분야에도 깊은 조예가 있었던 모습에서도 증명된다. 남원권번 출신 기생이었던 연옥과 봉선의 시가 광한루의 시문時文, 현판懸板에 함께 걸려 있는 것[54]과 서화에 능했던 전주권번 송진주宋眞珠가 『매일신보』에

54_ 김지영, 「남원 춘향제의 연구-의례조직의 변화를 중심으로」(경기 : 한국정신문화연구원 석사학위논문, 1998), 38쪽.

도 소개되는 것에서 여실히 입증된다.

전주권번全州券番 홍군紅裙 중앙中央에서 연주회演奏會 – 전주권번에서는 향토예술을 널리 중
앙무대에 소개하기 위하야 17일 오후 7시부터 경성부민관京城府民館에서 연주회를 개최키로
되었다 함은 기보한 바이어니와 일행 20명은 동지배인 최병철崔柄轍씨 인솔 하에 16일 아침
경성에 도착 양옥여관洋屋旅館에 려장을 풀고 즉시 본사를 내방하였는데 일행 중에는 노래로
유명한 장채선張彩仙과 서화書畵에 조예가 깊은 송진주宋眞珠도 참가하여 당일의 성황을 예견케
한다고 한다.[55]

광한루 시문 현판에 휘호 한 연옥은 조연옥이란 기생이며 남원예기권번 소속으로
조선일보 주최 조선소리 노래자랑대회에 전라북도 대표로 참가하기도 하였다.[56] 또
한, 『매일신보』에서 기사화된 송진주는 전주권번 소속으로 중앙무대에서 공연하는데
특별하게 서화에 조예가 깊은 인물로 소개되는 등 여류국악인과 더불어 서화가로 호
칭되기도 하였다.

이러한 상황은 동시대 최고의 동양화가로 알려진 이당以堂 김은호金殷鎬(1892~1979)에
의해서도 확인되었다. 김은호는 1976년 당시 자신이 직접 구술한 『서화백년書畵百年』[57]
을 통해 1939년 전주권번의 만유漫遊를 자세하게 서술하였다. 김은호는 남원 광한루 춘
향사당春香祠堂에 춘향영정春香影幀을 그리고 난 후에 전주에서 여흥을 즐겼는데, 기산杞山
최병철崔丙徹과 춘강春岡 정석모鄭碩謨와 함께 어울리기 위해 1939년 5월 26일 춘향의 입
혼식入魂式에 다녀온 기생들과 이야기도 들을 겸 기생집에 가서 술을 마셨다고 하였다.

최병철이 전주권번장全州券番長으로 재직한 관계로 함께 동행한 일행은 최고의 대접
을 받았으며 남원에 다녀온 기녀들에 대해서는 광한루 일대의 숲과 호수가 초하初夏의
신록에 울긋불긋한 사람들로 뒤덮여 한 폭의 그림이었다고 전하였다. 또 춘향초상春香

55_ 『매일신보』, 1936. 5.17.
56_ 『조선일보』, 1939. 5.13.
57_ 김은호, 『서화백년 – 남기고 싶은 이야기』 4(서울 : 중앙일보사, 동양방송, 1977), 179~182쪽.

肖像을 수레 위에 싣고 지점에서 광한루까지 기녀 100여 명이 줄을 늘려 잡고 행렬을 벌였다는 이야기도 들었다고 기록하였다. 특히 기생들은 전주권번에서 누워 있는 정석모의 다리를 주무르면서 "나도 춘향이처럼 팔자를 잘 타고 났으면 오죽이나 좋을까"라고 신세타령 겸 춘향예찬春香禮讚에 열을 올렸다고 한다. 이 당시 전주권번장은 최병철이라는 것이 이 자료에 의해 확인되었다.[58] 김은호가 전주권번에서 여흥을 즐긴 것은 당시 권번이 예술가들의 산실이자 문화공간이었다는 것을 암시해 준다. 그리고 권번이란 공간이 예술가들 교류의 장이며 단순하게 전통 악·가·무만을 배우는 곳이 아니라, 서화와 기본예절 등을 교육받은 것으로, 이는 모든 권번에 공통으로 적용되었다.

광한루 춘향사당에서 전개되었던 춘향영정 봉안식奉安式은 기생 100여 명이 참여할 정도로 성대하고 화려했던 행사였으며, 기생들이 자신의 신분과 같았던 춘향을 통해 신분적 결속감은 물론 대외적으로 자신들의 역량을 집약하였다. 봉안식은 권번이라는 공간에서 전통예술만을 전개하였던 신분만이 아닌 자신의 주체성을 당당하게 확인하고 만고 열녀로 추앙받았던 춘향의 대代를 잇는 신분임을 대내외에 주창하고 선언하는 것과 다름이 없다.

전주권번에 대해 비교적 상세하게 알고 있는 인물로 최승범은 "김원배金元培(1884~1967)와 김유당金酉堂(1881~1968), 정형인鄭亨仁 등이 전주권번의 학습선생으로 있었으며, 이들 인물 가운데 김원배와 김유당은 전주출신으로 해방 후 전주 국악원장으로 활동했고, 정형인鄭亨仁 역시 전주 성황사城隍祠 수위守衛로 일제강점기에서 춤을 선도했던 예술인들로, 김유당은 본명이 김희순으로 기생들에게 서화를 가르쳤다."[59]고 증언하였다. 전주권번이 가무와 함께 서화에 매우 공을 들였던 과목임을 알 수 있는데, 김희순은 전주출신으로 조선미술전람회에서 연 9회 입선한 한국화가로 시·서·화에 능해 삼절三絶을 이루었고, 사군자四君子에 매우 뛰어난 재능을 발휘하였던 예술가였다. 김희순

58_ 『조선은행회사조합』에는 최병철과 박택용이 공동대표로 나오고 있으며, 최병철의 '병' 역시 병(丙)과 병(柄)자로 각각 김은호의 구술자료와 다르게 기록돼 있다.

59_ 최승범 대담(2008년 8월 19일, 전주 고하문화관).

이 전주권번에서 지도하였던 서화 교육은 기생들이 단순하게 가무에만 집중적으로 활동한 것이 아니라, 예술의 다양한 장르에서 배우고 익힌 사실을 확인해 준다.

이처럼 전라북도 권번과 기생들은 예술 활동을 통해 전통문화의 중심부에 섰다. 국내 공연과 국외공연은 물론 라디오방송 출연과 서화 등을 동반해 대중 스타와 종합 예술인으로 당당한 위치에 올라섰다고 할 수 있다.

기생은 전문적인 예인으로 생활과 기·예능에서도 첨단에 위치해 있었다. 기생은 음악과 춤, 기타 기예로 경제적 보장을 받았고, 특히 생계와 직접적인 관련이 있는 기·예능은 국내, 외 공연과 대회 등으로 이어져 전개됨으로써, 예술적 역량이 만개滿開하였다. 대중들이 원하는 예술을 공연과 대회에서 선보이고, 방송매체 출현 등을 통해서 최첨단의 대중적인 예술가로 자리 잡게 된다. 결국, 권번의 기생들은 공연, 대회뿐만 아니라, 라디오방송과 같은 대중매체를 통해 기, 예능을 상품화하면서 대중문화의 주인공으로 자리 잡게 된다. 여기에 기생이 대중적인 스타로 성장한 점은 기존의 천민으로 평가되었던 신분적 상승을 가져오는 결정적 계기도 되었다.

기생은 당시 여성사회에 있어 현대식 교육을 받은 여성들과 함께 신여성의 대표적인 존재였으며, 유행의 첨단을 걸었던 부류다. "일반 여성이 사회에서 숨겨져 있는 소극적 부류라고 한다면, 기생은 사회에 노출된 적극적 부류에 속한다."[60]-고 할 수 있다. 일제강점기에 전라북도에서도 천민의 신분을 벗어난 기생들은 여성예술인으로 다양한 활동을 보이며 신분 상승에 적극적인 태도를 견지하기에 이른다. 기생조합과 권번이 인가된 것은 정해진 절차와 조직을 바탕으로 기생이 양성화되었다는 것을 의미한다. 그리고 권번이 양성화됨에 따라, 권번을 주축으로 공연이 기획될 수 있었다. 권번의 공연이 성행되었다는 것은 기생들이 극장과 계약을 맺고서 공연하다가, 스스로 공연을 구성하여 흥행을 주도하였다는 것을 상징한다.

여성이 독자적으로 예술 활동을 할 수 없었던 일제강점기에 기생의 다양한 활동은

60_ 김일란, 「기생, 혹은 근대여성의 증식추세」, 『문화과학－근대성연구』 가을호, 제31호(서울 : 신화프린팅코아퍼레이션, 2002), 261~275쪽.

당시 문화계에도 큰 영향을 미쳤을 뿐만 아니라 신분 상승에도 막대한 영향을 끼치게 된다. 또 권번이 설립되면서 기생들의 활동은 더욱 활발해 지고 영역 또한 확장되었다. 특정 계급과 문화에 한정해서 활동해 왔던 기생들은 각종 무대와 방송국 공연 등의 공간이 형성되자 전통예술의 연희자로 당당히 대중 앞에 서게 되었다. 일제강점기 암울한 상황에서 공연예술은 대중들에게 하나의 안식처로 선호되었고 그 수요도 급증하기에 이른다. 당시 대중의 관심이 공연예술의 꽃으로 주목받기 시작한 기생에게 돌아가는 것은 당연하다고 하겠다.

근대는 개인의 재능을 요구하였고, 자기가 위치한 분야에서 재능과 능력을 발휘할 기회를 자유롭게 부여하였다. 근대에 이르러 국악인 등 전통예인들은 일반 대중의 인기를 얻으려고 대중의 심미적審美的 감수성에 부흥하는 작품창조에 매진하였다. 그런가 하면, 이러한 과정을 통해서 예술의 상품화 가능성을 타진打診하기도 하였다. 따라서 기생들이 방송매체 출연 등을 통해 대중적인 스타로 성장한 것은 한국 전통예술이 근대화로 가는 주춧돌 역할을 하였다고 볼 수 있다.

특히 이전시대와 달리 권번 소속의 기생들은 용모와 재주, 기량에 따라 등급이 매겨지고 이에 준하는 급료給料도 받았다. 근대 전통예술은 기생들에 의하여 극장 무대에서 연출되었으며, 관객 또한 특정 계층이 아닌, 일반인을 대상으로 한다는 점에서 전근대와 분명한 차이가 있었다. 사람들은 기생들의 공연을 보려고 일정한 돈을 지불하고 극장에 입장하였다. 극장 좌석은 돈의 계량화에 따라 등급화, 계급화가 되는 데, 바로 기생의 공연 관행에서 자본주의적 유통방식의 한 단면을 발견할 수 있다.

4) 중앙 및 타 권번으로 진출

일제강점기에 있어 전통예술계에서 다양한 문화변동 중의 하나가 바로 전통예술인들의 경향京鄕간의 교류이다. 이 교류현상은 자신의 기량을 닦고 역량을 펼칠 수 있는 지역으로 이동이다. 권번의 선생들과 기생들에 있어서도 경향 간의 교류는 빈번하였다. 예컨대 김창조는 광주에서 전주예기조합과 전주퇴기조합으로 옮겼으며, 도금선 역시 경상도 출신이었지만 군산소화권번에서 무용선생으로 재직한다. 김창룡 또한 충청도 출신이지만 군산소화권번에서 판소리 선생으로 활약하였다. 그리고 기생들에 있어 이 같은 양상은 마찬가지였다. 마산 남선권번 출신인 김애정도 기량을 닦고 나서 군산소화권번에서 일류 기생들의 기・예능을 풀어냈으며, 부산출신 최봉선 또한 남원 예기권번에서 수기首妓로 활동하며 춘향제를 주도해 나갔고 남원예기권번에서 소리를 익힌 이화중선과 정읍권번에서 판소리를 닦은 김여란 역시 서울 한남권번과 조선권번에서 각각 활약하면서 당대 최고의 여류명창으로 올라섰다.

이처럼 기생들은 경향 간의 활발한 교류를 통해 최고의 예술가로 활동하기에 이른다. 특히『조선미인보감』은 전라북도 출신 기생들이 전국 각 권번으로 진출한 상황을 보여준다. 나이와 원적, 현주소, 기예 등이 상세하게 기록되어 있어 전라북도 출신 기생들의 중앙 및 다른 지역으로의 진출을 알 수 있다. 전라북도 출신으로 한성권번에는 조추월曹秋月과 조산월曹山月・신취옥申翠玉 등이 있었으며, 한남권번에는 장옥주張玉珠・송경주宋瓊珠・조산옥趙珊玉이 활동하였다. 이밖에 수원조합에는 오산호주吳珊湖珠와 오채경吳彩環이, 인천조합에는 김명옥金明玉이 각각 소속되어 주목을 받았다. 이 가운데 한성권번과 한남권번은 서울의 4대 권번의 하나로 이름을 낸 유명기관으로 전라북도 출신의 기생들은 전라북도에서 기・예능을 익히고 나서 경성, 즉 중앙무대에 진출한 것이다.

〈도판 27-1〉에서 나오는 한성권번 소속의 익산 출신 조추월은 전라북도 익산군 출신으로 경성부鏡城府 광화문통 136에 거주하고 있었다. 당시 23살로 기예는 노래・우계면・가사歌詞・각종 정재무와 남무를 보유하고 있었는데, 특히 남서잡가, 현금에 출중하였다. 11세에 기적에 오른 후 13세에 상경해 김순창과 영업을 할 때에 가사・우조 계면조・잡가・춤과 거문고[玄琴] 종목에 능하였으며 18살에는 폐업閉業을 하고 여염집 살림을 6년간 하였지만, 다시 권번으로 돌아왔다.

〈도판 27-2〉에 있는 조산월은 당시 나이 18세로 전라북도 익산군 출신이며 경성부 광화문통 136에 거주하고 있었다. 부모와 동생들을 책임졌던 조산월은 15세에 예기 영업을 시작하였으며, 노래와 우계면・가사・각종 정재무, 〈무산향〉 등이 뛰어났다. 또 〈승무〉와 거문고에서 기예를 보유하고 있었으며 외모도 뛰어났다.

〈도판 27-1〉 익산출신 조추월　　　〈도판 27-2〉 익산출신 조산월　　　〈도판 27-3〉 전주출신 신취옥

〈도판 27-3〉에 보이는 신취옥은 전라북도 전주출신으로 경성부 돈의동 115에 거주하였으며 당시 24세였다. 인물과 태도가 출중한 신취옥은 17세에 기적에 이름을 올렸으며, 3년 동안 활동하다가 가정으로 돌아갔지만 24세에 다시 한성권번에 들어왔다. 기예에는 양금과 우조, 선남중이요로 기악과 소리에 능했음을 알 수 있다.

한남권번 소속의 장옥주 〈도판 27-4〉는 전라북도 전주출신으로 경성부 청진동 33에 거주하고 있었다. 당시 18세로 아름다운 미모와 함께 선남중이요와 〈승무〉에 일가를 이뤄 명가, 명무라는 칭송을 받았다. 〈도판 27-5〉 송경주는 어려서부터 총명하여 16세에 권번에 들어가 기예를 익히고 나서 향기로운 자취가 빼어나는 등 외모가 출중하였다. 여기에 남중이요와 시조에 능했던 송경주는 전주출신으로 경성부 관철동에 거주하며 한남권번 소속으로 활동하였다. 〈도판 27-6〉의 조산옥은 당시 나이 19세로 남원출신이었으며 남중이요와 단가에 일가가 있었다. 고음을 소유한 조산옥은 19세에 상경하여 한남권번에 기적을 올렸으며, 한남권번의 최고 명기로 주목받았다.

〈도판 27-7〉의 오산호주는 전주출신으로 경기도 수원군 수원면 남수리 192에 거주하며 수원조합 기생으로 활약하였다. 어린 시절부터 부모슬하에서 총명하게 자란 오산

〈도판 27-4〉 전주출신 장옥주 　　　 〈도판 27-5〉 전주출신 송경주 　　　 〈도판 27-6〉 남원출신 조산옥

호주는 14세에 수원에서 기적을 올리고 풍류는 물론 손님의 비위를 잘 맞춰 큰 인기를 누렸다. 청아한 목소리로 〈권주가勸酒歌〉를 잘 불렀던 오산호주는 〈검무〉와 각 정재무·시조·가사·경기잡가京畿雜歌와 남중이요는 물론 경상도의 모든 잡가에도 능하였던 기생이었다. 〈도판 27-8〉의 오채경은 전주출신으로 수원조합의 기생으로 당시 15세로 흠잡을 수 없는 외모를 갖췄다. 고깔 쓰고 장삼을 입고 〈승무〉를 추는 맵시는 최고였으며, 가사·시조·서도잡가·남도가요 등에서 출중한 기량을 평가받았다. 그리고 〈도판 27-9〉의 김명옥은 전주출신으로 인천조합 소속으로 당시 21세로 우산을 든 모습에서 신여성임을 알 수 있다. 가무는 물론 시조, 경·서도 남도잡가, 입무, 각종 정재무에 특장을 발휘하였다.[61]

특히 오채경과 김명옥은 복식에 있어 신여성을 드러내고 있다. 기생이 신여성처럼 서구적 복장을 할 수 있으며, 최첨단의 대중 스타일을 알 수 있다. 근대화 과정에서 나타난 신여성과 구여성의 구별방법에서는 단발머리 양식과 서양식 의복을 통해 구분

61_ 이진원, 「『조선미인보감』 해제」, 『조선미인보감』(서울 : 민속원, 2007), 21~49쪽.

〈도판 27-7〉 전주출신 오산호주 　　〈도판 27-8〉 전주출신 오채경 　　〈도판 27-9〉 전주출신 김명옥

하고 있다. 머리 양식과 의복이 스타일의 변화추구에서만이 아니라 대타성對他性이 강한 표현양식으로서의 기능을 근대여성사적 측면에서 보여준다. 따라서 기생의 단발과 서양식 의복은 생활상의 이점과 여성의 계몽에 따른 여성지위 향상과 여성해방의 수단으로 긍정적인 시각을 나타낸다고 할 수 있다. 그런 만큼 기생은 근대 공연예술의 근대성을 적극적으로 구현함과 동시에 근대의 진정한 여성예술가로서 근대성의 안착과정에 주체적 소임을 다하였다고 할 수 있다. 이는 변방邊方에 있던 기생들이 문화예술계의 전면前面은 물론 중심부에서 자신의 기·예능을 최대한 부각시키면서 적극적인 신여성과 예술가로 확장해나가는 주체성을 보여주었다.

이처럼 『조선미인보감』에 전하는 전라북도 출신 기생들은 한성권번·한남권번·수원조합·인천조합에 소속되어 빼어난 외모와 뛰어난 기예로 최고의 연예인으로 전통예술계에서 활동하였다. 조선후기 지방의 관기들은 궁중여악이나 서울의 관기로 뽑혀 올라가는 선상기가 되기를 희망하였다. 또 지방권번에서의 교습을 마치면 권번의 책임자나 사회적으로 신분이 있는 사람 또는 동료 선배들의 주선으로 서울의 권번에 입적入籍하는 예도 있었다. 그리고 다른 한편으로 자신의 고향에 신분을 드러내고 싶지 않아서 타지방으로 가서 활동하는 것을 선호하였다. 전라북도 출신 기생들의 타 권번의 진출은 크게 자신의 기·예능의 극대화로 중앙으로 진출을 모색하였고, 신분 이 노출되는 것을 극복하려는 방안으로 전개해 나갔다. 따라서 기생들의 중앙무대 및 타 지역으로의 진출은 그만큼 기생들이 대중적인 호응도를 얻고 자신들의 예능을 요 구하는 곳으로 이동하면서 근대적인 연예산업을 주도한 것으로 풀이된다. 더욱이 경 향간으로 진출하였던 전라북도 출신 기생들은 빼어난 용모, 전통예술의 다양한 레퍼 토리 확보, 그리고 자신들만의 장기를 확보함으로써 수많은 기생들 중에서 남다른 예 술성으로 기생계를 선도해 나갔다.

『조선미인보감』에 등장하는 전라북도 출신 기생 양상을 표로 정리하면 〈표 10〉과 같다.

〈표 10〉『조선미인보감』에 나타난 전라북도 출신 기생 양상

이름	나이	원적	현주소	기예	소속
조산월	18	익산군	경성부 광화문통	가·우계면·가사·각종 정재무·무산향 ·특상－승무, 현금	한성권번
조추월	23	익산군	경성부 광화문	가·우계면·가사·각종 정재 ·남무·특－남서잡가, 현금	한성권번
신취옥	24	전주군	경성부 돈의동	양금, 우조, 남중잡가	한성권번
장옥주	18	전주부	경성부 청진동	남중이요, 승무	한남권번
송경주	19	전주군	경성부 관철동	남중이요, 시조	한남권번
조산옥	19	남원군	경성부 청진동	남중이요, 시조	한남권번
오산호주	20	전주군	경기도 수원군	검무·각항 정재무·시조·가사 ·경성잡가·남도이요	수원조합
오채경	15	전주군	경기도 수원군	승무·가사·시조 ·서도잡가·남도이요	수원조합
김명옥	21	전주군	경기도 인천부	시조·경·서·남도잡가·입무 ·각종 정재무	인천조합

이처럼 기생들의 중앙과 다른 지역으로의 진출은 기생 신분 변화에 있어서도 전근 대와는 확연한 차이를 보여준다. 유명 기생들은 중앙 권번과 다른 지역의 권번으로 진 출을 통해 자신의 예능을 평가받으며 더욱 높은 위치로 오르기 위해 노력을 하였다.

다시 말해 조선 후기까지 교방과 풍류방이란 국한된 장소에서 특정층을 대상으로 연회를 하였던 기생들은 일제강점기에 들어서 면천과 함께 자신의 기·예능을 근저로 자신의 예술성을 원하는 곳으로 적극 이동시켜 근대적인 예술가의 면모를 확장해 나간 것을 알 수 있었다.

일차적으로 공연조직으로서의 기반을 형성하여 기생들로 하여금 전문적 기량을 획득하게 하였던 기생조합과 권번은 다양한 공연 활동을 통하여 대중문화의 발흥을 주도하는 세력으로 자리를 잡게 되었다. 이를테면 권번에 소속된 기생은 자신들의 특장 부분을 공고히 하고 기량 또한 성장시키기 위해 노력하였을 것이다.

2. 새로운 정체성 형성과정에서의 갈등과 도전

1) 사회적 차별대우에 대한 반발

그동안 기생은 낮은 신분과 천한 직업의 상징으로 폄하되었다. 일제강점기에 신분 해체로 자유로운 예인이었지만 여전히 천민으로 대우받았던 모습들이 일제강점기 기생의 현주소였다. 또한, 일본인과 조선인 출신 기생의 차별도 존재하였으며, 전라북도에 거주했던 기생들 가운데 한국인과 일본인은 대우가 상당히 달랐던 것으로 보인다.

전주의 화항花巷, 창기가 85, 년수年收는 6만5천원 : 불경기는 점점 극심해지지만 전주 상생相生 ○○○색정色町 방면 성적을 보건대 ○○ 내자來者 12○ 내지인內地人의 포기抱妓는 창기 22인, 조선인 63인의 비례가 된다. 1개년 수입 64,927원 20전인데, 조선인 측에는 26,964원 80전에 해당한다. 전주권번의 한 사람 당 평균은 1개년 763원 80전에 이르고 이를 업종별로 보면 일본인은 1개년 평균 1,271원, 조선인은 587원에 해당하는 고로, 하루 한 사람당 수입금은 겨우 2원에 불과하다.[62]

이를테면 일본인 기생들은 1년 평균 1,271원의 수입금을 올렸으며, 한국 기생들은 1년 평균 587원의 임금을 받은 것으로 나타났다. 그리고 당시 창기와 기생에 대한 구분도 명확하게 구분되었는데, 일본인 창기는 1년 평균 64,927원을 받았고 한국인 창기는 26,964원 80전을 받았다.

이처럼 신분적, 민족적 차별을 받고 있었던 한국인 기생들은 신분상승을 위해 적극적인 노력을 경주해 나갔는데, 앞에서 살펴본 바와 같이 다양한 예술 활동을 펼치면서 전문예술인으로서의 지위를 확보하기 위한 노력도 아끼지 않았다. 기생들의 이 같은 적극적인 예술 활동은 결국 자신들의 정체성을 확보하고자 하는 노력의 일환으로 볼 수 있다. 한편, 기생들은 예술 활동 이외의 다양한 사회활동에도 적극적으로 참여하였다. 그럼에도, 기생들의 신분상승을 위한 노력 및 사회참여 등에 관한 지금까지 학계의 관심은 매우 미진하였고,[63] 기생과 권번의 사회적 활동은 그동안 학계로부터 크게 주목받지 못한 것 또한 사실이다.

기생들은 자신들의 노력에도 지속적으로 이어지고 있는 사회적 냉대를 비관해 자살한 사례도 발생하였는데, 『동아일보』를 비롯해 『매일신보』·『시대일보』·『중외일보』 등은 기생들의 자살사건 소식을 빈번하게 전하고 있다. 당시에는 자살 건수도 많았지만, 신문들이 앞을 다투어서 많은 지면을 할애해 상세하게 보도한 것은 그만큼 기생이 당대 사회에서 주목받았던 인물이고 사회적으로도 관심 대상이었다.

인생을 자각하고 고행풍상을 초탈 세상도 부모도 원한의 씨, 거룩한 뜻으로 저승 살이, 전주권번 황소월 일생 : 이미 알려진 바와 같이 전주권번 기생 황소월은 아직도 인생의 꽃봉오리가 따뜻한 봄날을 맞이하기 전에 이팔의 젊은 세상을 일기로 마침내 지난 27일 오전 1시에 깊어가는 암흑과 함께 영원히 풍진 가득한 이 세상을 떠나고 말았다. 죽음, 자살, 이 같은 운명의 주인공에게는 항상 남다른 애수가 있고 원한이 있다. 화조월석 다하지 않는 날

62_ 『매일신보』, 1931. 2. 9.
63_ 일제하의 사회운동사를 해제한 『일제하사회운동사자료집』 전12권 중 전라북도에 해당하는 제10권에도 권번과 기생의 활약은 전무하다.

에 때 손님 뭇 남자로 더불어 웃고 즐기며 노래하고 춤추던 묘령 기생 황소월이 하루아침에 음독자살을 이루게 된 이면에는 반드시 속 깊은 사정이 숨어 있었다.

△22세에 기생 생활 가무수입으로 생계 : 소월은 행인지 불행인지 남의 집 귀여운 막내딸로 태어나면서도 아침 저녁거리가 변변치 못한 구차한 집 아버지의 셋째 딸이 되었다. 그리하여 소월은 아직도 어머니 무릎 위에서 어리광을 피울 12살 먹었을 때에 역시 자기의 맏형 월중선의 이력을 본받아 전주권번에 기적을 두고 낮과 밤으로 예기조합에 다니면서 노래 읊기와 춤추기 공부에 여념이 없었다. 어린 소월의 한 푼 두 푼 벌어들이는 적은 수입이 얼마나 그의 아버지와 어머니 주린 창자를 배불리 하랴마는 미련한 인생 그의 부모는 오직 소월한 몸을 큰 자본으로 알고 장차 그의 몸덩이에서 온갖 재화 보물이 쏟아질 것같이 기생 출신을 시키기에 눈코를 뜨지 못하였다.

△천품이 영리한 소월, 비련불향을 통감 : 그러나 천품이 영리한 소월은 한 해 두 해 성장이 거듭하며 점점 나이가 더하여 길을 따라 자기의 불쌍한 처지를 깨닫고 자기의 바람 없는 비운을 저주하게 되었다. 아무리 먹을 것 입을 것이 없고 생활이 곤란하다 할지라도 자기의 사랑하는 어린 딸자식으로 하여금 어찌 이 같은 생애를 이루게 만들어 주나 하는 눈물겨운 팔자타령은 항상 무시한 그의 부모를 원망하는 애소연의 탄성이었다. 그리하여 소월은 항상 남모르는 가슴을 태워 가면서 이 같은 사정을 오직 자기의 지우인 언니 기생 김비봉에게 전하여 주었을 뿐이다.

△지기지우는 김비봉 생활개조를 상약相約 : 이놈의 세상은 어찌하여 이 모양으로 불공평하게 만들어졌노, 나도 다 같은 사람 다 같은 여자로 태어나서 어찌 이다지도 뜻 아닌 구차한 생애를 하게 되었는가. 소월은 이같이 항상 자기의 현실에 불만과 불평을 품고 어느 때든지 무엇이든지 동기나 기회만 있으면 자기의 현실을 개조하여 기생 노릇을 면하려 하였다. 그리하여 소월은 마침내 자기의 지우 비봉과 더불어 "만일 20이 될 때까지 우리가 어디로든지 도망을 하여 가지고 고학의 길을 얻지 못하면 행천의 손惛이 되어 버리자"는 굳은 맹약을 하였었다.

△이상은 수포水泡도 자살의 길을 밟어 : 그러나 그동안 이미 여러 차례 꽃 피고 잎 떨어지는 동안에 이 같은 두 여성의 속살거리던 이상은 하룻밤 봄꿈이 되어 버리고 오히려 갈수록

온갖 쓰림과 눈물만 앞길을 가리었을 뿐이었다. 그리하여 비관 중에 날을 보내던 가련한 소월은 마침 태형笞刑 맞은 것이 동기가 되어 불쌍하게도 애달픈 일생을 저승의 길로 인도하여 버렸다.[64]

기생이 음독: 전주권번 기생 김금난金錦蘭은 지난 9일 밤에 전주 다가정 자기 집에서 가성소다를 먹었다는데, 그는 어떠한 사람들이 자기 부모를 때렸으므로 그것을 비관한 것이라는 바, 응급치료를 하여 생명에는 관계없다더라.[65]

남원 명기 음독, 이별을 비관코: 전북 남원권번 기생 ○향(○香, 17)은 지난 24일 오후 2시에 자기 집에서 양잿물을 먹고 자살하고자 하다가 집안사람에게 발견되어 남원 도립병원에 입원시켜 응급치료를 받은 결과 생명에는 지장이 없다 한다. 자살하고자 한 원인은 그의 부모가 다른 곳으로 이사를 가게 되자 불가불 정부情夫와 살게 됨을 비관한 결과라더라.[66]

단발기생이 또다시 음독: 부모의 학대가 더욱 심해, 군산부시群山府市 외둔율리外屯栗里 기생 심소련沈笑蓮은 ○○생활을 벗어나와 이상적인 가정의 주부가 되겠다는 결심으로 단발을 하였다함은 이미 보도하였거니와 그 후 심소련은 더욱 자기의 장래를 비관하여 지난 24일 오후 3시에 독약을 먹고 자살하려는 것을 가족들이 발견하고 군산병원에 입원시켜 치료 중이라는데, 그 사실은 심소련이 단발을 한 후 그 부모는 "너는 비록 단발을 하였다 하여도 머리가 자라기만 하면 또 기생이 되게 할 터인데 부질없이 부모의 뜻을 반대하는 마음으로 머리만 깎아서 불효만 더 하였다"는 것으로 압박이 더욱 심함을 비관한 것이란다.[67]

기생이 음독: 전북 전주 화원정花園町 12번지에 사는 이국향(17)은 지난 9일 오전 8시경 자

64_ 『동아일보』, 1925. 4. 6.
65_ 『동아일보』, 1927. 5.13.
66_ 『매일신보』, 1929. 6. 1.
67_ 『시대일보』, 1924. 5.29.

기 집에서 양잿물을 먹고 고민하는 것을 집안사람이 발견하고 응급치료를 하는 동시에 전주의원에 입원 치료 중이라고 한다. 이제 그 음독한 이유를 들었는데, 전주권번 기생으로 체면을 더럽혔다 하여 동 권번 간사인 조취옥趙翠玉이 권번 규칙에 의하여 매를 때렸다는데, 그것이 원인으로 그와 같이 음독하였다는 바, 동 권번에서는 치료비를 부담하였다 하여 생명에는 관계가 없다더라.[68]

삼각관계로 기생이 자살 : 전주 대정정大正町 사정목四丁目 도화선桃花仙이 모루히네를 먹고 자살, 원래 전주권번 기생으로 전주 재산가 정모씨와 김윤곤과 밀접한 삼각관계로 덕진공원에 가서 만취하고 그날 자살.[69]

노류장화路柳墻花 신세新歲를 비관悲觀코, 남원 명기의 자살, 다정다한多情多恨한 20세를 일기로 양잿물 마시고 황천黃泉길 : ○○○가 지난 19일에 자기 집에서 양잿물을 먹고 신음하는 것을 집안사람이 발견하고 병원에 입원시켜 치료하였는데, 지난 25일 1시경 드디어 21세 일기로 생을 마감하였다 한다. 그 자살한 원인은 본래 그는 부산 출생으로 어려서 부모를 여의고 언니에게서 자라며 남같이 부모의 따뜻한 사랑도 맛보지 못하고 여기저기 헤매며 지금으로부터 10여 년 전에 남원으로 와서 기생이 입적하여 노류장화의 몸이 되었는데, 기생생활의 불만과 모든 것이 뜻대로 되지 못함을 비관하고 자살한 것이라 하며, 그를 잃은 남원의 화류계는 막막한 마음이 없지 않더라.[70]

기생의 음독, 전북 이리 영남관 기생 백녹주白錄珠(22)는 지난 31일 밤 자기 침소로 들어간 후 그 이튿날 오전 10시까지 밖에를 나오지 아니함을 의심하여 동관同館에서는 비로소 문을 열고 본 즉, 눈을 뜬 그대로 몸은 벌써 식은 것을 알게 되자. 즉시 이리병원에로 입원하게 하여 응급수당을 한 결과 생명만을 건질 듯하다는데, 그의 자살을 도모한 이면에는 들은 바

68_ 『동아일보』, 1928. 9. 12.
69_ 『중외일보』, 1930. 3. 26.
70_ 『매일신보』, 1929. 2. 1.

에 의하면 모某와 다년의 깊은 사랑을 맺고 지내는바 애인의 형편으로는 자기의 몸을 그 곳에서 빼어낼 도리가 없는 처지이며, 더욱이 근일에는 타처에로 전근하게 됨을 알게 되자 3천 원이라는 무거운 몸값을 짊어지고 그 애인의 뒤를 따를 수 없고 사랑의 열은 일시라도 떨어질수는 없으므로 차라리 그 몸이 죽어 혼이나 되어 뒤를 따를까 하는 최후 결심으로 그와 같이 음독을 한 모양인데 음복하는 그 자리 밑에는 애인의 사진과 유서가 있다 하며 애인은 주야로 그의 병상에 나타나 간호에 진력중이라고 한다.[71]

동료 간에 차별 설워, 선유중仙遊中 기생투강妓生投江, 노류장화路柳墻花의 신세도 슬픔거늘, 소리 못한다 구박까지 받어 : 사회의 진운에 따라 없어 져야할 사회의 계급차별 – 양반이니 상놈이니 하여 경멸히 하는 사실이 허다 거니와 일반사회에서 차별 대우를 받고 있는 기생사회에서 다시 양반기생이니 상놈기생이니 하여 뱃놀이 술자리에서 유두부만 단장한 채 깊은 물에 몸을 던진 웃지 못 할 넌센스의 계급투쟁이 생기어 전주화류계에 일대 화제거리가 되어 있다. 전주권번에 기생이 30여 명 중 노래 잘하는 일파가 있는 그들은 대개 재인才人계통이라하야 엄연히 구별을 가져왔던 모양으로 지난 1일 모 요릿집에서 노래를 잘하는 신채란과 못하는 정유선 사이에 노래 못하는 채 기생이니 아니니 하야 싸움을 하게 된 것이 도화선이 되어 그 이튿날 권번 당국에 박초선 등 4, 5명 기생이 단결하여 ○○정유선을 그만 두지 않는다면 동맹 탈퇴하겠다고 탄원을 하자 ○○○○○ 모모씨가 화해차로 문제의 기생을 대리고 덕진지德津池에 뱃노리 술을 먹던 중 재 폭발하여 신채란은 같은 동료에까지 인권차별을 받고는 살수 없다고 정유선을 붙들고 같이 빠져 죽자고 힐난하다가 제지를 당하여 뜻을 이루지 못하고 급기야 분함을 참지 못하고 자기 단신에 빠진 것을 간신히 구하였다는 것이다.[72]

권번에 소속된 기생들의 자살 요인은 크게 부모 학대虐待와 방치放置, 정부情夫와의 갈등,

71_ 『동아일보』, 1940. 6. 5.
72_ 『동아일보』, 1938. 7. 9.

그리고 권번의 규율위반規律違反, 삼각관계, 또한 생애에 대한 비관 등으로 요약된다. 전주권번 소속 황소월은 자신의 신분이 비천한 것을 한탄하고 자살하였는데, 황소월은 12세 때 자신의 큰 언니였던 월중선月中仙의 이력履歷을 본받아 전주권번에 기적妓籍을 두고 낮과 밤으로 예기조합에 다니면서 가창 전개와 춤 연습에 몰두하였다. 어린 시절부터 생계를 책임지며, 부모를 봉양하였지만, 부모가 자신을 돈벌이 수단으로 여기고 학대를 하자 소월은 자신의 처지를 비관하고 희망이 없는 비운을 저주하며 생을 마감한다. 그리고 기생이란 이유로 주변의 비하에 따라 자살을 시도한 사건도 일어났는데, 전주권번 기생 김금난金錦蘭도 전주 다가정 자기 집에서 일부 사람들이 자기 부모를 때린 것을 비관해 양잿물을 먹고 자살하였다.

또 기적에 몸을 둔 관계로 가족이 타지로 이동할 때 따라갈 수 없어 죽음을 선택한 사태도 발생하며, 특히 정부와 살게 된 것을 비관해 자살한 것도 나타난다. 이밖에 주부가 되고자 단발을 하였음에도 부모가 기생으로 다시 돌아갈 것을 권유해 생을 마감하기도 하며, 정부와 갈등에서 자살을 단행하는 사례도 발생한다. 전주권번 소속 27세의 황월중선黃月中仙은 최고의 명기임에도 전주 재산가 최모씨와 깊은 정을 맺었지만, 관계 청산에 반발해 자살을 시도하였다. 또 권번장이 규율을 어겼다는 이유로 체벌을 가하자 당시 17세의 이국향李菊香은 음독飮毒을 시도하기도 하였다. 그리고 기생들의 삼각관계도 자살의 원인으로 나타난다. 전주 대정정 사정목에 당시 22세에 살았던 정도화선鄭挑花仙은 전주 재산가 정모씨와 김윤곤金允坤이 사랑에 빠졌지만, 삼각관계로 말미암아 결실을 보지 못할 것을 예상하고 덕진공원德津公園에 가서 만취滿醉상태로 자살하였다. 그리고 타지에서 전주로 옮겨온 기생 역시 타향살이에 대한 적지 않은 부담감으로 자살에 이른다. 부산출신으로 남원에서 활동했던 기생은 21세임에도 부모의 따뜻한 사랑도 느끼지 못하고 여기저기 헤매면서 살아온 삶을 비관, 자살을 결행하기도 하였으며 또한, 사랑을 이루지 못한 것에 대한 음독도 있었다.

기생끼리 예술적 기능을 놓고 갈등도 심하였다. 전주권번 소속기생들이 동료사이의 차별대우 때문에 전주의 덕진德津 연못에 투신해, 관계 당국까지 나서 사태를 수습하는 상황이 발생하였다. 사회의 진운陣雲에 따라 없어져야 할 사회의 계급차별이 기생

사회에서 전개되고 있는 사실을 입증하는 것으로, 기생사회에서 양반기생과 상놈기생이니 하여 이중 차별이 있었던 것을 보여준다. 당시 전주권번 기생 30여 명 중 노래를 잘하는 기생은 대개 재인才人 계통이라 하여 엄연하게 구별을 지었으며, 뱃놀이의 술자리에서도 동료 기생끼리 싸워 기량을 통한 투쟁 양상을 나타내기도 하였다. 노래를 잘하는 신채란申彩蘭과 노래를 못하는 정유선丁遊仙사이에 노래를 못하는 것이 발단이 되어 싸움이 벌어졌는데, 박초선朴初仙 등 4, 5명의 기생이 단결하여 조합과 권번 등의 관계 당국에 정유선을 그만두지 않게 한다면 동맹 탈퇴하겠다고 선언하고 탄원서까지 제출하였다. 그 후 이들 기생은 덕진지德津池에서 뱃놀이를 하던 중 분노가 다시 폭발해 신채란과 같은 기생이 정유선에게 인권차별을 받고 살 수 없다며 덕진지에 투신하는 사례가 발생한다. 이처럼 기생들 간에도 예술적 완성도를 놓고 치열한 투쟁이 벌어지기도 하였다. 이는 기생조합이 일차적으로 조합 내부에서 엄격한 질서와 조직적 운용을 통해 집단적 정체성을 확보해 나간 것으로 확인된다. 이 점은 예술가로 바로서고자 하는 기생들의 움직임이자 선언이라 할 수 있다. 그리고 기생조합 소속 기생들은 악·가·무를 전수하는 수련 과정뿐만 아니라, 일상에서 기생집단 내부의 엄격한 규율 장치 속에 있었다는 점을 동시에 보여준다. 이는 다시 말해 기생들이 자본주의 속에 포섭되어 사회활동을 하면서도 고민과 갈등에 빠진 모습을 알 수 있다.

이 같은 자살에 이어서 당시 권번과 기생들은 마약 등에 깊이 빠져 있었는데, 이것은 일본에 의해 주도적으로 자행自行된 일로, 권번을 중심으로 일본에 의해 아편이 퍼지게 된다. 일제의 아편정책은 식민지 재정이 또 하나의 충당원이자 조선민족을 정신적으로 파괴하는 도구로 작용하였다. 일제에 의해 도입된 위생 경찰은 초기부터 기생을 통제 대상으로 정하고, 관리 대상으로 삼았는데, 경무총감부 위생과의 보건부문 관장사항을 살펴보면 제5장에 '아편 흡용, 모르핀 주사 취체'등에 관한 업무로 구성되어 있다.[73] 이처럼 일제의 위생경찰은 그 감시망과 강제력을 통해 기생을 기술하고 통제하였다.

73_ 조선총독부, 『조선위생법규철집』(1917).

마약류의 중독자, 등록만 4천4백여 명. 도별로는 전북이 수위 : 등록제 실시 후의 그 성적 : 최근 마약류의 중독자의 통계를 들어보면 전 조선을 통하여 4천4백54명이 달한다는 바, 이것은 재작년 이래로 등록제도가 생긴 이후 등록한 사람만이라 한다. …(중략)… 이들 중독자 중에는 모루히네와 헤로인과 코카인, 기타 등 4종류가 있는데 도별로 보면 전라북도에 1,271 명이 제1위이오, 전라남도에 1,079명이 그 다음이 된다. 그리고 이 중독자들은 대부분이 호화로운 생활을 하여 오다가 일시적 행락기분이 넘치고 넘치었거나 또는 추측하는 지인에게 유혹을 당하여 일생을 헤어나지 못할 범죄를 짓게 된 것이라 한다.[74]

전라북도 마약류의 중독자는 전국에서 가장 높은 것으로 나타난다. 1932년 전국 마약류 중독 등록자만 4,454명으로 집계되었는데, 전라북도는 1,271명으로 시·도별로 집계한 결과, 가장 많았다. 이는 일본인이 수탈현장으로 전라북도를 선택하며 거주하였던 것이 가장 큰 원인으로 분석된다. 일본은 자신들의 통치수단으로 아편 등을 전매사업으로 이용하였고, 문화말살 정책으로 아편을 활용하였다. 이 같은 사실은 전통음악계에도 그대로 이어지게 된다. "1935년을 전후하여 창악계唱樂界에 만병통치萬病通治라는 유혹으로 아편이 공공연하게 나돌기 시작하였으며 서울에서 시작된 아편은 기생과 권번이 있는 도시마다 번지고 말았다."[75] 당시 기생이었던 "이화중선, 설경현은 아편중독자였고, 박녹주朴綠珠와 신금홍은 아편을 흡입하는 현장에서 붙잡혀 조선 마약단속법 위반으로 실형 6개월의 징역"[76]을 받기도 하였다. 이처럼 전통예술계에서도 마약이 크게 번지고 있었으며, 기생들이 마약에 의탁依託하고 있었다.

이러한 아편 복용은 전라북도의 권번 관련 사료들에서 쉽게 발견된다. 예컨대 김정문金正文은 1926년 당시 나라 잃은 설움과 예술인으로서 망국의 한을 달래려고 유행처럼 번졌던 아편에 손을 댄 죄명罪名으로 남원권번에서 체포되어 1개월 15일의 수형생활을 지금의 광한루 감옥에서 하였다.[77] 또 정읍권번과 전주·익산·남원·군산 등

74_ 『동아일보』, 1932.11.27.
75_ 박황, 『판소리 2백년사』(서울 : 사상연, 1987), 218쪽.
76_ 가아무라 미나토 지음, 유재순역, 『말하는 꽃 기생』(서울 : 소담출판사, 2002), 293쪽.

일제강점기에 활동했던 가야금 명인 신관용도 아편에 중독이 되어 말년에 비참한 생활로 생을 마감하였다.[78] 당시 전라북도 권번에서도 여러 국악인이 일제의 강제 또는 자의적이었던 아편 때문에 전통예술을 더는 이어내지 못하고 생을 마감하는 사례가 발생하게 되는데, 당시 예술계에서 적극적인 활동을 전개했던 기생들은 자신의 삶에 대한 비관과 비천한 신분과 각종 학대로 인해 자살이 자주 발생하였다.

이러한 자살사례는 본인의 의지와는 상관없이 자식을 자본화할 수 있는 것에 초점을 맞춘 것이라 할 수 있으며 사회적으로 볼 때 불경기에 가장 돈을 벌 수 있는 직업이 기생이라 여겼던 것 같다. 그래서 부모는 자식의 생각과 상관없이 기생을 시켰고 그로 말미암아 생활을 할 수 있었다. 이 당시에는 생활고生活苦로 말미암아서 부모나 친지들이 아동과 미성년자들을 돌보지 않는 사례도 적지 않았던 것 같다. 또한, 기생들은 양성평등 자각을 위해 적극적인 행동을 펼쳐 나가며 죽음으로 이를 실천하기도 하였다. 이와 같은 기생들의 자살과 아편 등의 중독은 기생 자신들의 다중적 실체를 보여주는 사례로, 당대 예술가로 살아가고 근대 자본주의 형성과정을 관통하면서도 존재감에 대한 자각을 보여주는 것이다.

> 남원권번의 발기로 춘향사당을 건설, 기부금 2천원으로 광한루 구내에 : 금번 전북 남원기생 권번 주최와 일반 유지의 후원으로 만고 정렬 춘향의 사적을 영원히 후세에 유전하기 위하여 일반 유지로부터 기부금 2천원을 모집하여 춘향의 사당을 광한루 구내에 건설코자 목하 준비 중이라 한다.[79]

> 단오가절端午佳節에 춘향기념제春香記念祭, 남원 유지의 주최로, 금년이 2회 : 전라도 남원읍성 춘향이라 하면 우리 조선 사회에서는 남녀노소를 물론하고 다 아는 바이다. 여기 춘향의 내

77_ 김용근, 『이야기로 풀어보는 지리산 판소리』(남원 : 지리산판소리문화연구소, 가왕 송흥록가 후손가족회, 2008), 72~73쪽.
78_ 황미연, 『신관용가야금산조연구』(전주 : 신아출판사, 1994), 14~16쪽.
79_ 『매일신보』, 1930. 8.13.

력을 새로이 말할 필요까지는 없지만 그가 능히 만천하 사람에게 연연한 사랑과 불같은 욕심과 꿋꿋한 질행과 억울한 한탄과 참혹한 정상과 상쾌한 신명과 그 전한 여러 가지 느낌을 주어오는 바, 이제 그의 향로인 남원읍에서는 지방 유지와 권번 예기들이 합의하여서 춘향각을 읍 남문 밖 광한루 동편에 정묘 찬란하게 건설하여 놓고 작년 음 5월 5일부터 옛 춘향의 정절을 추억하는 기념제를 거행케 되었다고 한다. …(중략)… 이 기념제는 매년 거행하게 되는데, 금년에는 단오를 20일 앞두고 지난 12일에 남원권번 임원회를 열고 춘향제 거행방향을 다음과 같이 토의하였다고 한다. 벌써부터 광한루 영주 각 무릉도원 오작교 등의 득음방 초틀림 하기 전에 이 기념제에 참석하겠다는 서신이 답지함을 보면 작년의 수만 관중과 수백의 예기가 참가하였던 상황보다도 더욱 성황이 될는지 알 수 없다고 주최자 측에서는 여러 가지 준비에 매우 분망 중이라고 한다.[80]

전설의 가인, 춘향제 거행, 단오날 기하야 : 조선이 낳은 전설의 가인 성춘향의 정조를 기리기 위하여 남원권번 홍군 낭자들이 심혈을 다 바쳐 춘향과 몽룡이 백년가약을 맺은 광한루 동편에 춘향열부사를 건축한지도 3년을 맞게 되었으므로 오는 5월 단오일을 기하야 열행제를 성대히 거행 한다는 바 남원 유지 제씨들은 남원 번영을 위하여 각종 여흥으로 이채 있는 남원을 장식한다고 준비에 분망 중이라 한다.[81]

춘향입혼식 성대, 인읍隣邑에서까지 3만여 관민官民 출동, 남원 광한루에서 거행 : 오늘 오후한 시부터 남원 광한루에서 이장 김은호씨의 춘향 초상화를 춘향묘春香墓에 안치하는 춘향입혼식을 성대히 거행하였다. 이날 남원, 전주를 비롯하여 인근 읍에서 관민 3만 여 명의 관중이 모여 성황을 이루었고, 순천, 정읍, 대전, 통영 등 각지에서도 1백여 명의 기생들이 총동원하여 식에 참여하고 가무를 하여 이 날의 이채를 이루었는데, 서울에 있는 학예사에서 춘향전 고본을 천여 권 무료로 일반에게 배부하였고 식에 참석하였던 김태준金台俊씨의 축사로

80_ 『매일신보』, 1932. 5. 21.
81_ 『동아일보』, 1933. 5. 25.

의의를 더욱 깊게 하였다. 그리고 서울 조선영화회에서 영화반이 출동하여 당일의 광경을 영사하였다고 한다.[82]

　　춘향제 촬영하고 조영朝映 3씨 귀경, 조선 최초의 기록영화. 조선영화회사에서는 5월 26일 (음 4월 5일) 남원에서 거행되는 춘향제 실황을 촬용코저 기획부 이재명李載明씨 카메라에 황운○黃雲○, 조수에 권영팔權寧八 3씨가 다녀왔다고 한다. 아직 조선에서는 그대로 실사實寫는 있었지마는 이런 기록하는 영화는 없었을 뿐 더러 조영朝映에서는 이번 성속여하成績如何를 보아서 이를 문화영화로 제작할 계획까지 세우고 있다고 한다.[83]

　　춘향제 참관기, 3만여명 군중이 모여 성대하게. …(중략)… 입혼식은 오전 11시 반에 거행되었습니다. …(중략)… 식은 광대들이 퉁소 불고 젓대부는 데서 시작되었습니다. 다음으로 춘향의 초상, 새 것을 보교에 담아서 춘향사로부터 광한루에 모셔 오는데 한 보교에 한 개씩 담아서 기생들이 메고 오는 것이었습니다. 기생들은 남치마에 흰 저고리를 입고 검정 비녀를 찌른 것이 꼭 옛날에 돌아간 맛이었습니다. 고색이 창연한 광한루가 배경이었든 까닭에 더욱 그렇게 느껴졌을지 모릅니다. (하략)….[84]

　남원권번의 발기勃起로 춘향사당을 건립하는 작업에도 기생들은 적극적으로 참여하였다. 남원권번은 자체 주최로 정절을 상징하는 춘향의 사적史蹟을 영원히 후세에 남기려고 일반인들로부터 기부금을 받기도 하였다. 남원권번 기생들은 춘향사당 건립과 함께 지속적으로 춘향기념제일春享記念祭日을 정하고 춘향제에 대한 자신들의 견해를 능동적으로 이어나갔는데, 1932년 제2회 춘향기념제를 개최한 기생들은 단오 20일을 앞두고 남원권번 임원회를 열고 춘향제 거행방향을 모색하였으며, 각 지역에 기념제를 알리는 서한을 보낸 결과, 수만 관중과 수백여 명의 예기들이 참석하겠다는 서신을 받는 등

82_『동아일보』, 1933. 5.27.
83_『동아일보』, 1933. 5.31.
84_『삼천리』 11권 제7호(서울 : 삼천리사, 1939. 6.11).

춘향제에서 주도적인 역할을 수행하게 된다.

증보판『남원지南原誌』에는 남원권번의 초대 조합장을 맡은 이백삼이 국악의 명맥을 유지하면서 전국 주요 도시의 권번과 예기조합에 연락을 하여 4월 초파일 춘향제사 참석을 의무화義務化시킨 것으로 나타난다. 서울 한성권번이 제원祭員 2명을 파견하며 향전香奠 20원을 부담하였고, 진주권번, 순천 권번이 각각 제원 2명과 향전 10원, 전주, 하동, 기타 권번에서도 제원 1명을 파견하되 향전으로 5원을 가져왔다.[85] 이것으로 제사를 거행하는 당일의 제수마련 등의 경비와 의례 담당자인 제원을 충당하고, 나머지는 춘향사를 경영하며 유지하는 데 활용하였던 것으로 보인다. 이 같은 적극성의 발로로 인하여 춘향제에 대한 남원권번 기생들의 열의는 최고조에 달하였으며, 1933년 당시 춘향제를 실행하는 기생들은 춘향제를 성대하게 개최하기 위해 심혈을 다하는 것으로도 이어졌다.

1939년 남원에서 올려진 춘향입혼식春香入魂式에서도 기생들의 참여는 적극적이었다. 1939년 5월 27일 남원 광한루에서 김은호가 춘향 초상화를 그려 춘향묘春香墓에 안치하는 춘향입혼식이 거행되었는데, 전주와 남원을 비롯하여 인근 읍에서 관민 3만 여의 관중이 모여들어 성황을 이루었으며 순천·정읍·대전·통영 등 각지에서도 100여 명의 기생이 올라와 입혼식에 참여하고 각종 가무를 실현하였다. 특히 서울에 있는 학예사學藝社에서 춘향전 고본古本 1천여 권을 무료로 일반에게 배부하였고, 서울조선영화회 영화반이 출동, 당일의 광경을 영사映寫하기도 하였으며, 이 영화는 조선 최초의 기록영화라고 알려져 신문에 소개되기도 하였다.[86] 당시 이처럼 춘향입혼식의 관심은 지대하였다.

춘향입혼식에 대한 상세한 풍경은『삼천리三千里』에도 소개되어 있다. 학예사 특파

85_ 김지영, 앞의 논문(1998), 38쪽.

86_『동아일보』, 1939. 5. 31. 춘향제 촬영하고 조영(朝映) 3씨 귀경, 조선 최초의 기록영화. 조선영화회사에서는 5월 26일(음 4월 5일) 남원에서 거행되는 춘향제 실황을 촬용·코저 기획부 이재명(李載明)씨 카메라에 황운○(黃雲○), 조수에 권영팔(權寧八) 3씨가 다녀왔다고 한다. 아직 조선에서는 그대로 실사(實寫)는 있었지마는 이런 기록하는 영화는 없었을 뿐 더러 조영(朝映)에서는 이번 성속여하(成績如何)를 보아서 이를 문화영화로 제작할 계획까지 세우고 있다고 한다.

원 최옥희崔玉禧가 쓴 「남원 춘향제 참가기」란 제목의 기사에서는 기생들이 보교步轎를 메고 춘향사에서 광한루로 춘향영정을 옮기는 장면이 묘사되어 있다. "광대들이 퉁소 와 젓대를 불고 있었으며 기생들은 남색 치마, 흰 저고리, 검정 비녀를 꽂고 정성을 다해 입혼식을 거행하였다." 이처럼 기생들은 춘향제와 관련된 행사를 주도해 가는 과정에서 기생이 최하위의 신분 층이 아니며 춘향의 절개를 전승하는 예인임을 주창 하면서 천한 신분이 아닌 당당한 사회인으로의 정체성을 확고하게 다져 나갔다.

2) 토산장려와 단연운동의 전개

일제강점기 기생들의 대사회 인식은 단연斷煙과 토산애용土産愛用운동에서 자세 하게 나타난다. 토산애용운동은 전라북도 권번뿐만 아니라 전국적인 현상으로 마 산·군산·전주·평양·동래·순천·강계권번 등에서 전개되었다.[87] 권번에 소 속된 기생들의 이 같은 운동은 기생의 의식 변화뿐만 아니라 사회의 자각自覺으로 이어졌다.

> 군산기생도 단결, 토산 장려와 단연 : 군산 보성 예기치옥 기생 10여명은 지나간 2월 10일 오후 한 시 경에 그 지역 세심관에서 토산장려 겸 단연회를 조직하였는데 토산 장려에 대하 여는 이후부터 새로 만드는 의복은 반드시 우리 토산품 이외에는 사용하지 않기와 만약 사 용자가 있으면 그 물품을 몰수하여 공공사업에 보충하기로 하였고, 단연은 이번 달 13일부 터 시작하고, 만일 담배를 먹는 자나 또는 가지고 있는 때는 과태금으로 임원은 5원, 회원은 1원씩 그 회에 냈다가 그 돈은 유익한 곳에 쓰기로 하였다더라.[88]

87_ 『동아일보』, 1923. 2. 5. 토산장려와 마산 기생의 동맹; 『동아일보』, 1923. 2.18. 군산기생도 단결, 토산장려와 단연; 동아일보』, 1923. 2.20. 단연과 토산애용, 전주기생도 맹약; 『동아일보』, 1923. 2.20. 평양기생 토산복 착 용; 『동아일보』, 1923. 3. 6. 기생의 물산장려, 동래의 물산장려; 『동아일보』, 1923. 3. 7. 기생도 토산시행, 순 천군에서; 『동아일보』, 1923. 4.23. 강계기생계의 토산장려.

88_ 『동아일보』, 1923. 2.18.

군산 각 단체의 물산선전, 수 천 명 군중이 시가를 두루두루 행∶…(중략)… 선전위원 열 사람은 일제히 토목으로 두루마기를 입고 조선 집석이를 신었는데, 더욱 가상한 것은 보성 예기普成藝妓, 한호예기漢湖藝妓 20여명은 명주 저고리, 백목치마 버선에 조선 미투리를 신고 수 백 명의 군중은 뒤를 이었다 (하략)….[89]

단연과 토산애용, 전주기생도 맹약∶전주권번 50여 명 중 일부분은 작년 가을부터 단연을 하는 동시에 비단 등을 도무지 사지 아니하고 조선 물산을 쓰기로 실행하여 오던바, 요사이 에 이것을 철저히 실행하자 하여 서약서를 받아 실행단체를 조직 중이라는데 이에 찬성하여 발기인 된 자가 10여명이요, 지금 취지서와 규칙서를 기초 중이라더라.[90]

토산 장려와 단연을 위해 적극적으로 나선 기생들은 신여성다운 입장을 추구하며 이를 활동으로 옮겼다. 신여성은 조선에서 근대성의 지표指標가 되었다. "신여성은 그 자체 근대적 사회변동의 산물일 뿐만 아니라, 1920~1930년대 제도와 문물의 변화를 둘러싼 논란의 중심에 있다. 결혼과 이혼, 성과 사랑, 개인과 집단, 자유와 평등, 외모 와 육체에 대한 감수성, 소비와 유행, 핵가족 이념과 현모양처, 위생과 과학 같은 주 제들이 신여성이라 일컬어지는 여성들을 매개로 하고 있다. 도시화와 대중매체의 등 장을 배경으로 중, 고등 교육의 초기세대이자 도시사무직 여성들의 등장에서 비롯된 공통점을 강조한다면, 조선의 신여성 현상은 근대성의 보편적 확산을 알리는 지표"[91] 가 될 수 있다.

이처럼 신여성으로 평가되었던 기생들의 모습은 전라북도에서 단연회斷煙會를 통해 나타난다. 군산 보성 예기치옥 기생 수십 명은 군산 세심관에 모여 토산장려 겸 단연 회를 조직한다. 기생들은 토산장려 겸 단연회를 구성하고 새로 만든 의복은 반드시 우리 토산품으로 사용하기로 결정하고서 우리 토산품이 아닌 다른 것을 사용하는 자

89_ 『동아일보』, 1923. 3. 4.
90_ 『동아일보』, 1923. 2. 20.
91_ 김수진, 「신여성담론 생산의 식민지적 구조와 신여성」, 『경제와 사회』(서울∶한국산업사회학회, 2006), 256쪽.

는 그 물품을 몰수하여 공공사업에 보충하기로 하였다. 단연은 1923년 2월 13일부터 시작하고 만일 담배를 먹는 사람이나 가진 사람에게 과태금을 임원은 5원, 회원 1원 씩 내게 했고, 그 돈은 유익한 곳에 쓰기로 정한다. 특히 군산기생들은 토산품 애용을 위한 조선물산장려운동에 적극인 입장을 표방하고 실천에 옮긴다. 보성예기와 한호예 기 20여 명은 순수한 한국식 의복을 입고 토산품 애용운동에 선두에 서며 수천 군중 과 함께 시가행진을 하는 등 기존과는 다른 활발하고 적극적인 양상을 실천하기도 하 였다. 전주기생 또한 단연에 적극적이었는데, 전주권번 소속 기생 50여 명도 군산기 생과 같이 단연과 토산품 애용에 적극적인 태도를 밝힌다. 기생들이 기존의 천민이 아닌 근대적 자주민임과 동시에 국가를 생각하는 자각성도 보여준다. 이밖에 비록 관 치적인 성격이 강하지만 기생들은 국방비 헌납과 시국 인식을 강조해 나갔다.

연주회 수입을 국방비國防費로 헌납獻納 : 군산에 있는 소화예기권번에서는 지난 23, 24 일 양일간에 걸쳐 시국봉사특별연주회를 개최하였는데, 양일간의 비용을 제외하고 263원 22전의 소득이 있었으므로 그의 전부를 국방비에 헌금하기로 한다고 한다.[92]

소화권번 기생에 시국 인식 강조 : 소화권번에서는 매월 3일 날을 집회일로 정하고 좌담회 를 열어 소질의 향상과 영업 개선을 토의하여 왔는데, 금월 3일에는 특별히 군산서, 안부 보안 주임의 출석으로 집회를 개최하여 금번 개정된 신 영업규약에 대한 설명 즉, 첫 번째로 금악시간禁樂時間의 준수.[93]

여성예술가로 성숙해 갔던 기생들에 대해 일제는 자국의 이익을 위해 기생들을 적 극적으로 활용하는 사례도 발생하였다. 군산의 소화권번 예기들은 시국봉사時局奉事 특 별연주회를 개최해 자체 비용을 제외하고 263원 22전의 금액 전부를 국방비에 헌금하

92_ 『동아일보』, 1938. 1. 19.
93_ 『동아일보』, 1938. 8. 6.

였는데, 이는 일본이 조선인 기생을 강제로 통제하고 일부 자신들의 후원금을 충당하기 위한 도구로 삼았다는 사실을 알려주는 사례라고 할 수 있다.

이어 기생들에게 강제적으로 시국을 인식시키는 통제적인 자리도 마련하였다. 군산 소화권번에서는 매월 3일을 집회일로 정하고 좌담회를 개최하였는데, 외형적으로 소질의 향상과 영업 개선을 목적으로 토의하였지만, 군산서 안보보안安保保安 주임의 출석으로 집회를 개최, 새로 개정된 신 영업규약 설명을 듣게 되었다. 이때 나온 영업규약은 금악시간禁樂時間의 준수와 귀금속품 사용의 자발적 폐지 등이며 시국에 관한 상식시험 문답도 있었던 것으로 밝혀졌다. 비록 일제의 강제적인 시국 인식의 자리였지만 화려한 귀금속을 사용하지 않겠다는 자정 의지도 동시에 보여준다.

이런 활동에서 기생 자신들이 주체가 되어 토산품 애용과 단연운동의 주도자가 되었다. 기생들은 토산애용과 단연이라는 집단 내부의 통제를 통해 권번 내의 질서와 기상을 바탕으로 대내외적으로 자신들의 견해를 투영해 냈다. 일제는 1914년 연초세령煙草稅令을 발포하여 제조 연초에 소비세를 부과, 징수하였다. "연초소비세는 최초의 간접세로서 1918년 소매정가의 25/100, 1920년에는 35/100으로 점차적으로 그 세율을 높여가면서 1918년 조세액의 8. 9%, 1920년에는 조세액의 18%를 차지하여, 지세 다음의 비중을 차지하였다."[94] 이렇듯 고율高率의 소비세에 대하여 조선인들의 항의가 거세어지자, 일제는 1921년 7월 연초전매제도煙草專賣制度를 시행하여 총독부 재정을 확보하려 하였다. 세원의 확보를 통해 식민지 재정을 확장시키려 하였던 일제는 재배와 판매이익이 많은 품목에 대하여 통감부 시기부터 전매제로 전환해 오던 중이었다. "연초매출액은 전매 수입총액의 80% 이상을 차지하게 되면서 전매수입금을 포함한 조선총독부의 조세수입은 많이 증가하였다."[95] 이러한 당시 사회적 분위기에서 기생들의 금연운동은 조선인의 건강을 지키려는 방안과 함께 일본의 전매제에 대한 항의로 풀이된다. 따라서 단연운동은 기독교인과 신여성을 중심으로 애국운동 차원에서

94_ 이영학, 「1910년대 일제의 연초정책과 조선인의 대응」, 『한국사연구』 65(서울 : 한국사학회, 1989), 132~155쪽.
95_ 이영학, 「담배의 사회사」, 『역사비평』 12(서울 : 역사비평사, 1991), 127~129쪽.

펼쳐졌던 점을 고려한다면 기생들의 단연운동은 기생들의 주체성을 보여주는 대목이다. 토산장려와 단연운동을 통해 기생들은 민족의식을 고취해 나갔다. 당시 전 민족이 추구하는 금연운동에 기생들도 참여함으로써 신여성상에 자신을 투여시키는 것과 동일한 효과가 있었음을 의미한다.

이 같은 사실은 역설적으로 기생들이 담배를 자주 피웠다는 것도 알 수 있다, 그리고 사회적 이슈에 동참함으로써 이미지 개선과 함께 그 이면에는 기생의 정체성 확립과 관련이 있다. 또한, 사람들에게 이목을 줄 수 있는 기생들의 참여는 사회운동을 훨씬 부드럽고 모두 참여 할 수 있다는 것을 암시한다. 일제강점기 단연운동은 농민들의 경제난 극복을 위한 대책[96]이란 주장과 기독교인들을 중심으로 한 절제운동[97]의 목적으로 전개되었다는 주장이 있다. 그렇지만, 권번을 중심으로 기생들도 단연운동의 한복판에서 서서 동참한 것은 기생들이 사회운동에도 매우 적극적인 점을 보여준다.

이처럼 기생들은 스스로 규약과 취지서를 작성하고 주체적인 세력으로 성장하였다. 따라서 이러한 권번 내의 규약과 취지서를 기초로 질서와 기강紀綱을 바로 세우게 되며, 의견도 모아내고 대외적으로 견해를 주창하기도 하였다. 그리고 이러한 태도 표명은 예술인에서 대외적 이미지를 한층 강화시키는 층위層位로까지 확산하게 되었다. 토산장려와 단연운동의 전개는 기생들의 자발성과 적극성이 두드러진 사례였다. 또한, 이러한 운동 속에는 당시 기생들이 가졌던 민족의식과 당면한 문제를 해결하고 사회의 발전에 이바지하고자 하는 의지가 교차한다고 할 수 있다.

따라서 기생들은 공연활동을 통해 토산품 애용을 강조하였고, 또 기생들 자신도 토산품을 애용하자는 결의를 하기도 하였다. 이렇듯 기생들은 산업 및 경제 장려 차원에서도 공연활동을 펼쳤으며, 스스로 토산품 애용과 단연운동을 통해 당대 사회인들이 가져야 하는 사회의식에 대한 모범을 보이기도 하였다. 이 같이 조합과 권번으로

96_ 노영택, 「일제하 농민의 경제운동연구 – 금주・단연운동의 목적을 중심으로」, 『변태섭 박사 화갑 기념사학논총』 (서울 : 삼양사, 1985), 10~21쪽.

97_ 윤은순, 『1920~1930년대 한국기독교 절제운동연구』(서울 : 숙명여대대학원 박사학위논문, 2008), 5쪽.

조직화된 기생들은 집단행동을 통해서 정체성을 수행하면서 사회인으로 정당한 편입을 주창하였다.

3) 형평사와의 갈등

기생들은 당시 사회적 지위가 있는 계층을 주요한 손님으로 접대했지만, 자신의 신분이 결코 천민이 아니라는 것을 역설하였다. 형평사衡平社와의 갈등이 이러한 사례를 가장 잘 뒷받침해준다. 형평사는 일제강점기 백정白丁들이 주도한 단체다. "형평운동은 1923년 진주에서 형평사가 조직되어 1935년 대동사大同社로 이름을 바꾸기까지 12년간 전개된 백정들의 신분 차별 철폐운동"[98]이다. 전라북도에서도 기생과 백정은 당시 최하위층으로 차별대우를 받았지만 서로 간에 갈등을 겪게 된다.

> 전주형평사원대분개, 기생 불러 안 온다고 : 전주형평사에서 지난 10일에 예기藝妓를 청구한 바 전주권번에서는 재래습관상在來習慣上 백정白丁이 청구하는 데에는 결코 불응하겠다는 것을 결의한 일이 있음으로 불응하였다는데 전주형평사에서는 더욱 분개한 마음을 이기지 못하여 그에 대책을 강구하고자 왼쪽에 적은 사항을 결의하였다더라. 결의사항 1. 금번 전주권번에서 본사원에 모욕侮辱을 가加함은 40만 대중을 무시함이니 적극적으로 항쟁할 것. 2. 인습적 사상으로 시대를 이해하지 못하는 행동을 취함에는 기생자체의 이면을 해부하는 동시에 인류로서 감행치 못할 인육상人肉上임에 적극 박멸撲滅할 것.[99]

> 용서치 않고 박멸을 계획, 형평사원담衡平社原談 : 전도를 물론하고 형평사운동은 연혁을 장구하지 못하나 각 사회단체에서도 승인하는 금일에 일개 기생으로 형평사의 전체를 무시함은 절대 용서치 못하는 동시에 대책을 강구하여 전주사회에서는 박멸키로 하되 만일의 경우

98_ 김재영, 『일제강점기 형평운동의 지역전개』(전남 : 전남대대학원 박사학위논문, 2007), 1쪽.

99_ 『동아일보』, 1927. 1.22.

에는 필사적으로 노력하겠습니다.[100]

상종相從이 많으면 내객來客이 없소, 예기측담藝妓側談, 년래도 형평사 운동을 하여 왔으나 일반적으로 승인치 아니하는 동시에 해該사원과 상종이 많으면 내객이 무無하는 동시에 기생의 영업상 막대한 손해가 불소不少함으로 부득이 사정이올시다.[101]

전주기생, 동맹휴업, 권번과 갈등 : 지난 5일 전북 전주권번 기생 박○○외 30명은 동맹휴업을 단행하였는데, 이제 그 내용을 들건대 ○○ 전주기생들이 지난번 전주 형평사원의 ○청을 불응한 연유로 권번과 무슨 갈등이 생겨서 그와 같이 동맹휴업을 단행한 듯하다는데, 그 중에는 형평사원의 ○청에는 불응하겠다는 조건도 있다더라.[102]

전주기생 대 형평사, 문제는 점차 확대, 형평사원 대회 개최 : 전주 형평사 대 권번 문제는 이미 알린 바이니, 문제는 점차 확대되어 형평사 경성본부에서는 이 문제를 해결하기 위하여 7일 무군산茂群山에서 전북형평사원대회를 개최하고 본本 회사원 이동○(李東○)군을 ○○하여 이번 사건을 대응케 할 작정이라더라.[103]

군산형평정총群山衡平定總 중요안건 결의 : 군산형평사에서는 지난 4일 오후 2시부터 ○○회관 내에서 제5회 정기총회를 개최케 된바 정각 전부터 남녀사원 2백 여 명의 출석과 기타 내빈경관 참석으로 당내, 당 외에 삼립열좌森立列坐하여 대만원을 이루었는데 정각이 되어 조명욱씨의 사회선언과 조경찬씨의 의미 절실한 개회사가 유한 후 임시집행부 선거에 입하여 구두단천으로 …(중략)… 토의사항은 가, 사업진행의 건 나, 부정사원 처리의 건 다, 임피사원 반동의 건 라, 형평여성운동의 건 마, 전주예기반동의 건 바, 송영섭의 건 사, 전

100_『동아일보』, 1927. 1. 22.
101_『동아일보』, 1927. 1. 22.
102_『동아일보』, 1927. 5. 8.
103_『매일신보』, 1927. 6. 7.

북대회 참석의 건 아, 일반사회 문제의 건 등이라더라.[104]

　　전주 형평사衡平社는 자신들의 행사에 기생들을 초청했지만, 전주권번이 예로부터 내려오는 습관習慣으로 인해 백정이 청구하는 데에 결코 응할 수 없다고 하여 전주 형평사로부터 집단 항의를 받게 된다. 이 사건 후에 기생과 형평사원들은 신문지상을 통해 각각의 입장을 발표하며 대립의 각을 세워 나갔다. 형평사측은 사회단체에서도 인정하는 형평사원을 일개 기생이 무시하였다는 처사는 곧 전체를 무시하는 행위이므로 필사적으로 대응할 것을 선언하였다. 이에 대해 기생들도 백정이 권번에 출입하면 손님이 없다는 이유를 들어 반박기사를 신문광고를 통해서 내보내고, 형평사와 갈등의 골을 더욱 높여갔다.

　　이후 전주권번 기생 30여 명이 전주 형평사원의 초청에 응하지 않았다는 이유로 인해 기생과 권번과의 갈등은 더욱 확대되면서 동맹휴업同盟休業을 단행하였다. 기생과 형평사와의 마찰은 전북지역에서 국한되지 않고 전국적으로 화제를 뿌리기도 하였다. 이 같은 기생과 형평사의 문제는 기생과 백정이란 이중구조의 갈등에서 벗어나 기생과 권번의 갈등으로 번지면서 이 문제를 해결하기 위해 형평사 경성본부가 나서는 등 사태는 걷잡을 수 없이 확산되었다. 1927년 6월 4일 군산 형평사분사에서는 전주의 이 사건을 기예반동사건技藝反動事件으로 취급, 이 건에 대한 결의를 단행하기도 하였다. 권번이 기생들에게 형평사에 참여할 것을 권유하였지만, 기생들은 이에 대해 대응하지 않는 등 자주적인 모습을 보여준다. 형평사와의 갈등은 단순히 형평사와 기생의 갈등을 넘어 권번과 기생의 반목으로 이어졌다.

　　이처럼 기생들의 입장은 확고하였다. 단순하게 기생과 백정이란 갈등의 구조였지만, 면천의 신분을 벗어난 기생들이 당시 최하위급 지위인 백정들과는 거리감을 두고 예술적 역량을 발휘한다는 것이다. 이러한 모습에서 기생들은 동시대에서 어느 정도 사회적 지위가 있는 계층을 주요한 손님으로 맞이하였다. 또한, 기생의 향유계층이

104_『동아일보』, 1927. 6. 7.

어느 정도 있는 계층이라고 논할 수 있으며, 여전히 금전金錢만 소유하고 있다고 해서 데리고 놀 수 있는 존재는 아니었다.

1922년 대구大邱의 백정 야유회 사건도 일어난다. 대구의 일부 백정들이 야유회에 기생들을 데리고 간 적이 있었는데, 이에 일반인들이 심하게 기생들을 비난하자, 기생 조합에서는 야유회에 간 기생들을 기적에서 제적除籍시킨 일이 발생하였다.[105] 이처럼 기생들은 사회적 모순에 직접적으로 대응하거나 집단적 권익을 확보하기 위해 자치활동 전개도 하였다. 그리고 당시 기생이 백정이란 하위층 보다는 신분 상승 욕구가 있었는데, 기생이 백정의 딸이라는 비하 발언 때문에 살인 미수 사건까지 발생한다.

> 기생이 칼부림, 백정 아니라고. 지난 7일 오후 2시 경에 군산부 개복동開幅洞 39번지 김동규
> 金東奎 집 앞에 첩첩히 군중이 모아서서 수군거리며 일대 소란이 있었는데 그 내용을 듣건대,
> 김동규는 동리 38번지 최모의 첩으로 있는 윤취향尹醉香(19)은 원래 기생으로써 최씨와 같이
> 살아오던 중 김동규가 취향을 백정의 딸이라고 하세를 하여 알은체를 아니 함으로 윤취향은
> 전면 부인하며 김동규에게 변명을 하였으나 그 말이 점점 전파됨에 윤취향은 분함을 참지
> 못하여 김동규에게 어찌하여 내가 백정년이냐고 다짐을 받고서 예리한 식도를 가지고서 만
> 일 백정인 것을 증명치 아니하면 이 칼로 찔러 죽인다고 하여 전기와 같이 많은 사람이 모였
> 든 것이라 한다.[106]

기생 윤취향은 김규로부터 백정의 딸이라고 하대下待를 받자, 살인미수까지 이르게 된다. 이와 같이 기생들은 형평사와 갈등에서 보여주듯 자신의 주체성을 확고하게 다지며 기능을 통한 사회 일원으로 당당하게 선언을 하고, 면천인 신분임에도 여전히 천대받는 상황을 극복하였던 노력의 발로를 적극적으로 실천해 나갔다.

기생들은 사회의 모순에 직, 간접적으로 대응하거나 집단적 권익을 확보하기 위하

105_ 『매일신보』, 1922. 5.11.
106_ 『동아일보』, 1936. 1.11.

여 조직적인 자치활동을 펼쳐 나갔다. 비록 일제강점기 기생들은 일제라는 권력의 욕망과 여성의 몸을 상품화하는 자본주의 의식에 지향한 사례가 형평사와의 갈등으로 볼 수 있다. 특히 형평사와의 갈등은 기생 자신들을 바라보는 사회의 저급한 인식을 극복하고 자신들에 대한 편견을 초극하기 위한 부분적인 행동을 견인한 것으로 풀이된다. 이러한 행동은 기생이 더 이상 천한 신분이 아닌 사회인임을 주장한 것이라고 할 수 있다.

그러나 만민평등萬民平等의 관점에서 기생의 태도는 전근대를 벗어나지 못한 한계를 표출하고 있지만 자신의 신분적, 예술적 근대성을 나타낸다고 할 수 있다. 따라서 면천 이후 기생들에 대한 여전한 저급화 인식을 이겨내기 위해 내부로부터 적극적인 움직임을 나타낸 것은 근대성의 자각이라고 할 수 있다.

4) 주체성 확립을 둘러싼 갈등과 도전

일반 군중과의 관계에서도 기생은 당당한 사회인이었다. 정읍 군수와의 갈등과 자신들을 멸시했던 행동에는 적극적으로 법정 소송을 제기하였으며, 사기 결혼에 대한 법적 대응, 조합비 감하운동과 권번의 주식회사로 전환, 예술이 아닌 직접 물품 지원 등을 통해서 기존과는 다른 양상의 사회인으로 활동하였다.

> 싸움을 가로막은 이취군수泥醉郡守의 실태失態 : 일반은 경찰에 전화를 건 군수의 실책을 크게 비난, 예기조합원의 참람僭濫 : 전북 정읍 군수는 지난 7월 29일 오후 12시 경에 당지 예기조합장과 군중 사이에 시비가 일어나 한참 말썽이 되었을 즈음에 하등 이유도 없이 이 싸움에 간섭을 하게 되어 또 다시 군중은 군수와 일시 충돌을 일으키는 등 경찰관까지 출두한 일이 있었다. 내용인즉 앞에 이야기한 날에 시내 장명리長明里 박남규朴南奎라는 청년이 예기조합 앞을 지나가면서 예기조합이 갑종 요리점이냐고 비웃는 말을 하자 이 말을 들은 동조합 간부 이창선李昌善이 듣고 분개하여 말을 전해 가지고 설왕설래가 되어 다투던 차 다시 동조합장은 앞에 이야기한 청년을 동 조합 내에 불러 놓고 창문을 잠그고 말았다. …(중

략)… 이때에 돌연히 취한 군수가 예기조합 사무실에 뛰어 들어가 자기의 신변이 위험하다고 거짓 전화를 경찰서에 걸어 급기야 다수 경관까지 출동케 되었던 것으로 한때는 매우 문제가 되었었다더라.[107]

  정읍 군수는 기생과 일반인들 싸움에 개입하였다가 구설수에 오르는 일도 벌어진다. 박남규朴南奎가 정읍예기조합 앞을 지나가면서 예기조합이 갑종 요리점이냐고 비웃는 말에 조합간부 이창선李昌善이 이를 듣고 분개해 다투던 중 군수가 개입하는 사태다.

  기생농락妓生籠絡하고 피소被訴한 전주부호全州富豪, 정조 유린당했다고 위적료慰籍料 청구소송請求訴訟: 일찍이 전주에서 일류기생으로 평판이 자자하던 김금연이라는 김근로는 전주 대화정 192번지 부호 박의풍이라는 청년을 상대로 원 변호사를 대리인으로 하고, 이천사백육십 원의 손해배상청구소송을 제기하였는데, 소송의 이유는 앞에 적은 금연은 13세 때에 기생 견습으로 들어가서 가무 음악을 연구하다가 15세에 경성 조선권번에 기적을 두고 그 후 몇 해 동안 경성 장안에서 이름을 날리게 되었다. 그 후 작년 가을 전에 남광주 대정정 53번지에 이적하게 되어 광주권번에 전적하려고 수속하기 위하여 고향인 전주에 와서 전주 남문 밖 남창여관南昌旅館 아래 머물고 있던 중 전주 일류 뚜장이 모 씨의 소개로 전주 부호 박 청년을 알게 되었다, 당시 박은 우리 두 사람이 부부가 되어 장래에 원만한 가정을 갖고 살면 어떠하냐라고 요구한 결과 원고 금연이도 여자로 벌써 나이가 25세나 되었으니 한 가정을 가짐이 좋을까 하는 생각으로 그 말에 응낙하고 전적하던 수속도 중지하고 박에게 주택 구입과 그 밖에 가산 준비의 정돈을 기다리고 지난 1월말까지 여관에서 머물고 있었다. 그러나 박의 태도는 도리어 시일이 갈수록 돌변하여 한 때 금연을 속여 농락함에 불과한 것이 분명하므로 이를 본 금연은 심히 의하여 박에게 그 참된 뜻을 질문하였는데, 과연 일시적 정욕에 빠져 그대를 속인 것을 고백하였음으로 원고는 작년 11월 6일부터 금년 1월 31일까

107_『중외일보』, 1928. 8.20.

지 86일간의 수입 결손액 860원과 원고를 속이고 정조를 뺏은 것에 대하여 위자료로 1600원을 함께 2460원을 지불하라고 한 것이다.[108]

자신들을 멸시했던 행동에 기생들은 분개하며 법정소송까지 제기하였다. 전주의 일류기생 김금연은 부호 박의풍을 상대로 원 변호사를 대리인으로 하고 2,460원이란 막대한 금액의 손해배상청구소송을 제기해 성공을 거둔다. 김금연은 전주권번에 기생 수습으로 들어가서 가무 음악을 연구하다가 15살에 기생의 면허를 얻어 조선권번에 기적을 두고 일류 예기로 명성을 날렸으며, 이후 광주권번으로 옮기기 위해 고향 전주를 찾았다. 그러나 당시 중매인이 부호 박의풍을 소개해 부부의 연緣을 맺으려고 했지만, 박의풍의 사기가 발각되면서 법정소송에 이른다. 이처럼 김금연은 자신의 권리를 찾는 데 적극적이었으며, 지금까지 알려진 것처럼 음지陰地의 인물이 아닌 당시 사회의 문화예술의 선구자로 자신의 삶에 적극적으로 개입, 신분 상승을 모색하며 당대 주류로 등장하기도 하였다. 이 사례들은 기생도 동등한 인간이며, 사상을 가졌고 세상에 대한 비판의식을 가지고 사회를 개혁하고자 하는 정열과 투지를 가진 존재임을 역설한 것이다. 또 기생의 인장印章을 위조해 사기 결혼을 추진한 사례에도 방관하지 않고 경찰에 고소하는 사례도 일어난다.

문서상 결혼. 유치장 신세, 기생의 인장위조印章僞造 : 결혼수속 하다가 발각. 짝사랑으로 침 흘리다 군산에 탕자蕩子 넌센스 1막. 기생에게 짝 사랑을 하여 이를 손에 넣으려고 기생과 기생의 친권자의 인장을 위조하여 결혼 수속을 하였다가 발각되어 기생집 아랫목이 아니라 유치장 마루바닥 신세를 지게 된 탕자의 넌센스 1막이 있다. 충남 보령군保寧郡 청라면靑羅面에 본적을 둔 김수현金壽鉉이라는 화류계에 명성이 있는 호색탕자는 군산화류계에서 손꼽아치는 부내 일출정日出町 이난향李蘭香이라는 기생에게 오래전부터 짝사랑을 가지고 쫓아다니다가 쌀쌀히 뿌리치는 이난향의 태도와 서리 같은 그의 어머니의 감독 하에 뜻을 이루지 못하였

108_ 『매일신보』, 1931. 3. 19.

으므로 이에 한 꾀를 내어 기생과 기생의 친권자의 인장을 위조하여 결혼수속을 하였다 한다. 이것을 알게 된 상대측에서는 군산경찰서에 고소를 제기하였으므로 동서에서는 이것이 변태 성욕자의 미친 행동인지 또는 돈푼이나 얻어먹으려는 음모인지를 방금 엄중취조 중이라고 한다.[109]

기생의 인장위조 사건은 기생에 기대고 산 남자들이 많았다는 점을 증명한다. 기생이 돈벌이가 좋았던 점을 생각한다면 기생들의 주변에는 이들을 이용해서 기생寄生하려던 남자들도 적지 않았던 것으로 보인다. 이처럼 자신을 멸시하는 행동에 적극적으로 대체해 나갔던 기생들은 자신들의 소속기관이었던 권번에서 자주적인 행동으로 자치주의를 선보이기도 하였다.

전주권번 기생 등 조합비감하운동, 3할은 많으니 2할로 하라고, 전주서가 중재 중 : 이미 보도한 바와 같이 전주기생 권번에서는 연래年來 조합 유지비용으로 인하여 ○년 여름에 기생 10여명이 타지 지방에까지 ○○○○하였으나 수익은 고사하고 도리어 손해를 보게 되어 천유문제에 대하여 권번의 기생 등에 지금껏 분규를 거듭하여 왔다. 최근에 ○○(千有○○)의 커다란 부채를 지고 무료히 돌아온 후 그 채무 반환 이르러 또 일대 분란이 일어났는데 이제 그 내막을 들은 바에 의하면 일반 기생들이 동 권번에 대하여 현재 조합 유지비용을 종전과 같이 2할로 낮추고 또 현재 조합 ○○○권번장의 권한을 견제하여 기생의 본위로 하여 달라는 요구인데, 이 소식을 들은 전주 서에서는 수 일 전에 그 권번장과 기생들을 불러 그 문제를 속히 원만히 해결하라고 중재한 일이 있었다.[110]

기생들은 조합비감하운동組合費減下運動을 통해서 자신의 견해를 분명하게 피력하였다. 전주권번에서는 조합 유지비용 때문에 기생 수십 명이 타 권번으로 이주했지만, 수익

109_ 『동아일보』, 1933. 9. 15.
110_ 『매일신보』, 1930. 3. 11.

은 고사固辭하고 오히려 손해를 보게 되어 부채負債를 안기도 하였다. 이에 따라 권번 내부에서 분란이 일어났는데 기생들은 권번에 현재 조합 유지비용을 종전從前과 같이 할인해 달라고 요구하는 한편 권번장의 권한을 견제하여 기생의 본위를 돌려달라고 전주서全州署에 요청까지 하였다. 3할의 조합 유지비를 종전 2할로 내려줄 것을 요구하였으며, 권번장의 권한을 견제해 자주적인 자신들의 신분보장을 주창하였다.

이러한 사례의 특징은 기생들이 더는 막강한 권력의 희생도구일 수 없는 현실을 반영함과 동시에 집단적인 목소리를 공공연하게 제기하였다는 점이다. 조합비감하운동은 착취의 대상, 그리고 모든 사회 병폐病弊의 진상으로 평가를 받았고 사회에서 소외되었던 기생이 자신들의 집단적인 모임을 통해서 자기 주체성과 권리 찾기를 시작한 사례로, 이전 시대에는 없었던 매우 특이한 일이다. 다시 말해 강한 생활력과 자율성을 지닌 기생들이 집단적인 힘과 동시에 권번 내에서 기생들이 막강한 영향력을 행사하며 주도권을 확보하였다. 조합비 징수는 바로 일본의 이중적 문화 지배전략을 보여주는 사례다. 기생의 각종 자선연주회를 통해 표면적으로 공공성이 강조됐으나, 그 이면에는 일본의 문화통제 전략이 깃들어 있음을 추론할 수 있다.

> 경영난의 전주권번, 주식회사로 개조 : 전주권번은 그간 개인 경영으로 다른 지방에 비하여 그 기초가 빈약한데다가 대한해를 당한 근자에 한층 경영난에 빠져 지방 발전에 영향이 없지 않을 것이라 하여 사계 유지자들이 의논 중이었는데, 이번에 경찰과 충분한 양해가 성립되어서 장병선張炳善 외 20명이 발기인이 되어 가지고 즉석에서 5만원의 주식회사를 창립하여 인수 경영하기로 하였다 한다, 그리하여 전광석화로 등기 수속까지 취하는 동시에 오는 20일 경부터 개업한다고 한다.[111]

전주권번은 경영난을 이유로 주식회사로의 개조改造에 나섰다. 전주권번은 그동안 개인 경영으로 말미암아 다른 지방보다 기초가 열악한데다가 대한해大旱害를 당해 경

111_ 『동아일보』, 1939. 9.22.

영난에 빠져 지방 발전에 영향이 있다고 판단하고 사계四季 유지자들과 의논을 하여 경찰의 충분한 양해를 얻기에 이른다. 또 장병선張柄善 외 20명이 발기인이 되어 즉석에서 5만 원의 주식회사를 창립하여 인수 경영하기로 하면서 등기절차까지 마쳤다. 하지만, 주식회사로의 전환에 대한 부정적인 시각도 나타난다. 예컨대 1932년 광주 예기조합이 경영난에 빠지자 풍류계에서 자금을 투자해 주식회사 광주권번을 만들었는데, 이에 예기들이 동맹파업 등으로 항거하면서 결국 주식회사를 해체하고 예기 등의 자영自營 권번을 확립하였다. 이밖에 기생들은 사회구호활동에도 적극적이었다. 앞에서도 살펴보았듯이 기생들은 자신의 예술 활동을 기초로 활용해 구호활동을 전개한 바 있다. 이 점은 기생들도 기·예능과 더불어 직접적인 구호활동을 통해 남을 도울 수 있다는 긍정적인 사고의식을 가지고 있었으며, 이를 실행에 옮겼던 행동을 보여준다.

전주권번동정 : 성경남, 추성흥, 신흥, 흥원, 풍유, 갑유 지방 일대에는 이번 수재로 인하여 수천 동포가 먹고 입을 것이 없다는 비참한 급보를 접한 전북 전주권번에서 수천 동포를 만분의 일이라도 구제하고자 동 권번 예기는 협의하였다는데, 백미白米 값으로 300원을 구제반에 보내기로 결정하고 준비위원 모든 사람은 바쁜 중에 있다더라.[112]

전주기생, 재민동정災民同情, 50여원 갹출醵出, 각 단체보다 솔선하여 : 전주권번 기생 일동은 남조선 수재민을 동정하여 각각 1원, 혹은 2원씩 돈을 모아 50여원을 전주 우정국으로 보냈다는데, 연주회 등속의 흥행 수입으로는 종래 미명에 그치고 실상 수입은 얼마가 되지 아니하였던 것임에 의하여 이번에는 노력 동정을 피하고 현금 동정을 하기로 한 것이라는데 일반은 전주에 여러 단체가 있음에도 불구하고 솔선하여 기특한 행동을 한 그들의 동정심을 찬양하여 마지아니한다 한다.[113]

112_ 『동아일보』, 1939. 9. 9.
113_ 『매일신보』, 1934. 9.14.

기생들은 각종 공연을 통해 수재민을 돕는 일에도 나섰다. 전주권번 소속 기생들은 수재水災 때문에 수천 동포가 먹고 입을 것이 없다는 비참한 급보急報를 받고 수천 동포를 구제하기 위해 권번 예기들이 협의를 통해 백미白米 값으로 3백 원을 구제반에 보내기로 하고 준비위원회까지 구성하였다. 이와 더불어 수재민을 위한 일에도 활발하게 동참하였는데, 전주권번 기생 일동은 남조선 수재민을 동정하여 각각 1원, 혹은 2원씩의 돈을 모아 50여 원을 전주 우정국郵政局에 보냈다. 기생들이 연주회 수입으로 수재민들을 도와왔지만, 이번에는 노력 동정을 피하고 현금 동정을 결정한 것은 적극적인 지원 사례다. 이처럼 당대 기생들은 자신의 기, 예능으로 또는 직접적인 현물現物로 타인을 돕는 역할에 동참하였다. 이리 기생들도 수재민을 위한 일에 적극적으로 나서기도 하였다.

일제강점기 권번은 관이 주도하는 각종 공식행사에 동원됨에 따라 관변적 성격을 드러내기 시작하였고, 공진회 및 관치官治 행사에 동원되었다. 그러나 여기서 펼쳤던 다양한 공연예술은 대중의 호기심을 이끌어내고 행사를 성공하게 시키는 역할로 이어졌는데, 그 주인공은 바로 기생들이었다. 일제강점기 전라북도 권번이나 기생들은 기생 조직의 체계, 운영방식, 레퍼토리, 예술계에서의 역할 등에서 전대 왕실 소속 관기와는 극명하게 구별된다. 관기가 왕실이나 관에 소속된 신분상의 한계로 말미암아 주로 왕실이나 관에서 주도하는 연회에 치중한 반면 자유로운 신분이 된 20세기 초 기생들은 자신들의 기예를 상업화하여 다양한 공연예술 활동을 통해 대중연예인으로 자리를 잡아갔다.

결국 면천으로 인해 자유로운 신분이 보장되었던 기생들은 권번이란 기관을 통해서 전통문화의 계승, 보존, 보급이란 구실을 하며 기존과는 다른 적극적인 활약상을 보여준다. 기생의 조직이 일제의 허가임에도 자신들의 기·예능을 통해 주식회사의 개조와 같은 당당한 목소리를 내었다는 점은 눈여겨볼 대목이다. 이는 기생들이 더 이상 천민이 아닌 예술가와 사회인의 한 사람이라는 자각을 하고 실천에 옮기고 있었음을 보여주고 있기 때문이다.

5) 예술인으로의 성 평등 자각

여성예술인으로 목소리를 내기 시작하면서 기생들은 또 한편으론 여성으로서의 지위향상을 적극적으로 모색하였다. 기생들은 불의不義에 항거하면서 남자 임원을 배척해 새로운 권번의 체제를 형성시켜 나갔다. 여기에 춘향사당 건립 등에 깊숙하게 개입하며 자신들이 조선의 열녀를 고스란히 전승하고 있으며 비록 일제의 강제적인 요소가 강하지만 각종 시국 활동을 통해 여성예술인임을 선언하기에 이른다.

> 남자 임원 배척排斥으로, 군산권번 분규, 종래 제도를 폐지 : 화조월석花朝月夕에 아양 많다고 하는 기생들로서 그들의 진영인 권번을 남자가 지배하는 것은 너무나 자기네들의 권리를 침해하는 경향이 많은 동시에 남자 된 자세로 채무만 깊어 가게 되는 임원을 보고 둘 수 없다 하여 군산소재 권번의 40여명의 기생들은 임의 한 건과 권번장 김명완과 총무 곽우영의 불신임안을 제출하고자 함에 이를 감지한 김명완은 자퇴하고 그들의 자치를 찬동하였으나 곽우영은 아니 쫓겨 나가려고 각 방면으로 운동을 하였으나, 그것이 더욱 가증하다 하여 지난 12, 13일 동 권번 총회를 열고 남자 임원은 전부 축출하는 동시에 종전의 권번장도 폐지하고 무두제로서 평의원회에서 권번을 조종하며 권번 대표 행사만의 임의장 한 명으로써 이에 충당하겠다고 근래 듣기 드문 당당한 결의를 한 바, 그 중 몇 기생은 감언이설로서 충동하여 결탁된 곽우영의 수인은 야비하게도 암암리에 기권운동을 개시하여 군산화류관은 양 파로 나누어져 매우 복잡하게 되었다고 한다.[114]

> 남자금제男子禁制의 군산소화권번, 남자 임원을 전부 배척하고 여자만으로 판을 짜 : 이미 보도한 군산소화권번은 여자만으로 자치하자는 파와 남자 임원 옹호파와 서로 자기주장을 세우려고 하다가 반복되는 동시에 전 총무 곽우영은 남자 옹호파와 결탁하여 분가는 자못 심하던 바, 돌연 곽우영 등 남자의 과거 행동을 보아서 옹호한 것이 잘못이며, 권번을 위하

<hr>

114_ 『매일신보』, 1931. 1.14.

여 일하자는 남자 옹호파의 자각으로 쌍방이 원만히 타협한 결과 순전히 여자 임원으로서만 권번을 조종하자 하여 지난 14일 임시 긴급총회를 열고 윤기순 여사를 취체로 삼고 박재효 여사로 부취체를 삼아 다음과 같이 임원을 선거한바, 이로써 그들의 진영인 권번은 바로잡히라 하며, 총무 자리에서 쫓겨난 곽우영 등은 야심을 달성하지 못하고 말았다 한다.[115]

1931년 1월 군산권번에서도 여성과 남성임원 사이에 갈등이 고조되었지만 마침내는 여성들이 권번의 체제體制를 바로잡는 일도 있었다. 기생 40여 명은 권번을 남자가 지배함에 따라 기생의 입장을 고려하지 않은 채 남성 입장에서만 권번을 운영하고 기생들을 관리한다는 것이 자신들의 권리를 침해한다고 주장하며 반기反旗를 든다. 특히 남자가 권번을 지배한 것에 원인이 되어 채무債務도 증가하고 있다며 권번장 김명완金明完과 총무 곽우영郭宇永에 대해 불신임안不信任案을 제출하였다. 그러나 남자임원을 배척한 사례를 미리 들고 김명완이 자퇴하고 곽우영이 각 방면으로 신임운동을 전개한다는 것을 알자, 기생들은 권번 총회를 열어 남자 임원의 축출, 권번장 폐지에 따른 무두제無頭制 실시하고 여자임원의 선출 등을 결의한다. 무두제란 권번장이 없이 권번을 운영하는 것으로 기생의 입장을 최대한 반영하기 위한 것으로 보인다. 그러나 임원축출과 무두제 실시는 기생들 간의 갈등으로 번지면서 일부 기생들도 내부 갈등에 따라 기권운동을 펴는 등 두 패로 갈라지면서 분열양상을 나타냈다. 이와 같은 군산소화권번의 분규는 기생들이 스스로의 권리를 제대로 찾기 위한 노력의 결과들로 특히 남자임원의 축출과 무두제 시행은 자신의 권익보호로 볼 수 있다. 권번 내부 임원진들의 부정한 사건을 본 기생들이 이들을 감독관청監督官廳에 고소하고, 자신들만의 자치조합을 준비할 정도로 내부에 조직화한 힘을 확보하고 있었음을 보여준다. 결국, 이러한 자치 형태의 행동들은 기생조합 내에 기생들의 권익을 위한 조직들이라고 할 수 있다.

더욱이 여자임원 선출은 주체권 확보란 점에서 의미가 각별하다. 기생들은 긴급총회를 개최하고 윤기순尹己順을 취체로 삼고, 박재효朴在孝를 부취체로 삼아 임원선거를 단

115_ 『매일신보』, 1931. 1. 6.

행하였다. 이는『조선은행회사조합요록』에 나오는 권번장 박재효가 이 당시에는 부취체로 활동하였다. 따라서 기생들은 더욱 조직적인 기반과 활동을 통해 자신들의 집단적 영향력을 확장시켰는데, 조합내부에서 조합원으로서 경영진과 분리되는 기생들의 목소리를 키우고 내적 연대감을 형성한다. 이러한 양상은 식민 권력이나 자본 권력에 구조적으로 예속隷屬되어 있었던 기생조합과 권번 내 기생의 새로운 면모를 보여준다고 할 수 있다. 이 또한 남녀의 대결 구도를 만들어서 여성 자신에게 권위를 부여하고 세력화하면서 근대성을 확보해나가는 모습이었다. 이처럼 기생들은 권번 간부와는 분리하여 자신들의 자치제로서 권번 조직을 활용하기도 했는데, 때로는 성별에 근거한 단결을 주도하면서 권번 내에서 기생들의 목소리를 확대하기도 하였다. 이는 자신들의 삶을 적극적으로 해석하고 구성해 나가려 하였던 것이다.

6) 민족의식과 애국운동의 실천

당대 기생들은 사회적 최하위층이란 평가에도 각종 사회활동을 통해 사회인의 한 사람으로 당당한 모습을 보여주었다. 여기에 민족혼의 발로로 인해 국외교포를 위한 의연금답지와 독립만세 운동의 적극적인 참여는 기생이 동시대에 최고의 민족의식을 갖고 행동으로 옮긴 사례라 할 수 있다.

재만동포在滿同胞 옹호의연답지擁護義捐還至 : 군산에서는 재만동포 옹호 단체가 조직된 후 동포방 인사에게서는 동포를 위한 후원금을 서로 다투어가며 보내었다는데, 이번에도 군산권번에서도 후원금이 와서 경성으로 보내었으며, 성명은 왼편과 같다더라. 김산호주(金珊瑚珠), 최금○(崔錦○).[116]

전주소요의 후보後報 일시 맹렬 하였으나 즉시 진정되어 : 금번 각 지방의 소요돌발 이후로

116_ 『중외일보』, 1928. 2. 6.

전주에도 ○○○○ 있다하여 여러 날 ○○○하던 중거㎰ 13일 오후 1시경에 돌연히 ○○○ 공립보통학교와 밑 신흥 기전 여학교 생도 2백 여 명과 다반다수의 민중이 단체를 지어 각기 손에 태극기를 들고 대한국독립 만세를 높이 부르며 시위 소동을 시작하여 시장을 만세를 높이 부르며 시위 소동을 시작하여 …(중략)… 전주시가는 삽시에 일대 ○○○○○하야 동일 오후 3시경 두 차례에 소요가 재차 폭발되어 이에 일동 부화하는 군중이 점차 증가하여 극히 한 복잡하였고 또 이참에 기생조선인 예기조합의 기생들이 이 시위운동에 역시 다수가 참가하니 군중은 더욱 수가 성한 기세로 한국독립만세를 크게 부르고 조수와 같되 각기로 떠밀려 다니며 시위운동을 계속하여 일시는 험한 경비가 있었으나 이때 헌병이하 다수의 경관과 밑 소방대원의 엄한 진압함에 인하여 군중은 필경 일모경에 이르니 점차 해산하였는데, 이번 3회의 소요에 검거된 자가 합계 44중에 기전여학교생도 13명과 기생 4명이 체포된바 기생은 곧 방환되고 (하략)…[117]

만주滿洲에 있는 동포를 위하여 돈·땅·의복 등을 모으고 있다는 소식을 접한 군산소화권번 기생들도 자진해서 의연금을 모집하였으며, 김산호주金珊瑚珠란 기생은 고무신 백 켤레를 비롯하여 수백 원에 달하는 의연금을 전달하였다.[118] 1930년대 초반은 "조선 농민 일부와 공산주의자들이 중국과 연대해 만주지역에서 일제에 무장투쟁을 이어냈던 시기다."[119] 따라서 군산기생들의 만주의연금 전달은 표면적으로 만주동포를 위한 취지였지만 일종의 항일운동 자금 지원을 위한 행동이라고도 이해할 수도 있다.

이와 더불어 기생들의 사회운동 중에서 만세운동의 참여는 기생들이 비록 사회적으로 좋은 대접을 받지는 못했으나, 기생들도 조선의 백성임을 주창한 것이다. 전라북도에서는 전주 기생들이 만세운동에 적극적으로 가담해 독립운동을 일반인, 학생들과

117_ 『매일신보』, 1919. 3.17.
118_ 『중외일보』, 1928. 2. 6.
119_ 이재옥, 「1930년대 기생의 음악활동 고찰, −1930년대를 중심으로」(서울 : 한국예술종합학교 전문사학위논문, 2004), 15~60쪽.

함께 실천하였다. 특히 기생 4명이 체포되었지만, 곧 풀려나게 되었는데, 이 자료 역시 권번에서 시류에 관계없이 살줄 알았던 기생이 민족적으로 일어난 만세운동에 적극적으로 참여하였다는 사실을 입증해준다. 3·1 독립운동은 일제의 탄압에 대항한 전 민족적 운동이었고, 비록 처지가 기생이었지만 신문화를 먼저 접하고, 학생이나 지식인들과 교류했던 기생들은 독립운동의 의미를 알 수 있었을 것이다.

일제강점기 신여성들이 참된 신여성이 되는 길은 바로 새로운 사상과 투철한 현실인식을 가지고 좀 더 큰 집단에 헌신獻身하는 것이었다. 결국 3·1 독립운동으로 기생들은 역사적 사명을 자각하고 근대국가 수립을 희망하는 당시 조선 사회에 여성의 힘을 확인시키는 계기가 되기도 하였다.[120]

기생들은 이처럼 부당한 대우에는 법정소송을 제기하며 조합 구성원으로 경제적 부당함을 극복하기 위하여 집단적 목소리를 내기도 하였으며, 또 한편으로는 주식회사 전환을 통해 자신들의 주권을 행사하였다. 이와 함께 기생들은 춘향의 정절을 이어내는 행동으로 예인을 선언하는 한편, 3·1 만세운동 등을 통해서 대사회 인식과 정치적 행위들도 보여주었다. 이러한 각종 주권운동은 민족주의적 사회운동에 적극적으로 동참함으로써 자신을 민족의 일원으로 평가받고자 하였다.

기생들은 다채로운 사회활동을 통해 대외 이미지 개선을 지속적으로 추진해 나감과 동시에 지배력에 온전히 통제되지 않으려는 대항의식을 펼쳐 나갔다. 따라서 당시 권번소속 기생들은 더욱 조직적인 기반과 활동을 통해 자신들의 집단적 영향력을 확장시켜나갔는데 조합 내부에서 조합원으로서 경영진과 분리되는 기생들의 목소리를 키우고 내적 연대감을 형성하며, 조합 외적으로 요릿집이나 당시 사회의 관습적 시선이나 공적 담론과 직접적으로 대응하는 등 적극적인 자기의 주장을 펼쳤다. 다시 말해 기생들은 사회 참여를 통해서 기생도 동등한 인간이며, 올바른 가치관을 가졌을 뿐 아니라 세상에 대한 비판의식을 갖고 새로운 사회를 꿈꾸는 존재임을 역설하였다. 이 밖에 전주기생들은 민족혼의 발로로 3·1 독립운동에도 적극적으로 참여하였다. 이

120_ 전은정, 「일제하 '신여성' 담론에 관한 분석」(서울 : 서강대학교대학원 석사학위논문, 1999), 32쪽.

처럼 기생들은 민족의식을 발산하고 사회의 당면한 문제를 해결하면서 사회발전에 적극적으로 동참하였다. 이는 예술인으로의 의지반영과 정체성을 확보한 사회인을 확인한 것이다.

일제강점기 사회는 근대의 특성과 식민지 특성이 상호 갈등하면서 중첩되는 양상을 띠었다. 이는 이분법적인 갈래가 아니라 상호 보완하는 관계이면서 전통적인 제도와 관습들이 새로운 문화와 충돌하는 시기이기도 하였다. 이러한 사회, 문화적 변화양상은 여성의 공간을 재조직하고 여성의 세계를 사회의 영역으로 확장시키는 계기가 되었다. 식민지 근대 사회의 여성들이 이전의 역사 어느 때보다도 적극적이고 주체적인 사회활동을 펼치면서 다양한 모습으로 나타났던 역사적 사실이 기생의 활동에서 확연해 진다고 할 수 있다.

3. 소결

유교적인 도덕관념 속에서 기생에 대한 사회적 인식은 부정적이었다. 이런 상황 속에서 기생들은 예술가로 등장하면서 당대 전통문화와 대중문화를 선도하였다. 근대적인 산업이 발달하면서 신문 방송이 등장하고, 이러한 대중매체를 통해 예술인으로 부각하면서 활발한 활동을 실천하기에 이른다. 조선시대 유교적인 가족제도 속에서 보통의 여성들은 가부장제로 말미암아 여성이라는 이유로 남성과 비교하면 차별적인 구속과 억압을 받았다. 그러한 여성들과는 달리 기생들은 화류계에 속해 있으면서 외부로부터 유입된 근대문물을 빠르게 습득할 수 있었다. 유행의 첨단을 걸었고, 남성들과의 자유로운 만남을 통해 자유연애의 선봉에 섰다. 시대의 전환기에 이들은 오히려 전통문화를 앞세워서 예술전위대(아방가르드)로 부상하였다.

전라북도 기생들은 자신들의 본연 업무로 평가되었던 악·가·무 등의 예술 활동에서 다양함을 보여주었다. 예술 활동에서 전라북도 예기조합, 퇴기조합, 권번 소속 기생들은 국내, 외 공연과 경연대회 참가, 라디오방송 출연, 서화 활동, 중앙으로 진출 등을 통해 예술인으로 확고한 입지를 접하게 되었다. 또 기생들은 공진회에 참가하고 외지 공연을 통해 자신의 위상을 다지고 예술성을 높여나갔다. 특히 기생들은 서양음악의 이입으로 위기를 맞았던 전통음악을 위해 고악기 연주회를 펼쳐나가면서 전통음악을 부활하는데 적극적인 입장을 견지하고 중앙무대에도 진출해 권번의 홍보에도 능동적이었으며 소리와 춤, 기악은 물론 신극과 구극 등 레퍼토리의 확장을 통해 자신들이 예술가임을 과시하였다.

당시 기생들의 공연 레퍼토리는 전통 가무와 구연극, 그리고 신예술까지 포함하였다. 이는 전통음악을 서구식 극장형식에 맞는 새로운 음악으로의 개량 차원에서 한걸음 나아가려는 흔적을 엿볼 수도 있었으며, 다양한 장르의 확보에도 노력하였다. 다시 말해 기생들이 음반 취입은 물론 라디오방송에 출연과 중앙무대 진출, 그리고 레퍼토리의 다양화를 통해 새로운 형태의 예인으로 거듭날 뿐 아니라 대중의 취향을 충족시키는 근대적 예술가로 발돋움하면서 자신의 입지를 더욱 탄탄하게 하고, 존재감을 탈바꿈시키면서 대중 문화산업이 요구하는 자질들을 공급하는 매개체 역할을 수행하게 되었다.

그리고 일제 순회공연을 통해 자신의 기량을 발휘하며 행려병자를 위한 구조소 설립 음악회, 기아구제 음악회, 재민 구제 연주회, 기근구제 연주회, 수해이재민구조연예대회를 적극적으로 주최하면서 자신들의 예술성을 통해 사회에 이바지하기도 하였다. 기생들은 학습과 생계를 보장해주었던 권번을 바탕으로 예술 활동을 전개하면서 대중적 명성과 수익의 확보를 통해 기생의 대사회적 위치를 더욱 강화시켜 나갔다.

일제강점기 기생들은 대중매체였던 이리방송국에 출연해 자신들의 기량을 발표함으로써 전통문화 보급의 한 축을 담당하였다. 기생들은 특정인만을 상대한 이전시대와 달리 대중들에게 예술을 전파하면서 예술가로의 입지를 확고하게 다지게 된 것이다. 이는 기생들이 방송이란 전파를 타고 음악의 수용층 확대에 결정적인 영향을 미친 결과였으며, 대중 스타로 올라서는 발판이 되었다. 이러한 기량 위에 기생들은 경향 간의 교류를 통해 자신의 예술적 역량을 더욱 높여 나갔다.

결국, 기생들이 공연연행예술의 담당 주체였을 뿐만 아니라 새로 출현한 구연극 등에서는 여자 등장인물을 맡았고, 새로운 극형태의 공연에서는 여배우로 활동하기에 이른다. 또 음악성이 뛰어난 기생들은 방송활동과 음반 녹음활동을 통해 대중성을 얻게 됨으로써 경제적으로는 부를 축적하기도 하였다. 이렇듯 기생들은 전통예능 담당자로서 근대 공연예술 분야에서 전방위적으로 활동하였다.

다양한 예술 활동과 더불어 기생들은 사회활동에서도 활발하였다. 이들은 춘향제를 통해서 여성지위 향상을 널리 알리기도 하였다. 비록 가정비관, 부모의 학대, 신분에 대한 애환, 타향살이에 대한 고달픔으로 인해 자살기도가 빈번하였지만, 권번을 남자들만이 지배한다는 판단 아래 권번의 남성임원들과 갈등을 일으키면서 권번의 체제를 바꿔나갔다. 그리고 형평사와 갈등을 통해 자신들의 주장을 관철貫徹해 나가는 한편, 예기조합을 비하하는 행동에는 적극적인 대처를 하였으며 자신들을 멸시하였던 행위에는 법적 대응도 불사하는 등 당당한 주권행사를 펼치기도 하였다. 또한, 기생들은 당시 조합비 감하운동을 통해 자신들의 경제 수입 감소에 따른 의지를 조직적인 자치활동으로 강화하였다. 이러한 활동은 일제강점기라는 특수상황 속에서 기생이 권력의 욕망과 여성의 몸을 상품화하는 자본주의 의식에 저항한 것이다. 이러한 저항의식은 예술인으로서 지위향상을 모색했고 전문예술인으로서의 활동 범위를 확대, 대중들에게 다가갔다.

이처럼 사회활동으로 말미암아 기생의 역할은 한층 강화되었다. 그리고 사회활동으로는 토산품 애용과 단연운동을 전개하며 외국동포를 위한 구제활동에도 적극적인 운동을 이어나갔다. 이는 면천으로 인해 기생들도 당당한 사회인의 일원임을 확인하며 자신들의 기·예능을 통해 타인을 도울 수 있다는 긍정적 사고로의 전환이었다. 특히 사회적 차별에 반발하고 사회적 지위를 획득하고자 하는 노력과 3·1 독립운동 등 정치, 사회활동을 통해서 이미지를 개선시켜 나갔다. 기생들은 주체적이며 자발적으로 전통예술을 보존하면서 새로운 예술창작에 이바지하였고, 적극적인 현실 참여로 사회적 입지를 향상시켰다. 이 같은 기생들의 사회활동은 과거 연행주체에서는 찾아볼 수 없었던 측면이며 당대 기생들의 진보성과 근대성을 보여준다고 할 수 있다.

일제강점기 전라북도의 기생들도 단발과 최첨단 패션 등으로 이전 기생과의 외형적인 변별력을 보여주었다. 특히 단발은 전통적 관습과 인습에 대한 저항이었으며, 여성이 하나의 주체적 개인으로서 새로운 패러다임을 열어가는 도구였다. 이 시기의 기생은 특수 직업여성으로 분류되었지만, 유행의 첨단에 서 있었으며, 근대 공연예술을 적극적으로 구현하였다. 그런 점에서 기생은 전통예술의 진정한 주체로서 시대변화를 겪으면서 자신의 소임을 다하였다고 평가할 수 있다.

전통예술의 계승자로 평가할 수 있는 기생들도 내부적으로 보면 많은 갈등과 고민을 안고 있었다. 그 가운데에서도 가장 예민한 것은 신분제 사회의 유산인 신분적 차별이다. 기생들은 면천되었으나 다시 저급화로 연결돼 부정적으로 보려는 시각이 지배적이었다. 따라서 이 시기의 전라북도 권번과 이에 소속된 기생들의 다양한 활동은 근대성의 구현이라는 차원에서 새롭게 접근되어야 한다. 특히 전통예술의 계승자로, 전통예술을 개량하고 변용한 인물, 그리고 새로운 창작품을 만들어낸 주인공과 무엇보다도 전통예술의 근대성에서 잣대가 되는 서구식 극장 무대에 오른 점 등은 선구적인 예술인으로 지칭하여도 마땅하다. 근대화를 통한 전통 보존과 서구 지향적인 양면 兩面을 나타내고 있어 식민지 근대성을 보여주었다.

기생의 일제강점기 예술 활동과 사회활동은 이전 시대에 볼 수 없었던 기생들의 자아의식의 실현이었다. 기생들은 당대 사회 변화에 능동적으로 대처하면서 예술가로 본격적인 활동을 실천해 나갔다. 사회적으로 예술을 통해 직업과 부를 창출하였고, 사회운동을 통해 비천한 직업군이 아닌 예술가로의 선언이었다. 억압적 사회 전통으로부터 벗어나고자 하는 의식과 인권 개념의 발전으로 기생들은 근대성을 확보하고 있었다.

결국 기생은 이전과 다른 새로운 공간에서 당시의 신여성의 분류에 포함되면서 전통적인 요소를 완전히 배제하는 것보다 그 바탕 위에 새로운 요소의 근대성을 대치하게 하는 큰 역할이자 모델이었다.

결론

결론

　20세기 초반 음악과 춤 등 전통예술계는 격변의 상황에 부닥쳤다. 외적으로는 서양
문물의 도입과 일제의 강점이 시작되면서 조선 후기까지 관 주도로 이루어졌던 여악
제도가 무너지고, 내적으로는 신분제도의 변화 등으로 전통예술계도 지각변동이 일어
났다. 조선시대까지 기생들은 국가통치 권력의 제도 운영에 따라 여악을 전승시키는
주체였다. 그런데 사회체제의 변화 속에서 이러한 교방제도의 틀이 무너지고 기생들
은 신분상 면천되었다. 조선시대를 통하여 특이한 존재로 인식되고 있었던 기생들의
생활 자체에 큰 변화가 나타나게 되었다. 즉, 전근대 신분제도에서 벗어났던 기생은
일제강점에 따른 기생정책의 변화와 식민지권력과 자본주의 사회 속에서 새로운 환경
을 맞이하게 된 것이다.

　이 논문의 목적은 일제강점기 전라북도의 권번의 운영과 기생의 활동을 통해서 식
민지 근대성을 살피는데 있었다. 따라서 연구자는 먼저 일제강점기라는 시대적 상황
이 일제에 의한 식민통치기 이었을 뿐만 아니라 근대를 향한 일상적인 변화가 시작되
었던 시기였음을 주목하고 이러한 구조가 권번과 기생에 어떻게 투영되었는가를 분석
하였다. 이와 같은 분석은 식민시대에 일본과 서양문화의 유입으로 전통문화가 약체
화된 측면이 있지만 거센 변화 속에서도 전통음악계 스스로 근대화하려는 욕망이 강
하게 내면화되고 있었음을 강조하기 위한 것이다.

　본고에서 고찰한 논지를 종합하여 정리하면 다음과 같다.

첫째, 관기에서 근대적 기생으로의 변화를 고찰하였다. 권번의 전신격인 조선후기 전국 8도의 읍지에 나타난 교방을 파악한 결과, 가장 많이 분포한 곳은 평안도였으며, 그 다음으로 함경도·전라도·경상도·충청도·강원도 등의 순이었다. 교방에 있었던 기생들을 보면 감영이 설치, 운영되었던 평양·해주·원주·대구·공주·전주 등에 집중적으로 존재하였다. 이는 당시 교방이 감영을 중심으로 한 행정중심지에 많이 설치, 운영되었다는 것을 의미한다. 전라도에서는 전주부를 비롯하여 순창군·무주부·광주목·순천 좌수영·제주목에 교방이 설립되었는데, 조선후기 행정단위인 부·목·군·현으로 살펴 본 결과, 전주부와 순천부, 무주부 등에는 많은 기생들이 있었다.

조선 후기까지 전라북도에 존재하였던 교방은 전주·무주·순창이었다. 그리고 『호남읍지』에 교방 설치 여부는 확실하지 않지만, 남원지역에 기생이 거주하고 있었다. 교방과 기생이 거주했던 지역에서 일제강점기에 들어서 권번으로 이어진 지역은 전주와 남원이었고, 무주와 순창은 권번으로 전승되지 못하였다. 반면 군산·정읍·이리·부안 등에 조합과 권번이 각각 설립되었다. 그러나 이처럼 설치, 운영되었던 무주와 순창이 권번으로 전승하지 못한 이유는 상권의 미약과 교통발달의 부진에 따라서 기·예능의 수요와 공급이 맞지 않기 때문으로 보인다. 이와 반대로 일제 수탈의 현장으로 급부상한 신흥도시였던 군산과 전라선의 중심역인 익산, 그리고 은행 설립 등이 수반된 경제형 도시였던 정읍 등, 이른바 상업중심지로 탈바꿈한 지역에 새로운 예기조합과 권번이 설립되었다. 이는 당시 기생들의 활동 및 의식 등에 변화가 지역을 중심으로 일어나고 있음을 시사하고 있다.

둘째, 일제 통치수단의 하나로 받아들인 자본주의에 의한 권번조직의 변화와 특성을 살폈다. 조선시대 교방 소속 기생은 교방제도가 무너지면서 신분상에 있어 면천이 되었다. 1907년 여악제도가 폐지되고, 이후 기생조합이 등장하였으며, 1915년경부터 기생조합은 권번이란 이름으로 바뀌게 된다. 전라북도 또한 1915년부터 전주와 군산·남원·정읍·부안에 조합과 권번의 명칭이 혼용으로 사용되며 설치, 운영되었다.

기생조합의 등장은 정해진 절차와 조직을 바탕으로 기생이 양성화되었다는 사실을 의미한다. 일제 통치수단의 하나로 받아들인 자본주의에 의해 권번은 문화계에 있어 주식회사의 효시가 되었고, 기생조합과 권번이 양성화됨에 따라 이곳을 중심으로 공연과 교육이 기획될 수 있었다. 특히 기생조합 연주회가 성행되었다는 점은 기생들이 일부 공연공간들과 계약을 맺고서 공연을 하고 흥행을 주도하였다는 의미에서 근대적 연예산업의 맹아를 찾아볼 수 있다. 이처럼 기생들의 연예산업의 참여는 이전시대의 상하구분에서 연희되었던 양상과 달리 불특정 다수를 향해 예술성을 전개함으로써 새롭게 출연하고 있던 근대성의 구조를 형성할 수 있었다.

셋째, 기생조합, 권번과 같은 새로운 조직에서의 기생활동을 살펴보았다. 기생조합과 권번을 통하여 각종 연예산업에 참여한 기생들은 근대적인 이윤추구 및 자신의 권리 주장을 요구하며 가무歌舞를 공급하는 예술인 집단이자 사회인으로 살아가기 위한 노력을 전개해 나갔다. 그러나 기생은 당시 전통음악의 최대 생산자이기도 하였지만 신분적 제약과 저급 인식을 극복하지 못한 채 사회로부터 부당한 대우를 받기도 하고, 모욕과 구속을 당하기도 하였다. 그렇지만 일제강점기 기생들은 적어도 식민지라는 암울한 상황에서도 전통예악을 지키고 새로운 문화 흐름에 동참하며 예술인으로서의 주체적인 자아를 형성해나가고 있었다.

일제강점기에 전통예술뿐만 아니라, 서양과 일본문화의 유입에 따른 다양한 문화영향에서 기생들은 문화계의 중심부에 서서 활동하였다. 이 시기에 설립된 각종 공교육기관은 서양과 일본 중심의 예술교육에 치중하는 한편, 재래의 전통예술 전승과 교육에는 무관심하였다. 이러한 시대적 상황 속에서 권번은 수많은 명인·명창·명무들의 활동공간으로 자리 잡아왔고, 권번 기생들은 권번이란 교육기관에서 예술적 기량을 연마하고 전개하였으며, 학습과 생계를 실질적으로 보장받으면서 대중적 명성과 수익을 확보하였다. 따라서 기생조합과 권번은 기생들의 종합예술교육기관으로 다채로운 활동의 중심부에 있었으며, 기생들의 대사회적 위치를 제고시킨 기관이었다.

기생들은 이전 시대에 국가의 재정적 지원으로 활동하였다면 일제강점기에는 기생 스스로 자신의 생계를 책임지고 해결하기 위해 공연활동을 펼쳤다는 점에서 근대성의 한 표상으로 보인다. 예컨대, 일제강점기의 기생조합과 권번은 전통 예기 전승의 유일한 돌파구와 같은 기관이었다. 기생들은 권번에서 경제력에 크게 구애받지 않고 가무를 익히는 자연스러운 분위기 속에서 예인으로서의 자질을 검증받을 수 있었고, 아울러 크게 활약할 수 있는 환경을 또한 보장받았다. 그리고 사회적 냉대와 외래문화로부터의 공격 속에서 전통문화가 사멸의 위기를 처하였을 때, 기생이라는 특수 사회 계층은 누구도 돌보지 않은 전통예술의 명맥을 유지하는데 큰 공을 세웠다. 비록 이들은 사회적으로 천대를 받았지만, 종합연예인으로서의 가치와 위상을 지녔던 집단이었고, 전통문화를 전수받아 사회와 함께 향유하고 나아가 이를 계승 발전시켜 나갈 수 있는 공식적인 통로이기도 하였다. 기생들은 이 시기를 시작으로 기생으로서 직업 의식과 지위 및 명예를 획득할 수 있어, 전통예술계에 직·간접적으로 참여하며 근대적인 예술가로 성장하였다.

넷째, 권번교육의 특징을 살펴본 결과, 전라북도 권번들의 교육과정은 악·가·무에서 대동소이하였지만, 권번별로 다음과 같은 특징이 있었다. 먼저 전주권번은 악·가·무가 교육되었고, 각종 공연과 행사에서 이들 종목을 시연하였다. 서화와 예절교육을 통하여 기생들은 전인교육을 도모하였으며, 구연극 등도 무대에 올려 높은 예술적 수준을 보여주었다. 이는 기생들에 의해 전개된 예술의 근대성 의미가 더욱 확장될 수 있다고 본다. 따라서 전주권번은 전통예술 계승의 주체성을 강조한 곳이었다. 남원권번은 다른 권번과 비교적 유사하였지만 예절교육과 묵화 등을 교육하였고 춘향제와 같은 주체성이 강한 행사와 민족의식 고취의 발로로 일본어 교육을 받지 않은 것으로 밝혀졌다. 이는 의례 주제 집단으로 남원권번이 활약한 것을 입증한다. 군산 소화권번 역시 악·가·무와 더불어 예의범절과 일본어, 일본노래와 같은 시대성을 반영한 분야, 그리고 구극, 신극 등이 교육되었고, 이를 무대에 올려 발표하였다. 일본과 관련된 교육은 당시 군산지역에 일본인들이 대거 거주함에 따라 일본인 수요층을 위한 것으로 추측된다. 권번과 기생들이 경제도시에서 문화예술을 주도한 것이다.

정읍권번은 재담이 교육과정에 포함되어 있어 시대적으로 손님을 웃고 울리는 연예인으로서의 면모가 요구되는 시대적 상황을 전개해 나갔으며, 춤 분야에서 강한 면모를 보여준다. 정자선과 같은 유명 선생이 전통춤 교육을 담당하였기 때문이다. 이처럼 전라북도의 권번은 이전 시대의 일정한 틀에서 전통예악을 전승하고 전개한 것과 달리 자본주의 사회에서 예술의 수요를 요구하는 행정중심도시와 근대도시에 자리를 잡으며 근대적인 예술의 공급처와 인물로 발전해 나감으로써 시대정신, 즉 근대적 양식을 표출하였다. 이처럼 기생들은 당대의 전통예악을 전승하고 대중문화가 필요로 하는 새로운 엔터테이너로 전이되는 과정을 전개하기에 이른다.

권번은 예술양상에 있어서도 민속 음악과 춤이 강한 양상이었다. 이 같은 이유는 장악원이나 아악부 출신의 학습선생들이 부족하였기 때문에, 자연히 지역에서 연희가 되었던 음악과 춤에 더욱 치중하고 발달하였던 것으로 여겨진다. 이처럼 전라북도에 존재하였던 기생조합과 권번은 기생들의 전통예능을 전문적으로 교습하였다는 차원, 그리고 운영방식과 교육내용에는 일반학교의 운영시스템을 일부 도입하고 있다는 점에서 이 시기 전통예술의 제도화 과정에서 근대적 교육시스템을 갖추게 되었다.

다섯째, 기생의 활동에 나타난 근대성에 대해 살펴보았다. 전라북도 기생들은 자신들의 본연 업무로 평가되었던 악·가·무 등의 예술에서 다양한 활동을 전개하였다. 당대 기생들은 국내, 외 공연과 경연대회 참가, 라디오방송 출연, 서화 활동, 중앙 및 다른 지역으로 진출 등을 통해 예술인으로 확고한 입지를 다지게 되었다. 기생들은 현재의 무역박람회와 같은 공진회에 참가하고 중앙무대는 물론 광주와 목포 등의 외지 공연을 통해 자신의 위상을 다지고 예술성을 높여나갔다. 그리고 서양음악의 이입으로 위기를 맞았던 전통음악을 위해 고악기 연주회를 펼쳐나가면서 전통음악을 지키고 부활하는데 일조를 하였다. 그들은 중앙무대에도 진출해 권번의 홍보에도 능동적으로 대처하였으며 다양한 레퍼토리를 통해 자신들의 예술성을 표방하였다. 그리고 해외로도 눈을 돌려 일본 순회공연을 실시하면서 자신의 기량을 발휘하기도 하였으며, 구조소 설립 음악회, 기아구제 음악회, 재민구제 연주회, 기근구제 연주회, 수해이재민구조연예대회를 주최하며 자신들의 기·예능을 통해 사회에 이바지하기도 하였다. 이처럼 전통예술을 통한 사회활동은 기·예능만을 교육받고 전승한 것에서 더 나아가 독립만세운동에 이르기까지 공익을 위해 활동영역을 넓혀나갔다.

기생들은 당시 대중매체였던 이리방송국에 출연해 자신들의 기량을 발표해 전통문화 보급의 한 축을 담당함으로써 특정인만을 상대한 이전 시대와 달리 첨단매체인 방송을 통해 대중들에게 예술을 전파하면서 예술가로서 입지를 확고하게 다져나갔다. 결국, 기생들이 대중매체를 통해 기·예능을 상품화하면서 음악 수용층 확대에 결정적인 영향을 미쳤으며, 이러한 과정을 통하여 기생들은 대중 스타로 올라서는 발판을 구축하게 되었다. 전 시대와는 달리 기생들은 스타가 되면 큰 돈을 벌고 갑작스럽게 신분이 상승될 수도 있었다. 이에 따라 기생들은 자유로운 생활을 누릴 수 있게 되었으며 다수 대중들에게 음악을 통해서 근대적인 질서를 구축하였다. 또한, 경향 간의 교류와 소통을 통해 자신의 예술적 기량을 더욱 높여나갔다. 다시 말해 일제강점기 기생은 전통예술의 진정한 계승자였다는 점에서 각별한 의미를 부여할 수 있으며, 교방관기가 정해진 공간에서 활동하던 것과 달리 일반인/일반대중 집단으로 예술을 선보임으로써 식민지권력에 의해 언제든지 제한될 수밖에 없었던 전통예술계의 상황을 극복하고 예술가로 활약하였다.

당대 기생들은 예술 활동과 더불어 사회활동에서도 활발한 움직임을 나타내었다. 가정 비관, 부모의 학대, 신분에 대한 애환, 타향살이 때문에 자살시도를 하는 기생들이 빈번히 나타나기도 하였다. 비극적인 길을 선택한 일부 권번출신 기생들의 활동과는 다르게 적극적인 활동을 전개하면서 사회운동을 한 기생들도 있었다. 권번을 남자들만이 지배한다는 판단에 반기를 들어 남자 임원 배척운동을 전개하는 등 권번 체제를 바꾸는 데 성공을 거두기도 하였다. 그리고 형평사와의 갈등을 통해 자신들의 주장을 지속적으로 관철해 나가는 한편, 예기조합을 요릿집으로 비하하는 모습에는 집단으로 대처를 하였다. 자신들을 멸시하였던 행동에는 법적 대응도 불사하는 등 주권 행사를 펼치기도 하였다. 기생들은 당시 조합비 감하운동을 통해 자신들의 수입 감소에 따른 의지를 행동으로 옮겼으며, 권번을 주식회사로 고쳐 등기 절차까지 마치는 등 조직적인 자치활동도 전개하였다. 이러한 운동을 통해서 기생들은 지위향상을 모색하게 되었고, 전문예인으로서의 활동 범위를 확대할 수 있었다. 대중들에게 가깝게 다가서기 위한 일련의 행동들은 과거와는 다른 모습임이 분명하였다. 기생들의 사회활동은 기존의 부정적 이미지를 씻기 위해서 의도된 것이지만, 이 같은 부단한 노력의 결과로 인하여 기생들이 신여성으로 재탄생되었다는 사실은 이 시기 기생의 정체성을 이해하는데 중요한 사안이 된다.

기생들의 다양한 사회활동은 이들의 사회적 역할을 한층 강화하는 계기가 되었다. 그 예 가운데 하나가 토산품 애용과 단연운동을 실천하며 외국동포를 위한 구제활동이다. 면천으로 인해 기생들도 당당한 사회인의 일원임을 확인하며 자신들의 기·예능을 통해 타인을 도울 수 있다는 긍정적 사고를 하게 되었다. 그리고 전주기생들이 3·1 독립운동 참여하였다는 점은 이들의 민족의식 즉, 의기의 면모를 엿볼 수 있는 중요한 단서가 된다. 또한 그들이 당시 사회의 당면에 직면하여 이를 해결하고 사회의 발전에 이바지하고자 하는 의지의 반영이라고 볼 수 있다. 그런가하면, 정체성을 확보한 사회인으로 스스로의 주창이기도 하였다. 이는 일제강점기라는 특수상황 속에서 기생들이 권력의 욕망과 여성의 몸을 상품화하는 자본주의 의식에 저항하는 한편, 다양한 의식과 예술 및 사회활동을 통하여 확고한 신념과 민족의식을 지닌 예술인으로서, 사회의 당면한 문제를 해결하고 사회의 발전에 이바지하기 위한 의지를 적극적으로 표출함과 동시에 정체성을 확보한 사회인으로 선언이기도 하였다. 이러한 예술과 사회활동은 외부의 간섭과 내부 분열로 어려움을 겪었지만 동등한 인권을 획득하기 위해 사회적 차별에 집단으로 맞서 성공한 것이다. 이것은 차별적 신분 구조를 극복하고 그리하여 동시대가 동등한 사회로서의 근대로 나아가게 하는 역할을 하였다고 할 수 있다.

지금까지의 논의에 따르면, 일제강점기 권번과 기생의 활동에 대해서 양면적 측면을 보여주고 있었다. 한 면은, 권번이 그나마 우리 예술을 보존할 수 있었던 자생적 공간이며, 기생 또한 이들 기관에서 예인으로 면모를 다졌다는 점이다. 또 한 면은, 수요자의 통속적 요구나 취향을 반영함에 따라 전통문화가 변질하였을 가능성도 있다는 것이다. 특히 일본식 기관이었던 권번과 그 기관에서 활동하였던 기생은 식민지시대의 산물이라는 지적도 있다. 그렇지만, 권번과 기생들의 각종 활동은 일본식 정책을 수동적으로 받아들인 결과가 아니라 기생 자신들이 직·간접으로 참여함으로써 전통문화를 보존하고 전승한 것으로 볼 수 있다. 결국, 본고에서 연구되었듯이 일제강점기 권번과 기생들은 단순히 일제의 동화정책을 추종하거나 아니면, 저항하는 식의 극단적인 형식으로만 존재한 것이 아니라, 오히려 다양한 논의가 오고 간 기관이며, 한편으로는 전통음악이 더욱 발전할 수 있었던 측면이 있음을 사례를 통해 살펴보았다.

일제강점기 기생은 전통예술의 진정한 계승자였다는 점에서 특별한 의미가 있다. 그럼에도 불구하고 기생들의 저급화로 연결돼 부정적으로 보려는 시각이 지배적이었다. 이는 뿌리 깊은 봉건적 계급의식에 비롯한 것이다. 기생들은 신분의 면천에 따른 신분적 변화와 일제강점기의 사회적 변화에 대응하며 전통예술의 보급 및 계승자로서 주체적으로 활동하였다. 따라서 이 시기의 전라북도 권번과 이에 소속된 기생들의 다양한 활동은 근대성의 구현이라는 차원에서 새롭게 접근할 수 있었다. 각종 기금모금과 구제공연을 통해 민족의식을 고취하였고, 전통예술을 근간으로 하면서도 변용, 재창조하여 직접 무대화하는 전통예술의 근대화를 가져왔다. 더욱이 기생들은 단발과 서양의복 등을 통해 구여성과 구분되는 신여성의 모습을 보여주면서 음악적으로는 전통을 이어냈지만 생활면에서는 서구의 근대화를 쫓아가는 양면적인 모습을 보여준다. 일제강점기 전라북도의 기생은 특수 직업여성으로 전통적인 여성상에서 벗어나 여성의 사회적 진출을 추구하면서, 유행의 첨단에 서서 일본과 서구문화를 이 땅에 이식시키는데 일조를 하였다. 또한 전통예술의 전승자로서 또는 새로운 예술의 흡수자이자 창조자로서 근대 공연예술을 적극적으로 구현하였다. 이러한 모습에서 기생은 진정한 예술담당 주체로서 근대성의 안착과정에 주체적 소임을 다하였다고 평가할 수 있다.

따라서 일제강점기의 기생은 식민지지배가 닦아놓은 양식을 택해 전통을 전승하고 지식을 얻고, 그 구조를 돌파해 사회로 진출하였다. 본 논문은 일제강점기에 있어 권번과 기생의 역할이 일방적인 식민화의 과정으로 이해될 수 없으며, 주체들의 지속적인 저항, 도전, 재창조, 협상 등을 통해서 정체성을 확인하고 주체성을 확립해가면서 새로운 역사를 만들어갔다는 점을 논고하였다. 따라서 권번의 탄생과 기생의 지위변화는 식민지 지배에도 전통예술의 가교역할을 하였으며, 여성의 사회 진출을 보다 확고하게 하였다는 점에 주목해 보았다.

이제까지 기생에 대한 저급화 인식 때문에 권번과 기생의 역할과 그 위상에 대하여 제대로 평가가 이루어지지 못했지만, 본 연구가 일제강점기의 권번과 기생들에 대한 잘못된 인식을 부분적이나마 바로 잡는 데 도움이 되었으면 하는 바람이다. 특히 일제강점기 권번과 기생에 대한 시각은 방탕함과 문란함을 조장하는 편협한 인식으로 치부되었지만 본고에서 살펴보았듯이 역사적, 사회적 변동의 기류를 통과하면서 예술가로, 사회인으로 주체적인 활동을 보여주었다. 다시 말해 일본의 근대가 보여준 일방적인 문명사회의 강요에서 벗어나 탐욕의 생존전략이 아닌 스스로 자아를 찾기 위한 노력으로 일제강점기 전라북도 권번과 기생들은 활동하였다. 이러한 수행을 바탕으로 전통예술이 오늘의 살아있는 문화로 거듭날 수 있었다고 할 수 있다.

근대성에는 자기 자신을 자발적으로 갱신하는 시대정신이라는 의미도 함축하고 있다. 따라서 본고에서 다루었던 주제인 권번의 운영과 기생의 활동을 통해 근대성이라는 시대정신을 고찰하였다. 그러나 일제강점기 권번과 기생의 실체를 파악하는 데 여전히 한계가 있었다. 따라서 본 연구는 이에 대한 연구의 시발점에 불과하며, 이러한 한계점을 보완하기 위하여 앞으로 잔존殘存하는 기록들을 더욱 치밀하게 발굴하고 검토하는 한편, 주변 학문 분야와의 학제적인 연구방법론을 적극 적으로 수용함으로써, 일제강점기 전통예술의 교육기관이자 한 주체였던 권번과 기생들에 대한 연구를 더욱 풍부하게 할 필요가 있다.

Gweonbeon and Gisaeng In Jeollabuk-do

The purpose of my study is to explore the development of traditional culture and its socio-cultural backgrounds during Japanese colonial period started in the early 20th century. My study focuses especially on the colonial modernity in Korea through various activities of Gwonbeon and Gisaeng. The studies on the local Gweonbeon and Gisaeng, particluarlily in the area of Jeollabuk-do, have lacked unlike those on the center. Furthermore, the research perspectives on Japanese colonialism in Korea were leaning toward either colonial exploitation or modernization. To overcome two extreme point of views, this study adopts a new way of theoretical framework for interpreting colonialism and modernization embedded in the area of Korean traditional music during the Japanese colonial regime. Exposing the influx of western music the traditional Korea music was internalized with the desire of modernization by itself and both Gweonbeon and Gisaeng tried to change themselves facing modernization. From this point of view I have documented and analyzed the activities of Gweonbeon and Gisaeng in the area of Jeollabuk-do during the Japanese colonial period. Followed is the summary of my study.

Gyobang as a predecessor of Gweonbeon was placed the most in Pyeongang province among the eight provinces in the whole country, the next was Hamgyeong, Jeolla, Gyeongsang, Chungcheong, Gangwon in order. The Gisaeng in Gyobang particularly lived in the places where the Gamyoung were located. A number of Gyobang were placed around Gamyoung, the center of administration including Jeonju, Sunchang, Muju, Gwangju, Suncheon and Jeju in Jeolla province. The places of Gyobang which existed in North Jeolla province were in Jeonju, Muju and Sunchang. Although in the case of Namwon the establishment of Gyobang was not proved, Gisaeng resided in the area of Namwon. In the areas of Jeonju and Namwon where Gyobang and Gisaeng existed in the Chosun period the Gweonbeon were established during the Japanese Occupation, but those were not found in the areas of Muju and Shunchang where the Gweonbeon tradition was not passed down. On the other hand, Gisaeng associations and Gwonbeon were established in Kunsan, Jeongeup, Iri and Buan.

After the Yeak system had been abolished in 1907, the Association of Gisaeng appeared and its title was changed into Gweonbeon around 1915. In North Jeolla province, particularly in the areas of Kunsan, Jeonju, Namwon, and Jeongeup, both titles were simultaneously used in those days. The emergence of Gisaeng Association meant the legalization of Gisaeng activities on the basis of established procedures and organization. By the implementation of capitalism that was regarded as one of the Japanese government's policies Gweonbeon became to be a prototype of corporation. Due to the legal approval Gweonbeon and Gisaeng Association actively took part in performing art and educating Gisaeng. As Gisaeng were increasingly involved in the entertainment industry by the needs of the mass, the new phenomenon quite different from the old Gisaeng system in the Chosun period evidenced the structure of modernity.

In the Japanese colonial period, as traditional artists Gisaeng were standing in the center of cultures under the influx of Western and Japanese culture. While public education institutions focused on the Western and Japanese art education neglecting the traditional art education, Gweonbeon had a role to provide master artists, great singers and dancers with institutional services for their practice, education and performance. It made Gisaeng in Gweonbeon possible to develop their art skills. Furthermore they secured popular fame and money for everyday life through the institution. Gweonbweon and Gisaeng Association as composite art educational institutions stood in the center of diverse art activities during Japanese colonialism and made a contribution to improve the social status of Gisaeng.

Gisaeng in a low social rank of the Chosun's social stratum worked as members of state's organization had no freedom in their activities. However, Gisaeng under Japanese colonialism were liberated from the traditional rank system and earned their own choice and free will so that they actively took part in public performance. It witnessed the changes of Gisaeng's consciousness and perspectives toward their profession unlike the old Gisaeng. The change resulted from modernization under the colonial rule and can be seen as a representation of modernity. Giseang were guaranteed to learn and perform their various art activities with the financial support from Gweonbeon. Due to the institutional support they could accomplish a high quality of art work and then play an active part in public performance. When the traditional art was on the verge of extinction, Gisaeng made a great contribution to keep and succeed it to the following generation.

The curricula of Gweonbeon in Jeollabuk-do were similar in the areas of music and dance. On the other hand, each Gweonbeon had its own distinctive feature. Jeonju Gweonbeon identified itself to be a classic training programs with the traditional music and dance. It actually performed the classic music and dance in various events and concerts. Namwon Gweonbeon stressed on the education of traditional etiquette, classic painting and calligraphy. Having had a strong sense of subjectivity, it performed Chunhyangje, an commemorative ancestor worship ritual for Chunhyang, a famous Gisaeng in the Chosun peirod as a token of Gisaeng's pride. It even did not trained its Gisaeng students Japanese language as an expression of nationalism. On the other hand, Sohwa Gweonbeon in Gunsan, a new developing city in colonial days, quickly provided the curriculum of Japanese language and Japanese song. Jeongeup Gweonbeon included the curriculum of witty talks in order to open up a new field of mass art and excelled in the field of dance as well. As such, within Jeollabuk-do Gwonbeon appeared the diverse new phenomena which showed not a mere succession of old tradition but a representation of it. Those institutions located in new modern cities, the centers of administration and commerce, played a role of the provider for art and artists of the day. They were considered to be representations of hybridity of the colonial modernism in Korea. On the one hand, Gisaeng in Gweonbeon passed down the traditional music and dance and on the other hand they stood up with the demand of mass culture and transformed themselves into popular entertainers.

Gisaeng in Jeollabuk-do showed a wide of variety of activities in their own professional art field such as Gamuak. They went out for both domestic and overseas concerts, contests, radios, and so on. Some of them made success in promotion by selection from other institutions and became famous as artists.

Performing art activities dynamically, Gisaeng did not neglect the participation of diverse social activities. They tried to change the system of Gweonbeon by the rejecting and expulsion of men officers. Upon facing crises with the organization of Hyeongpyeongsa, they claimed their own demands. When they were despised, they collectively fought against the social injustice. They did not even spare their efforts on legal action against violations of human rights. They stood firmly against exploitation of their employers and attempted to change Gweonbeon into corporation as some measures of autonomous and systematic actions.

The diverse social activities made Gisaeng strengthen their roles in various social movements such as 'use of domestic products,' 'no-smoking exercise,' and 'relief activity for Koreans overseas.' By the emancipation from the lowest rank Gisaeng began to take part in society as an equal memership. Using their distinctive talents, performing art skills, they realized that they could help others. By doing so they kept having positive attitudes. The fact that Gisaeng in Jeonju were involved in the March First Independence Movement showed the nationalism of Gisaeng or an example of accomplishment of righteous Gisaeng.

During the Japanese occupation Gisaeng in Jeollabuk-do made it possible to advance their social status to the professional women by overcoming the traditional role of women. They were the pioneers in that they adopted Japanese and Western culture and implemented a modern performing art into the traditional art world. Taking the form and structure from colonialism and gaining knowledge from tradition they overcame the colonial interruptions and furthered to their own way. The roles of Gisaeng and Gweonbeon in the Japanese colonial period could be understood not as an unilateral process of colonization but as a multi-layered process in which the colonized subjects continually resisted, challenged, recreated, and negotiated in the process of colonization and modernization. By doing so, they attempted to confirm their identities and establish independent subjectivities.

Because of the narrow-mindedness and bias toward Gisaeng and Gweonbeon, they were regarded as the subjects of squandering consumption and social disorder. In oder to correct misunderstanding and under- estimation, I reviewed their activities in the area of performing art and diverse social actions from a new perspective. I argued that their activities as artists and members of society should be renewed. Beyond the force of Japan's colonialism, Gweonbeon and Gisaeng in Jeollabuk-do made an effort to find their own subjectivity and establish a new modernized world of traditional art. On the basis of the fact, this study proves the traditional art developed by Gweonbeon and Gisaeng to be reborn as a living culture nowadays.

1. 사료

『경상남도읍지』, 1832년경.

『고려사』.

『관동읍지』, 1871.

『관동지』, 1829~1831년경.

『관보』, 1937, 1939, 1940, 1942, 1943, 1944.

『관서읍지』, 1871.

『국역성서부부고』 Ⅲ.

『기생단속령』, 경시청, 1908.

『개벽』, 1920~엽서 속의 기생읽기1935.

『대한매일신보』, 1909.

『동아일보』, 동아일보사, 1910~1945.

『매일신보』, 매일신보사, 1910~1945.

『목민심서』.

『삼국사기』.

『시대일보』.

『중외일보』, 서울 : 중외일보사, 1924~1931.

『조선중앙일보』.

『북관읍지』, 1871.

『영남읍지』, 1895.

『옥천군지』.

『읍지』, 전라북도, 1895.

『조선왕조실록』.

『조선위생법규철집』, 서울 : 조선총독부, 1917.

『조선일보』, 서울 : 조선일보사, 1910~1945.

『조선총독부관』 1095호, 서울 : 조선총독부, 1916

『창기단속령』, 서울 : 경시청, 1908.

『평양기생권번 학예부규칙』, 1921.

『함산통지기』, 1872.

『한벽당 12곡』.

『호남읍지』, 1872.

『호서읍지』, 1895.

2. 단행본

가와무라 미나토, 유재순 역, 『말하는 꽃, 기생』, 서울 : 소담, 2005.

강만길, 『고쳐 쓴 한국근대사』, 서울 : 창작과 비평사, 1994.

『개벽』, 경성 : 개벽사, 1924.

경시총감부, 『기생, 창기에 대한 유고 조항』, 경성 : 경시총감부, 1908.

고창군지편찬위원회, 『고창군지』, 전주 : 청웅제지인쇄부, 1992.

구희서, 『한국의 명무』, 서울 : 중앙일보사 출판부, 1985.

국립문화재연구소, 『입춤・한량무・검무』 무형문화재조사보고서(19), 서울 : 국립문화재연구소, 1996.

국립민속박물관, 『엽서속의 기생 읽기』, 서울 : 국립민속박물관, 2008.

군산부, 『군산부사』, 군산 : 군산부, 1935.

군산시사편찬위원회, 『군산시사』, 군산 : 군산시사편찬위원회, 2000.

군산시청, 『군산시사』, 군산 : 군산시청, 1992.

김경혜・김채현・이종호, 『우리무용 100년』, 서울 : 현암사, 2001.

김봉우, 『일제하 사회운동사 자료집』, 서울 : 도서출판 한울, 1991.

김영희, 『개화기 대중예술의 꽃, 기생』, 서울 : 민속원, 2006.

김용근, 『지리산 판소리』, 남원 : 지리산판소리문화연구소, 가왕 송흥록가후손가족연구회, 2008.

김은호, 『서화백년 : 남기고 싶은 이야기』 4, 서울 : 중앙일보, 동양방송, 1976.

김중규, 『군산역사이야기』, 서울 : 나인, 2001.

_____, 『군산역사이야기』, 서울 : 도서출판 나인, 2001.

김진송, 『현대성의 형성 : 서울에 댄스홀을 허하라』, 서울 : 현실문화연구, 1999.

김진향 편, 『선가 하규일 선생약전』, 서울 : 도서출판 예음, 1993.

김천흥, 『심소 김천흥 무악칠십년』, 서울 : 민속원, 1995.

남원시청, 『남원시사』, 남원 : 남원시청, 1987.

남원지편찬위원회, 조성교, 『신증판 남원지』, 서울 : 남원지편찬위원회, 1975.

_____, 『신증판 남원지』, 서울 : 남원지편찬위원회, 1975.

노동은, 『노동은의 두 번째 음악상자』, 서울 : 한국학술정보, 2004.

_____, 『노동은의 우리나라 음악사교실』 Ⅸ, 서울 : 낭만음악사, 1994.

_____, 『한국근대음악사』 1, 서울 : 한길사, 1995.

단국대출판부, 『근대한국공연예술사 자료집』 1, 서울 : 단국대출판부, 1984.

대한민국국회도서관, 『통감부법령자료집』 상・중・하, 서울 : 대한민국국회도서관, 1972~1973.

동아경제시보사, 『조선은행회사조합요록』, 경성 : 동아경제시보사, 1942.

문화재관리국 문화재연구소, 『판소리유파』, 문화재조사보고서 16, 서울 : 문화재관리국, 1992.

_____, 『전라북도 국악실태조사』, 서울 : 문화재관리국, 1982.

문화재연구소, 『승무・살풀이춤』 전남, 전북편, 서울 : 문화재관리국 문화재연구소, 1990.

미셀 푸코 지음, 김성기 편, 「계몽이란 무엇인가」, 『모더니티란 무엇인가』, 서울 : 민음사, 1994.

박　황, 『창극사연구』, 서울 : 백록출판사, 1976.

_____, 『판소리 2백년사』, 서울 : 사사연 사상사회연구소, 1987.

_____, 『판소리소사』, 서울 : 신구문화사, 1976.

박종성, 『백정과 기생 – 조선천민사의 두 얼굴』, 서울 : 서울대학교 출판부, 2003.

반도시론사, 『반도시론』 2권 8호, 1918.

백현미, 『한국창극사연구』, 서울 : 태학사, 1997.

부산근대역사관, 권혁희 해제, 『사진엽서로 떠나는 근대기행』, 서울 : 민속원, 2009.

부산박물관, 유승훈 해제, 『사진엽서로 보는 근대풍경』 6권, 7권, 서울 : 민속원, 2009.

『삼천리』 제11권 제7호, 서울 : 삼천리사 1939. 6.11.

서우석 외, 『전통문화와 서양문화(1) – 그 충격과 수용의 측면에서』, 서울 : 성균관대인문과학연구소, 1985.

성기숙, 『한국 전통춤 연구』, 서울 : 현대미학사, 2005.

_____, 『한국춤의 역사와 문화재』, 서울 : 민속원, 2005.

소순열·원용찬, 『전북의 시장경제사』, 전북 : 신아출판사, 2003.

손정목, 『일제강점기 도시사회상연구』, 서울 : 일지사, 1996.

손태룡, 『영남음악사연구』, 서울 : 민속원, 1999.

송방송, 『한국근대음악사연구』, 서울 : 민속원, 1999.

_____, 『한국음악통사』, 서울 : 일조각, 1984.

신기욱, 마이클 로빈슨 엮음, 도면회 옮김, 『한국의 식민지 근대성』, 서울 : 삼인, 2006.

신용하, 『한국 근대사회의 구조와 변동』, 서울 : 일지사, 1994.

신현규, 『기생 100년 – 엽서 속의 기생읽기』, 서울 : 국립민속박물관, 2008.

_____, 『기생이야기 – 일제시대의 대중스타』, 서울 : 살림, 2007.

_____, 『꽃을 잡고』 1, 서울 : 경덕출판사, 2005.

신흥학교, 『신흥 90년사』, 전주 : 신흥학교, 1991.

심우성 역, 『조선무속의 연구』, 서울 : 동문선, 1991.

아오야나기 고타로(靑柳綱太郎), 『조선미인보감』, 경성 : 신구서림, 1918(이진원, 「조선미인보감해제」, 『조선미인보감』, 서울 : 민속원, 2007).

유민영, 『한국근대극장변천사』, 서울 : 태학사, 1998.

_____, 『한국근대연극사』, 서울 : 단국대학교 출판부, 1996.

윤병석 외, 『한국근대사론』 Ⅲ, 서울 : 지식산업사, 1978.

이경민, 『기생은 어떻게 만들어졌는가 – 근대 기생의 탄생과 표상공간』, 서울 : 사진 아카이브연구소, 2005.

이경복, 『고려시대 기녀연구』, 서울 : 민족문고간행회, 1986.

이규원, 『우리가 정말 알아야 할 우리 전통예인 백사람』, 서울 : 현암사, 1995.

이기태, 『악서정해』, 전주 : 전주도서인쇄주식회사, 1932.

이능화, 『조선해어화사』, 경성 : 한남서림, 1927; 서울 : 동문선, 1992.

이혜구·장사훈·성경린 공저, 『국악사』, 서울 : 한국국악학회, 1965.

익산시사편찬위원회, 『익산시사』 하권, 익산 : 익산시사편찬위원회, 2001.

일본방송협회, 『방송』, 일본 : 일본방송협회, 1935.

임기중 역, 『연행록전집』, 서울 : 동국대학교출판부, 2001.

임종국, 『밤의 일제 침략사』, 서울 : 한빛 문화사, 1984.

장명수, 『일제의 전주 침탈과 식민시대 구술실록』, 전주 : 전주문화재단, 2007.

전라북도, 『전라북도 농악, 민요, 만가』, 전주 : 전라북도, 2004.

_____, 『전라북도 마을굿, 산조』, 전주 : 전라북도, 2006.

_____, 『전북의 재발견 소리』, 전주 : 전라북도, 2008.

전라북도지회, 『전북예술사』 1, 전주 : 한국예총 전라북도지회, 1989.

전라북도청, 『전북도시계획 100년사 – 개항이후 도시계획 연혁과 성과』, 전북 : 전라북도청, 2003.

전북대학교박물관, 『국역 전주부사』, 전주 : 전북대박물관, 2009.

_____, 『정읍지역 민속예능』, 전주 : 전북대학교박물관 총서, 1992.

전주문화원, 『완역 완산지』, 전주 : 전주문화원, 2010.

전주문화재단, 『일세 식민시대 구술실록』 제1권, 전주 : 전주문화재단, 2007.

_____, 『일제의 전주침탈과 식민시대 구술실록』 제1권, 전주 : 전주문화재단, 2008.

전주방송총국, 『전주방송 50주년사』, 전주 : KBS 전주방송총국, 1988.

전주백년사편찬위원회, 『이야기로 듣는 전주, 전주사람들』, 전주 : 전주백년사편찬위원회, 2001.

전주부, 『전주부사』 상·하, 전주 : 전주부, 1943.

전주시청, 『전주시사』, 전주 : 전주시청, 1997.

전주역사박물관, 『일제시대 전주읍 행정규칙 자료집』, 『박물관 번역총서』 1, 전주 : 전주역사박물관, 2003.

전주재무감사국, 『전북조사자료』, 전주 : 전주재무감사국, 1910.

전지영, 『근대성의 침략과 20세기 한국의 음악』, 서울 : 북코리아, 2005.

정노식, 『조선창극사』, 경성 : 조선일보사, 1940.

정범태, 『명인명창』, 서울 : 깊은 샘, 2002.

정읍군청, 『정읍군사』, 정읍 : 정읍군청, 1985.

정읍문화원, 『정주·정읍 문화예술사』, 정읍 : 정읍문화원, 1991.

정읍시사편찬위원회, 『정읍시사』, 정읍 : 정읍시사편찬위원회, 1984.

조선총독부, 『조선국세조사보고』 도편 전북, 제4권, 서울 : 조선총독부, 1935(민속원 영인).

_____, 『조선전라부군면리동명칭열람』, 서울 : 조선총독부, 1917.

_____, 『통계연보』, 서울 : 조선총독부, 1919.

조용만, 『일제하의 문화운동사 「연극운동」』, 서울 : 민중서관, 1970.

최동현, 『판소리 이야기』, 서울 : 도서출판 인동, 1999.

_____, 『판소리명창과 고수연구』, 전주 : 신아출판사, 1997.

최숙경, 『한국여성사』 1, 서울 : 이화여자대학교 출판부, 한국여성사편찬위원회, 1972.

최현식, 『정읍시사』, 전주 : 청웅제지인쇄소, 1985.

한국구술사연구회, 『구술사』, 서울 : 선인, 2005.

한국정신문화연구원 편, 『신문 잡지 국악기사 자료집』, 서울 : 한국정신문화연구원, 2004.

한국정신문화연구원, 『한국민족대백과사전』, 성남 : 한국정신문화연구원, 1989.

호미 바바, 나병철 옮김, 『문화의 위치』, 서울 : 소명출판, 2002.

황미연, 『신관용·가야금산조연구』, 전주 : 신아출판사, 1994.

_____, 『전북국악사』, 전주 : 전북향토문화연구회, 1998.

_____, 『정읍국악사』, 정읍 : 정읍시·우리문화진흥회, 2004.

3. 논문

강혜인, 「한국 개화기 음악교육활동의 역사적 의의 – 조선정악전습소를 중심으로」, 경남 : 경북대교육대학원 석사학위논문, 1989.

고재현, 「근대 제도개편에 따른 교방 및 기방무용의 변화양상과 특징 고찰」, 경기 : 용인대대학원 석사학위논문, 2006.

곽은희, 『일제 말 친일문학에 나타난 식민지 근대성 연구』, 경남 : 영남대대학원 박사학위논문, 2007.

권도희, 「전기 녹음 이전 기생과 음반 산업」, 『한국음반학』 제10호, 서울 : 한국고음반연구회, 2000.

_____, 「20세기 기생의 음악사회적 연구」, 『한국음악연구』 29권, 서울 : 한국국악학회, 2001

_____, 『20세기 전반기의 민속악계 형성에 관한 음악사회적 연구』, 서울 : 서울대대학원 박사학위논문. 2003.

_____, 「호남지역 근대 음악사연구」, 『한국음악연구』, 서울 : 한국국악학회, 2005.

권태환, 「일제시대의 도시화」, 『한국의 사회와 문화』, 경기 : 한국정신문화연구원, 1990.

권행가, 「일제시대 우편엽서에 나타난 기생 이미지」, 『미술사논단』 제12호, 서울 : 한국미술사학회, 2001.

권희영, 「한국의 식민지적 근대화 모순과 그 실체」, 『한국의 근대와 근대성 비판』, 서울 : 역사비평사, 1996.

기든슨, 이윤희·이현희 역, 『포스트모더니티』, 서울 : 민영사, 1991.

「기생 및 창기에 관한 서류철」, 『서울학사료총서』 7권, 서울 : 서울시립대학교, 1995.

김기형, 「춘향제의 성립과 축제적 성격의 변모과정」, 『민속학연구』 제13호, 서울 : 국립민속박물관, 2003.

김동노, 「식민지시기 일상생활의 근대성과 식민지성」, 연세대 국학연구원 편, 『일제의 식민지배와 일상생활』, 서울 : 연세대 국학연구원, 2004

김동욱, 「이조기녀서설 – 사대부와 기녀」, 『아세아연구』 5, 서울 : 고려대 아세아문제 연구소, 1966.

김문성, 「잡지 『삼천리』 고 – 우리음악 관련기사와 글을 중심으로」, 『한국전통음악연구』 제13집, 서울 : 한국전통음악학회, 2002.

김미숙·문현상, 「권번이 무용에 미치는 영향」, 『무용학논문집』 제20호, 서울 : 한국무용학회, 1997.

김상훈, 「토지조사사업에 관한 두 가지 인식」, 서울 : 서강대교육대학원 석사학위논문, 2005.

김성호, 「경성방송의 성장과정에 관한 연구」, 경기 : 광운대대학원 석사학위논문, 2007.

김성혜, 「『조선일보』의 음악기사 : 1920-1949(Ⅰ)」, 『한국음악사학보』 제12집, 경산 : 한국음악사학회, 1994.

_____, 「『조선일보』의 음악기사 : 1920-1940(Ⅰ)」, 『한국음악사학보』 제13집, 경산 : 한국음악사학회, 1994.

김수진, 「신여성담론 생산의 식민지적 구조와 신여성」, 『경제와 사회』, 서울 : 한국 산업사회학회, 2006.

김영근, 「일제하 식민지적 근대성의 한 특징 – 경성에서의 도시 경험을 중심으로」, 『사회와 역사』 제57집, 서울 : 한국사회사학회, 2000.

김영모, 「일제하의 사회계층의 형성과 변동에 관한 연구」, 『일제하의 민족생활사』, 서울 : 민중서관, 1971.

김영희, 「전통공연 계승의 관점에서 본 권번 기생고찰」, 『기생 100년 – 엽서 속의 기생읽기』, 서울 : 국립민속박물관, 2008.

김은영, 「한국 전통음악의 형성과 근대성연구」, 부산 : 동아대대학원 박사학위논문, 2008.

김일란, 「기생, 혹은 근대여성의 증식 추세」, 『문화과학 – 근대성연구』 가을호, 제31호, 서울 : 신화프린팅 코아퍼레이션, 2002.

김정녀, 「권번의 춤에 대한 연구」, 『문화재』, 서울 : 문화재관리국, 1988.

김재영, 『일제강점기 형평운동의 지역전개』, 전남 : 전남대대학원 박사학위논문, 2007.

김정은, 「일제시대 기생과 여배우와의 관계」, 서울 : 숙명여대교육대학원 석사학위 논문, 2007.

김지영, 「남원 춘향제의 연구 – 의례조직의 변화를 중심으로」, 경기 : 한국정신문화연구원 석사학위논문, 1998.

김지혜, 「근대 기생의 민속무 공연복식에 관한 연구」, 서울 : 성균관대대학원 석사학위논문, 2006.

노동은, 「노동은은 알고 싶다 – 기생 성녀인가, 성녀인가?」, 『음악과 민족』 제10호, 부산 : 동아대학교 민족음악연구소, 1995.

_____, 「민족문화의 수호와 발전」, 『한국사』 제51집, 서울 : 국사편찬위원회, 2001.

노영택, 「일제하 농민의 경제운동연구 – 금주, 단연운동의 목적을 중심으로」, 『변태섭박사 화갑기념사학 논총』, 서울 : 삼양사, 1985.

도면회, 「탈민족주의 관점에서 바라본 식민지 시기 역사」, 『한국의 식민지 근대성』, 서울 : 삼인, 2006.

류기선, 「1930년대 민속학 연구의 한 단면」, 『민속학연구서』, 서울 : 국립민속박물관, 1995.

문순희, 「18~19세기 경기의 활동 연구」, 서울 : 연세대대학원 석사학위논문, 1991.

문재숙, 「갑오경장(1894)부터 일제시대(1945)까지 한국음악연구」, 『이화음악』 제11권, 서울 : 이화여자대학교, 1988.

박세휘, 「안기옥 거문고산조 연구 – 진양조를 중심으로」, 서울 : 이화여자대학교대학원 석사학위논문, 2008.

박지현, 「근대 전통무용의 역사적 변천에 관한 연구」, 서울 : 숙명여대대학원 석사학위논문, 2001.

박총명, 「일제시대의 문화정책에 따른 조선후기 무용성향에 관한 연구」, 서울 : 이화여대대학원 석사학위 논문, 2009.

배인교, 『조선후기 지방 관속 음악인 연구』, 경기 : 한국학중앙대학원 박사학위논문, 2007.

서지영, 「식민지시대 기생제도 연구(1) – 기생집단의 근대적 재편양상을 중심으로」, 『정신문화연구』, 경기 : 한국정신문화연구원, 2005.

_____, 「식민지시대 기생제도 연구(2) – 기생조합의 성격을 중심으로」, 『고전여성연구』 제10호, 서울 : 한국고전여성문학연구회, 2006.

성기련, 『1930년대 판소리 음악문화의 연구』, 서울 : 서울대대학원 박사학위논문, 2003.

성기숙, 「근대 전통춤의 거장, 한성준의 삶과 예술」, 『한국 전통춤의 연구』, 서울 : 현대미학사, 1999.

_____, 「근대 전통춤 교육의 산실, 권번 그리고 기생의 참모습」, 『한국 전통 춤의 연구』, 서울 : 현대미학사, 1999.

_____, 「일제강점기 권번과 기생의 전통춤」, 『한국 춤의 역사와 문화재』, 서울 : 민속원, 2005.

소순열, 「근대 전북의 경제와 시장」, 『전북의 시장경제사』, 전주 : 신아출판사, 2003.

손유주, 「개화기 기생들의 예술 활동 연구」, 서울 : 단국대대학원 석사학위논문, 2005.

손정목, 「일제하의 매춘업 – 공창과 사창」, 『도시행정연구』 제3호, 서울 : 서울시립대대학원, 1988.

손태룡, 「영남의 판소리 여류명창고」, 『영남음악사』, 서울 : 민속원, 1999.

_____, 「대구기생의 음악사적 고찰」, 『향토문화』 제17호, 대구 : 향토문화연구소, 2002.

송문숙, 「진주권번의 춤과 인물에 관한 고찰」, 『움직임의 철학』 제8호, 서울 : 한국 스포츠무용철학회, 2000.

송미숙, 「소화권번의 장인 장금도에 관한 연구」, 『대한무용학회논문집』 제43호, 서울 : 대한무용학회, 2005.

송방송, 「조선후기 선상기의 사회제도사적 접근」, 『국악원논문집』 7집, 서울 : 국립국악원, 1995.

_____, 「일제전기의 음악사연구를 위한 시론」, 『한국음반학』, 서울 : 한국고음반연구회, 2000.

_____, 「한성기생조합소의 예술사회적 조명」, 『한국근대음악사연구』, 서울 : 민속원, 2003.

_____, 「대한제국시절의 진연과 관기들의 정재공연 – 고종신축년진연의궤의 재여령을 중심으로」, 『한국무용사학회논문집』 제1호, 서울 : 한국무용사학회, 2003.

_____, 「거문고 명인 백낙준과 가야금 명인 정남희」, 『한국근대음악사』, 서울 : 민속원, 2003.

송영국, 「역사의 창으로 본 기방문화」, 『민족음악학보』 제11집, 전주 : 한국민족음악학회, 1988.

송연옥, 「대한제국기의 기생단속령, 창기단속령 – 일제식민지화와 공창제 도입의 준비과정」, 『한국사론』, 서울 : 서울대 인문대학 국사학과 1988.

_____, 「일제의 식민지화와 공창제 도입」, 서울 : 서울대대학원 석사학위논문, 1998.

신기욱, 「한국의 식민지 근대성 – 내재적 발전론과 식민지 근대화를 넘어서」, 『한국의 식민지 근대성』, 서울 : 삼인, 2006.

신성웅, 「국악에 대한 저급 인식화의 일 양상」, 『한국음악사학보』 제31집, 경남 : 한국음악사학회, 2003.

신현규, 「기생에 대한 오해와 진실」, 『신동아』 통권 566호 11월호, 서울 : 동아일보사, 2006

안성희, 「권번의 여기교육 연구」, 서울 : 숙명여자대학교대학원 석사학위논문, 2004.

야마시다 영애, 「한국 근대공창제도 실시에 관한 연구」, 서울 : 이화여대대학원 석사학위논문, 1991.

양승희, 「김창조에 관한 남북한 자료 및 문헌고찰에 의한 고증」, 『산조연구』, 전남 : 가야금산조현양사업 추진위원회, 2001.

오정임, 「세기 초 극장 설립에 따른 기생 공연양상의 변화연구」, 경남 : 경상대대학원 석사학위논문, 2007.

오정훈, 「전라좌수영의 배치특성에 관한 연구」, 전남 : 순천대대학원 석사학위논문, 2002.

오현화, 「예단 일백인을 통해 본 1910년대 기생집단의 성격」, 서울 : 고려대대학원 석사학위논문, 2004.

우에무라 유키오, 「식민지기 조선에서의 궁정음악의 조사에 관해 – 타나베 히사오 조선아악조사의 정치적 문맥」, 『조선사연구회논문집』 35, 1997.

원용찬, 「근대 이전 전북의 경제와 시장」, 『전북의 시장 경제사』, 전주 : 신아출판사, 2003.

유선영, 『한국 대중문화의 근대적 구성과정에 대한 연구』, 서울 : 고려대대학원 박사학위논문, 1992.

윤은순, 『1920~1930년대 한국기독교 절제운동연구』, 서울 : 숙명여대대학원 박사학위논문, 2008.

윤명원, 「일제강점기 민속음악의 전승양상」, 『한국음악연구』, 서울 : 한국국악학회, 2006.

윤혜신, 「일제시대 기생의 저급화 담론에 관한 연구」, 서울 : 서울대대학원 석사학위논문, 2006.

윤해동, 「식민지 인식의 회색지대」, 『근대를 다시 읽는다』, 서울 : 역사비평사, 2006.

이경란, 「일제하 수리조합과 농장지주제 – 옥구, 익산지역의 사례」, 서울 : 연세대대학원 석사학위논문, 1991.

이경복, 「진주기와 논개의 후예들 – 진주권번을 중심으로」, 『전통문화연구』 제2호, 서울 : 명지대학교 한국전통문화연구소, 1984.

이규리, 「조선후기 외방관기 연구」, 서울 : 동국대대학원 석사학위논문, 2003.

이동렬, 이선영 엮음 「계몽주의」, 『문예사조사』, 서울 : 민음사, 2001 58~98쪽.

이동희, 「고지도로 본 조선시대의 전주」, 『지도로 찾아가는 도시의 역사』, 전주 : 전주역사박물관 2004.

이보형, 「급변하는 사회에서의 한국음악의 전통 – 음악분야」, 『문화인류학』, 서울 : 한국문화인류학회, 1975.

이상규, 『국악기 구음법의 사적고찰』, 서울 : 서울대대학원 박사학위논문, 2003.

이상현, 「일제강점기 무대화된 민속의 등장 배경과 특징」, 『비교민속학』 제35집, 서울 : 비교민속학회, 2008.

이설희, 「『조선미인보감』에 나타난 기생조합과 권번에 관한 고찰」, 서울 : 한국예술종합학교 예술전문사, 2009.

이수정, 「『동아일보』의 국악기사(Ⅰ)」, 『한국음악사학보』 제13집, 경산 : 한국음악사학회, 1994.

_____, 「『동아일보』의 국악기사(Ⅱ)」, 『한국음악사학보』 제14집, 경산 : 한국음악사학회, 1995.

이순양, 「한국 기생과 일본 게이샤의 예술활동 비교연구」, 서울 : 한양대대학원 석사학위논문, 2009.

이영학, 「1910년대 일제의 연초정책과 조선인의 대응」, 『한국사연구』 65호, 서울 : 한국사학회, 1989.

_____, 「담배의 사회사」, 『역사비평』, 서울 : 역사비평사, 1991.

이영훈, 「한국사에 있어서 근대로의 이행과 특질」, 『경제사학』 제21호, 서울 : 경제사학회 1996.

_____, 「왜 다시 해방 전후사인가」, 『해방 전후사의 재인식』 1, 서울 : 책세상, 2006.

이재옥, 「1930년대 기생의 음악활동 고찰」, 『한국음악사학보』 제31집, 경남 : 한국음악사학회, 2003.

_____, 「일제강점기 기생의 음악활동 고찰 – 1930년대를 중심으로」, 서울 : 한국예술종합학교 전문사학위논문, 2004.

이지선・야마모토 하나코, 「직원록을 통해서 본 이왕직의 직제연구」, 『사료를 통해 본 이왕직 아악부』, 서울 : 서울대동양음악연구소 학술대자료집, 2004.

이진원, 「한국 전통공연예술 사진에 대한 검토」, 『한국악기학』 제5호, 서울 : 한국 퉁소연구회, 2007.

_____, 「조선미인보감해제」, 『조선미인보감』, 서울 : 민속원, 2007.

이훈상, 「조선후기 사회 규범들 간의 갈등과 향리사회의 문화적 대응」, 『판소리연구』 제16집, 서울 : 판소리학회, 2003.

이희제, 「식민지시대 조선인 대지주의 자본축적 메카니즘 – 정경유착과 시장확대」, 서울 : 연세대대학원 석사학위논문, 2000.

일기자, 「경성의 화류계」, 『개벽』, 서울 : 개벽사, 1924.

임미선, 「완제시조창 연구 – 최일원 시조창 음반을 중심으로」, 『한국음반학』 10집, 서울 : 한국고음반연구회, 2000.

_____, 「전북 향제줄풍류의 음악적 특징과 전승사」, 『한국음악연구』, 서울 : 한국음악학회, 2003.

임신화, 「권번의 개인학습의 교육과정 연구」, 서울 : 이화여대대학원 석사학위논문, 2007.

장유정, 「기생의 자기서사」, 『민족문화사연구』 제25집, 서울 : 민족문학사학회, 2004.

_____, 「20세기 초 기생 제도연구」, 『한국고전여성문학연구』 제8호, 서울 : 한국고전여성문학회, 2004.

전은정, 「일제하 '신여성' 담론에 관한 분석」, 서울 : 서강대학교대학원 석사학위논문, 1999.

정근식, 「시간체제와 식민지적 근대성」, 『문화과학』 제41호, 서울 : 문화과학사, 2005.

정노식, 「조선광대의 사적 발달과 및 그 가치」, 『판소리연구』 제8집, 서울 : 판소리학회, 1997.

정연태, 「식민지 근대화론 논쟁의 비판과 신근대사론의 모색」, 『창작과 비평』 봄호, 서울 : 창작과 비평사, 1999.

정태헌, 「최근의 식민지시대 사회구성체제론에 대한 연구사적 검토」, 『역사와 비평』, 서울 : 역사문제연구소, 1987.

정혜령, 「근대의 성립과 기생의 몰락」, 『한중인문과학연구』, 서울 : 한중인문학회, 2007.

조석곤, 「식민지 근대화론과 내재적 발전론 재검토」, 『동향과 전망』 여름호, 서울 : 한국사회과학연구소, 1998.

조승연, 「일제하 식민지형 소도시의 형성과 도시공간의 변화」, 『민속학연구』 7호, 서울 : 국립민속박물관, 2000.

조형근, 「근대성의 내재하는 외부로서 식민지성/식민지적 차이와 변이의 문제」, 『사회와 역사』 제73집, 서울 : 한국사학회, 2007.

최윤영, 「1910년대 기생들의 춤 교육과 공연양상 연구」, 경기 : 중앙대교육대학원 석사학위논문, 2009.

최준식, 「정읍과 한국의 신흥종교」, 『전북의 역사문물전』 Ⅵ, 전주 : 국립전주박물관, 2006.

최혜진, 「이화중선의 생애와 예술성」, 『판소리연구』 제15집, 서울 : 판소리학회, 2003.

추정금, 「동래권번에 관한 연구」, 서울 : 중앙대대학원 석사학위논문, 2005.

한효림, 『민살풀이춤 명인 장금도 연구』, 서울 : 연세대대학원 박사학위논문, 2005.

홍주희, 「산조의 음악인류학적 접근」, 『제주교육대학논문집』, 제주 : 제주교육대학교, 2006.

홍현식, 「남도의 민속풍류 – 대사습 답사를 중심으로」, 『문화재』 제8호, 서울 : 국립문화재연구소, 1974.

황미연, 「조선후기 전라도 교방의 현황과 특징」, 『한국음악사학보』 제40집, 서울 : 한국음악사학회, 2008.

황보명, 「식민지권력에 의한 몸의 통제 – 일제시대 기생조합 설립을 중심으로」, 『생활문물연구』 제15호, 서울 : 국립민속박물관, 2004.

4. 구술조사 자료

－장금도.　　　　　　　－김유앵.　　　　　　　－이용찬.

－조갑녀.　　　　　　　－장명수.　　　　　　　－김용근.

－홍정택.　　　　　　　－최승범.　　　　　　　－최　선

ㄱ

ᄉ

아